［監修］吉岡眞之／藤井讓治／岩壁義光

四親王家実録 41

有栖川宮実録

第十五巻

韶仁親王実録（一）

ゆまに書房

刊行にあたって

吉岡　眞之
藤井　讓治
岩壁　義光

さきに刊行された『天皇皇族実録』に引き続いて、その続編ともいうべき『四親王家実録』が復刻刊行されることとなった。

四親王家とは、中世後期に創設された伏見宮家を始め、近世初期から中期にかけて設立された八条宮（後に常磐井宮・京極宮・桂宮と改称）、高松宮（後に有栖川宮と改称）、閑院宮を総称する名称である。四親王家は、当初必ずしも皇統維持の観点で設立されていたわけではないが、遅くとも近世中期ころから、皇位継承の危機に備えるためとする認識が次第に広まっていった。各宮家の代々当主は天皇の猶子あるいは養子となって親王宣下を受けて親王となり、皇位継承に備えつつ近世末期に及んだ。

四親王家と天皇家の関係はこのように密接であり、『四親王家実録』もまた『天皇皇族実録』の一環として編修されるべき性質のものであった。しかし四親王家代々の親王およびその妃・王子女等の事蹟を、それぞれの祖に当たる天皇の実録に組み込むことになれば、実録の様態・内容がきわめて複雑なものになることは明らかであった。このため四親王家の実録については『天皇皇族実録』とは別に『四親王家実録』として編修することとなったのである。

『四親王家実録』の体裁は『天皇皇族実録』にならい、親王家ごとに編年綱目体で編修されている。すなわち日々の大意を綱として記し、その後に綱の典拠となる史料を目として配列している。引用史料は各宮家当主の日記、宮家の家職に関する日誌を始め、公家日記、関連寺社の記録類、また京都御所東山御文庫・宮内庁書陵部図書寮文庫・国立公文書館内閣文庫・近衛家陽明文庫などに所蔵されている信頼性の高い史料を広く収集し掲載している。引用史料はこれまで知られていなかったものも多く含んでおり、『四親王家実録』がとりわけ近世を中心とする公家社会史研究に資する点は少なくない。

『四親王家実録』は宮内省図書寮において一九四四年（昭和一九）に当初の紀事本末体の体裁から編年綱目体への組み替え作業が始められたが、一九四五年の第二次世界大戦敗戦にともない、編修事業は中断を余儀なくされた。その後、一九六五年（昭和四〇）に宮内庁書陵部編修課は『四親王家実録』の編修を新事業として開始することを決定したが、翌年明治百年記念準備会議が『明治天皇紀』の公刊を決め、宮内庁編修課がこれに従事することになった。このため同課では二つの大きな事業を並行して進めることとなり、当初の編修計画は大幅に遅延したが、一九八四年（昭和五九）三月にいたり『四親王家実録』は完成を見たのである。

『四親王家実録』には四〇七名の皇族の事蹟が二九四冊に編修収載され、総目次・系図一冊が添えられた。また別に実録本編より綱文を抄出した抄出本五部（一部三三冊）が作成されている。宮家ごとの内訳は以下の通りである。

総目次・系図一冊

伏見宮家	二四七名	一二九冊
桂宮家	三七名	三五冊
有栖川宮家	七五名	九〇冊
閑院宮家	四八名	四〇冊

凡　例

一、本書は、宮内庁宮内公文書館所蔵の『四親王家実録』（本文二九四冊、総目次・系図一冊）を表紙から裏表紙に至るまで、完全な形で影印・刊行するものである。

二、『四親王家実録』は、昭和四〇年四月に編修事業が開始され、同五九年三月に終了した。『明治以後皇族実録』は、昭和五九年四月に編修事業が開始され、平成二年三月、二十五方の編修を終了して中断した。

三、『四親王家実録総目次』所載の凡例を以下に掲載する。

凡例

一　本実録ハ伏見・桂・有栖川・閑院四親王家ノ歴代当主並ニ其ノ配偶者及ビ王子女等ノ行実ヲ編修セルモノニシテ、昭和四十年四月之レガ編修ニ著手シ、同五十九年三月其ノ功ヲ終ヘタリ、

一　本実録ハ明治以前ニ四親王家ノ歴代当主ト為レル御方別ニ実録ヲ編修シ、配偶者並ニ王子女等ノ行実ヲ其ノ後ニ附載ス、但シ四親王家ヨリ出デテ皇位ニ即キ、或ハ后妃ト為リタル御方ニ就キテハ、単ニ名ヲ掲ゲルニ止メ、其ノ行実ハ当該天皇皇族実録ノ記述ニ委ネタリ、尚幕末維新ノ交ニ伏見宮ヨリ独立セル宮家ノ皇族ニ就キテハ、別ニ編修スル明治以後皇族実録ニ収載ス、

一　本実録ノ記載事項ハ概ネ誕生ニ始マリ葬送ニ終ル、其ノ間命名・元服・婚嫁・出産・任官・叙位・信仰・出家・教養其ノ他主要ナル行実ヲ努メテ収録セリ、

一　本実録ノ体例ハ編年体ニ依ル、初メニ綱文ヲ掲ゲテ事項ノ要点ヲ示シ、次ニ史料ヲ排列シテ依拠ヲ明カニセリ、

一　本実録ニハ四親王実録総目次及ビ系図一冊ヲ加ヘ、利用ノ便宜ヲ計レリ。

昭和五十九年三月

四、『四親王家実録』の原本は、原稿用紙に手書きされた稿本が製本されたものである。法量は、縦二五八㎜、横一八二㎜。

原稿用紙は三種類あり、すべて縦20字横10行の二〇〇字詰め縦書き原稿用紙で裏はシロである。詳細は左記のとおりである。

扉用原稿用紙は、罫線の色は濃紺。右下に「実録編修用紙」と印

字されている。

目次・綱文用原稿用紙は、罫線の色は赤。左下に「編修課」と印字されている。

編年綱目体の目にあたる原稿用紙の罫線の色は青。右下に「書陵部（三号）」と印字されている。

また、同一冊子内で人物が変わるところには水色の無地の用紙が挟まれている。本書では、その部分はシロ頁とした。

五、刊行にあたっては、手書きの稿本である事を考慮し、適宜縮小して、上下二段に4頁を配した。排列は上段右、上段左、下段右、下段左の順である。使用されている原稿用紙により縮尺が異なるが、綱文の原稿用紙で約55％、史料引用部分の原稿用紙で約57％である。
原稿用紙の罫線の枠外（上下左右）に手書きされた文字を掲載するために適宜同じ頁を上下ずらして二度掲載したところもある。

六、本書の各頁の柱は、奇数頁は実録名、偶数頁は各頁上段一行目の記載事項が該当する綱文の年月を示した。南北朝期については、綱文にならい北朝、南朝を記した。親王の妃、室、王子女の場合は、『天皇皇族実録』にならい、偶数頁は妃、室、王子女名とした。その際、漢字は現在使用されている字体を用い、複数ある場合は稿本にならった。

七、原文に訂正がなされた場合、原文の一部が透けて見えても、修正を加えず現状のままとした。とくに、典拠名の亀甲カッコの下の訂正が不完全なため、見苦しい箇所がある。また、原稿用紙の罫線が薄い箇所や欠けているところなどもすべて原本のままである。

八、挟み込まれた紙片があった場合は、当該頁の次に配置し、「（編集注）」をほどこした。折込は原本にあった位置に配した。

九、影印版『四親王家実録　第Ⅲ期　有栖川宮実録』第四回配本の構成は左記のとおりである。
第四十一巻
有栖川宮実録　六〇　韶仁親王実録　一～有栖川宮実録　六三　韶仁親王実録　四
第四十二巻
有栖川宮実録　六四　韶仁親王実録　五～有栖川宮実録　六八　韶仁親王実録　九
第四十三巻
有栖川宮実録　六九　韶仁親王実録　一〇～有栖川宮実録　七四　韶仁親王実録　一五

一〇、『四親王家実録第四十七巻』（『有栖川宮実録第二十一巻』）に有栖川宮実録目次及び有栖川宮系図（「四親王家実録総目次　附　四親王

家系図」〈識別番号75495〉を収録する予定である。「四親王家実録」全体の解題は『四親王家実録第十九巻』（『伏見宮実録第十九巻』）に収録してあるので参照にされたい。

第四十一巻目次

刊行にあたって
凡例
有栖川宮実録 六〇 韶仁親王実録 一 1
有栖川宮実録 六一 韶仁親王実録 二 69
有栖川宮実録 六二 韶仁親王実録 三 149
有栖川宮実録 六三 韶仁親王実録 四 225

有栖川宮実録　六〇

韶仁親王実録　一

韶仁親王實錄　一

有栖川宮實錄　六〇

有栖川宮實錄　六〇

韶仁親王實錄

韶仁親王　一

韶仁親王實錄

目次

韶仁親王
妃　宣子女王
室　平（豐島）勝子
王女　某（萬宮）
王子　幟仁親王　有栖川宮第八代
王子　慈性親王
王子　公紹親王
王子　某（他宮、西園寺公潔）
王女　某（遊亀宮）
王女　某（寶種宮）
王女　韶子女王　有馬慶頼室

編修課

韶仁親王實録

韶仁親王

若宮　有栖川宮日記

阿計宮　織仁親王日記　有栖川宮日記

明宮　織仁親王日記

上總太守宮　有栖川宮日記

上總宮　有栖川宮日記

中務卿宮　有栖川宮日記

一品宮　有栖川宮日記　山科言成卿記

編修課

大功德院　有栖川宮日記

織仁親王ノ第二王子、母ハ西本願寺家臣村井頼母ノ女敦子ナリ、天明四年十二月十九日、産屋ナル有栖川宮家臣島津正恒弾正ノ宅ニ於テ誕生ス、即日、妃藤原鷹司福子房君ヲ嫡母ト定メラル、乃チ福子、王子ヲ引取リ、其ノ元服ノ頃迄養育スベキ旨ヲ申入ル、二十五日、胞衣ヲ木島社地ニ納ム、

編修課

〔有栖川宮日記〕○高松宮家蔵

天明四年十月廿八日、庚戌、晴、

一おとき来ル十一月臨月ニ付、従今日嶋津弾正方（正恒）江参候ニ付為介保、花浦へ被仰附、前川主鈴弾正ト申合諸番等之義被仰附、

附記、右おとき懐妊臨月ニ付御産屋烏丸上立賣下ル西側嶋津弾正借受此所へ相下ル、右平産迄者花浦付添、但シ下女壱人、下部壱人附被置、尤弾正引受御世話申上ル、

〔有栖川宮日記〕○高松宮家蔵

天明四年十二月十九日、庚子、朝雪、晝晴、

一寅ノ刻御産家ゟ催シ之由申来急キ主鈴参、卯ノ上刻若宮御誕生之趣弾正ゟ書面ヲ以申上ル、依之則刻伊勢守御産屋江御使被仰付、

一御注進参上　石田元順

若宮御方御丈夫御機嫌克被為在奥向ゟ戌老女参、御裏御殿ゟ老女浦嶌参、午刻過御末廣袷呉服并干鯛箱若宮御方江被進之、御使義清、

一、勘文指上ル、如左

幸徳井刑部権大輔

陰陽寮

擇申今日卯一點若宮御誕生雑々日時

造御湯殿具日時

今月今日庚子　時申、

御沐浴日時

今月今日庚子　時申、（可汲震方流水）

御剃髪日時

今月廿五日丙午　時巳、

御蔵胞衣日時

今月廿六日丁未　時辰、（可理庚方）

御着衣日時

今月廿六日丁未　時午、（可着御白色御衣）

天明四年十二月十九日刑部権大輔兼暦博士賀茂朝臣保嵩

一、御息所ゟ　御使青木刑部少輔

今般若宮御方御悦被仰進、且御元服迄御養育御引取被進度旨被仰進、御對面ニ而御直答、御承知之旨被仰入、

〔桂宮日記〕

天明四年十二月十九日、庚子、晴、自有栖川宮諸大夫粟津伊勢守、来状、要（今朝若宮御誕生之旨申来、）遣使成房、有栖川中書王（若宮御誕生之事被賀之云々、）房君御方同上之、御喜（腹云々、雖然房君殿御誕生分云々、仍御使房君殿江も被進歟、則御裏江若宮御引取云々、）

〔伏見宮日記〕　○史料編纂所本

天明四年十二月廿九日、房君御方御使渡辺定之丞、を以歳末御祝詞被仰進、且此間御妾腹ニ若宮御誕生之処御養子被成候ニ付御歓として御使被進候御挨拶、

〔有栖川宮系譜〕

織仁（オリ）親王
　王子　御母家女房登喜、八重島、九條家侍山村右衛門尉則宴女、
　　安永五年三月廿三日御誕生、号（アテ）高貴宮、
　　（○中略）
　織子女王　御母御息所明臺院殿
　　安永九年七月十四日御誕生、号孚希宮、
　　（○中略）
　幸子女王　御母同上
　　天明二年七月十四日御誕生、号同宮、
　　（○中略）
　韶（ツナ）仁親王　光格天皇御猶子
　　御母御息所明臺院殿
　　實御母家女房（村井敬子）御息所侍女登喜、又千尋、又讃岐、又歌町、又常盤木、
　　（○中略）
　　天明四年十二月十九日御誕生、号若宮、又阿計（アケ）宮、
　　同月廿五日、納御胞衣于木島社地、

天明四年十二月二十五日
七夜ノ儀ヲ行ヒ、若宮ト稱セラル、乃チ織仁親王ヨリ守刀一腰・産衣一重其ノ他ヲ、嫡母藤原（鷹司）福子ヨリ産衣一重・犬張子一對・二種一荷ヲ贈ラル、

〔有栖川宮日記〕　○高松宮家藏
天明四年十二月廿五日、丙午、晴、
一、今日若宮御方御七夜御祝儀左之通被進、
　御守刀　一腰　箱入、（赤鶴亀寶盡錦袋入）
　　御目録添干鯛一箱、
　御太刀　一腰　御馬　（代十両）一匹
　御産衣　一重　昆布　一箱
　干鯛　一重　御樽代　弐百疋
若宮御方（江）右両様御使伊勢守、
但（シ）烏丸御産屋（江）向相勤、

編修課

○下段左側1行目読めない文字は「〔有栖川宮日記〕」。

右大高目録添、御祝酒被下、御引金百疋

一、巳剋、御七夜御膳被進、左之通、

（図略）〔○指〕

三方居土器盛

御陪膳土佐守

一、若宮御方御剃髪（ミ）巳剋、山名式部少輔斗目上下、附添伊勢守狩衣、右相済御祝酒被下、

御湯被為済、御眉信濃役之、

一、御息所ゟ御産家江浦嶌被遣、

御産衣一重、犬張子一對、二種一荷

右若宮御方江被進、

浦嶌江御料理被下之、

一、若宮御七夜ニ付、左府殿・左大將殿御招請、於御書院御饗應、囃（アキマヽ）謡舞、片山九郎右衛門・木村岩井七郎右衛門・浅田藤助等相勤、

右御饗應次第委御献記ニ有之、依而是略、

天明五年正月二十日

忌明ニ依リ、産屋有栖川宮家臣島津正恒宅ヲ出デテ有栖川宮裏御殿ニ入リ、又、宮邸内ノ鎮守社ニ参詣ス、

編修課

〔有栖川宮日記〕　○高松宮家蔵

天明五年正月廿日、庚午、雪、

一、若宮御方、鳥丸御産屋ゟ今日午上剋御入殿、御供浅井千万太・青木但見・市川早太・松浦主膳・前川主鈴・嶋津土佐守、各常服次上下、御輿網代四人、御箱手明両人、笠籠一荷、押但シ御息所御召輿也、御裏御殿江御入被為在、御供之面々御祝酒被下之、仲番下部等迄御祝酒被下之、

花蒲登喜、喜さいすまつ御跡ゟ帰殿、山科里安御跡ゟ参上、

御道筋烏丸今出川通今出川御門ゟ還御、
一、若宮御方鎮守社江御参詣、
右御忌明キニ付御祝御膳二汁五飦(三)被進之、

天明五年五月十一日
喰初ノ儀ヲ行フ、

編修課

有栖川宮日記　○高松宮家蔵
天明五年五月十日、戊午、晴雨、
一、若宮御方明十一日御喰初ニ付幸德井刑部権大輔江勘文申遣、即刻勘進如左、
御喰初日時
今月十一日己未時辰一點
御吉方坤
五月十日　刑部権大輔保暠
十一日、己未、晴、
一、若宮御方御喰初吉剋辰一點、幸德井勘進、於御書院煉粉御粥御祝圖如左、
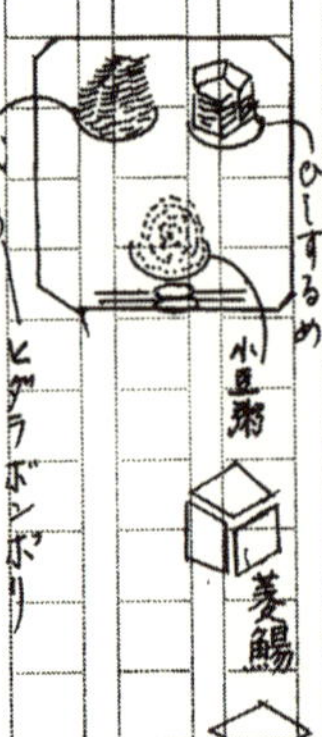

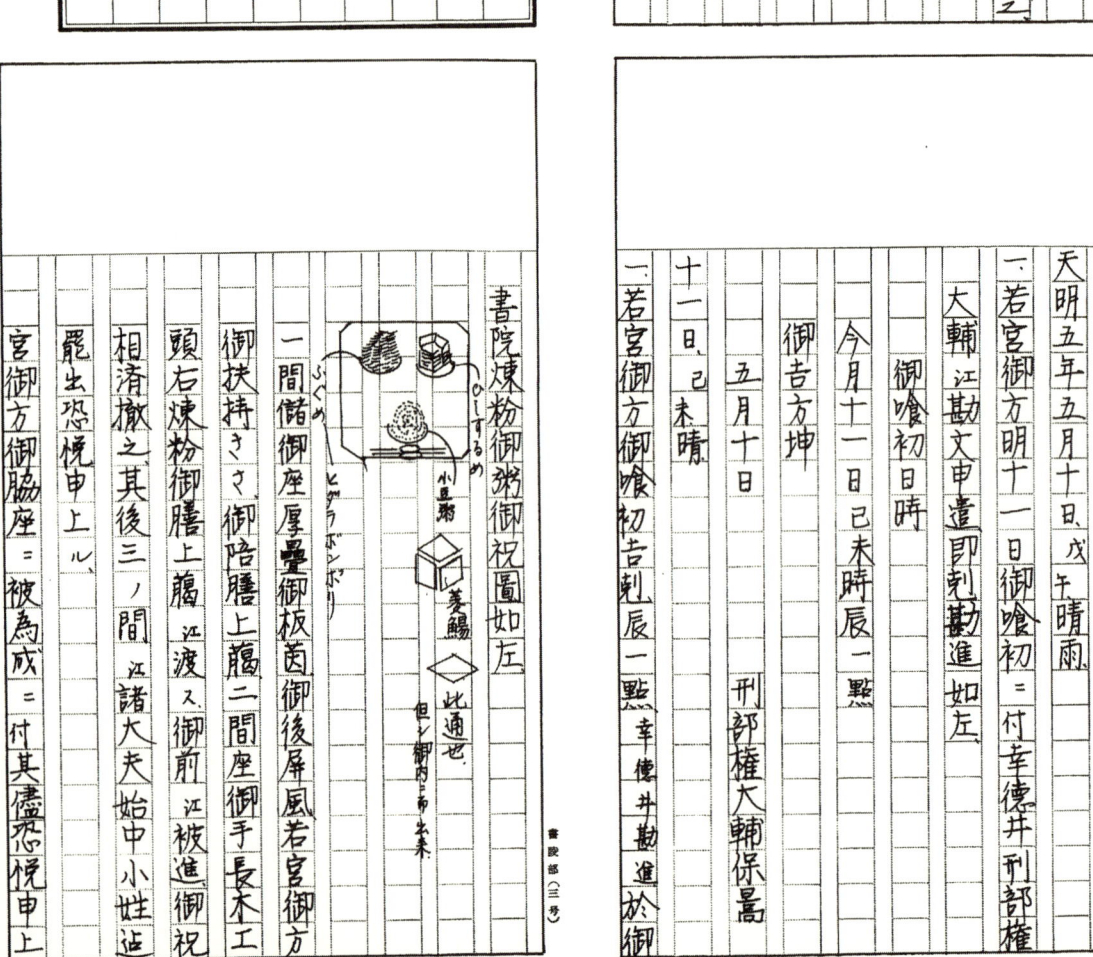

此通也、
但シ御内ニ而出来、
一間儲御座厚疊御板茵御後屏風若宮御方御扶持きさ、御陪膳上﨟二間座御手長木工頭右煉粉御膳上﨟江渡ス、御前江被進、御祝相済撤之、其後三ノ間江諸大夫始中小姓迄罷出恐悦申上ル、
宮御方御脇座ニ被為成ニ付其儘恐悦申上

退御錠口ニ而愛宮御方江恐悦申上、月照院
殿江も申入候事、
一、於御学問所従宮御方、若宮御方江御口祝被進、御
双座ニ而御祝御膳二汁七菜、御中酒、御吸物、蛤
紙敷肴等指上ル、御陪膳成崇、右御祝御膳御中
酒等愛宮御方、房君御方、孚希宮御方、同宮御方
江被進、月照院方ヘも同様、
一、右御祝儀被進物被下物等如左、
房君御方江　ひたい一はこ被進
若宮御方江　（干鯛一箱　御樽代金弐百疋）被進

両姫宮御方江　ひたい一はこ被進
若宮御方江 愛宮御方ゟ　同断被進
若宮御方江 月照院殿ゟ　こんふ一はこ被上、
右御廊下通より御使信濃梅山相勤、

天明五年十二月十八日
髪置竝ニ初誕辰ノ祝儀ヲ行フ、

編修課

〔有栖川宮日記〕　○高松宮家蔵
天明五年十二月六日、辛巳、晴、
一、若宮御方御髪置日時、御誕生日勘文指上ル処、
如左、
若宮御方御髪置日時今月十八日癸巳、時巳、
若宮御方御誕生日之事、
天明四年十二月十八日、卯一點
十二月六日、　刑部権大輔保高
十八日、癸巳、晴、昼ゟ雨、
（御二歳）一、若宮御髪置并初而御誕生日ニ付御祝義左之

通、
一、鎮守社天満宮願照明神、上下御霊清殿天神御参
詣御拝被為在、
一、奥向被進物左之通
房君御方　御有一折鯛壱籠
若宮御方　キくひ一箱　白かわく一ゆひ　御樽代金三百疋
愛宮御方より同御方江　干くひ一箱
同御方江月照院方より　こんふ一箱
右君様ヘ者御口上斗也、
一、於御書院一ノ間御式御厚疊御板茵（御）後屏風、御
翠簾一ノ間二ノ間間大開ニ壱枚若宮御方御

出座、御扶持お喜佐花浦、先折櫃物二合次烹雑
三献、次御銚子加、次御ねりこ、
右御祝之次第初御白髪綿御頭ニ被為戴右花
浦役之、お美代殿御前すゝまる折櫃物一合持
出上臈ヘ渡ス、御前ニ被置又一合も同断二ツ
ならへ被置御祝相済次第ニ撤之、次烹雑御盃、
御銚子上臈御酌加之信濃相済撤之次ニかへ
の献次第同上、次ニひとつ物献御祝同上相済、
撤之時上臈御書院二ノ間丑寅ノ角着座時ニ
信濃御前ヘ進御盃ヲ御銚子ニノセ上臈ノ前

ヘ行御盃を手ニ取渡ス、御前ニ向平伏、三献頂
戴其儘被置信濃三ノ門うしとら角ニ着座時
ニお時進上臈之前ニ有御銚子ヲ右ニ持盃ヲ
左ニ持信濃江盃ヲ渡ス、平伏シテ三献頂戴直
ニ御銚子お時撤之、上臈壱ツ物御盃次第ニ撤
之、右相済若宮御方御疊ヲ被為下、御父宮御出
座、御召物御小直衣時ニ御ねり粉小四方土器
ニ入指上ル、中老ゟ信濃江同上臈ゟ被上、若宮
御額ニ被為附、次第ニ撤之一ノ間上臈膳膳（ママ）二
ノ間御手長老女、三ノ間中老御手長勤之、三ノ

間衝立之下ニ當番諸大夫着座、麻上下（ふくさ）吉剋正辰
剋也、
右御雉式相済、宮御方若宮御方御同座ニ而諸
大夫始中小性迄三ノ間（辰巳）敷居際ゟ圓（えん）座ニ着恐
悦申上ル、
御吸物紙敷有、御夕方御祝御膳二汁五飦（ママ）宮御
方ゟ月照院殿迄、御内壱統御祝酒鉢有二種下
壱統壱合酒かます等被下、

天明六年三月十七日
上御靈社ニ社参始ヲ行フ。

編修課

〔有栖川宮日記〕○高松宮家蔵
天明六年三月十三日。丁巳。雨。
一、若宮御社参日時勘文左之通
上御霊御社参日時
今月十七日辛酉時巳
三月十三日。　刑部権大輔保嵩
御道筋之事。
今出川御門江被為成、夫ゟ今出川通を室丁通上ル御順路被為成可然奉存候
刑部権大輔保嵩

十七日。辛酉。雨。
一、若宮御方上御霊御社参始御祝左之通。
（附記、御拝所者鈴ノ緒之下ニ御輿横ニ附御拝。但シ先年孝希宮御方御社参始之節ニ者御仕切等在之候得共、此度ハ若宮之御事故其儀ニ不及旨御沙汰也。）
巳上剋若宮御方御出門。
御行列如左
（○行列略）
常御神楽有之。御備二百疋（左御備御藏御殿ゟ出ル）
（附記、御休之間ニ鈴上ル則御頂且又御初穂相渡候得者御祈禱之御札献之）
御先詰　嶋津土佐守（奥ゟ登臺参ル）

還御午剋。
（附記、別當方ニ而御休、御裏ゟ御用意在之、御供木工頭ゟ可運迄赤飯煮染被下。將又別當御ゟ干菓子献上之）
御内御祝左之通
（先御口祝）御酒　御吸物　蛤　紙敷有、（からすみ　以大としりんゆは）
一統恐悦申上ル、御役所迄青士申上ル、一統御祝酒被下之候也。　一里塚
御息所江干鯛一箱被進。
若宮御方江御肴一折被進。（ホラ一　アハヒ三　イカ二）
姫宮御方ゝ江者御祝詞斗。

御息所若宮御方筭ノ干鯛一箱ツヽ被進、

書陵部（三号）

天明七年三月十六日

色直ノ儀ヲ行フ。

〔有栖川宮日記〕　○高松宮家蔵

天明六年十一月十六日、丙子、晴、

一、若宮御方御色直シ、同宮御方御深曽木勘文指上候様申達ス処、

勘文二通指上、

幸徳井陰陽権助

刑部権大輔名代也、

書陵部（三号）

〔有栖川宮日記〕　○高松宮家蔵

天明七年三月二日、庚午、晴陰、

一、若宮御方、同宮御方御深曽木御色直シ来ル十六日ニ御祝被為在度幸徳井江勘進被仰付、昨日粟津中川ヲ申遣処今日勘文上ル、如左、（○同宮ノ深曽木ニ係ル記事ヲ略ス）

若宮御方御色直シ日時

今月十六日甲申時巳、

三月二日　刑部権大輔保暠

返書ニ言最上吉日ニ而者無之候得共苦からさる由申来、

書陵部（三号）

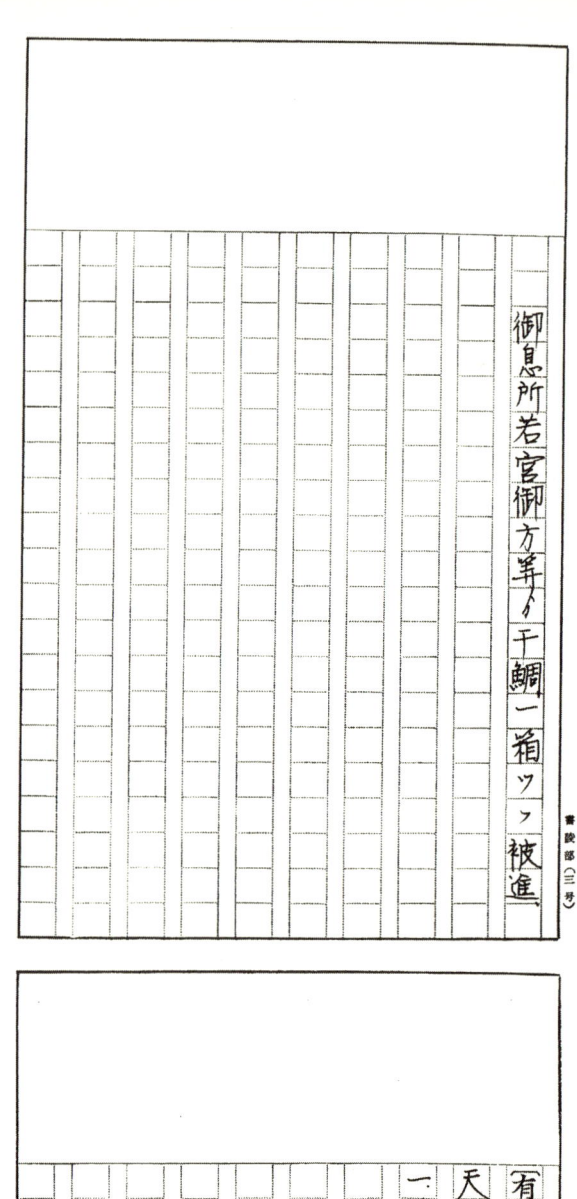

編修課

十六日、甲申、雨、
一、若宮御方御色直、
御呉服　一重　住吉ノ模様
干鯛　一箱、
御樽代　弐百疋、
右若宮御方江被進、

天明八年正月三十日
寅刻過宮川町團栗ノ辻子ヨリ出火シ、洛中大火ト爲ル、仍リテ嫡母藤原（鷹司）福子及ビ孚希宮（織子女王）同宮（幸子女王）・淑宮（文乗）・邦宮（承真親王）等ト倶ニ宮邸ヲ出デテ鞍馬口ノ天寧寺ニ難ヲ避ケ、更ニ淑宮・邦宮ト倶ニ同寺ヨリ上賀茂ノ藤木成崇（木工頭）ノ宅ニ移ル、尋イデ翌二月一日、成崇ノ宅ヨリ山本清住（筑前守）ノ宅ニ移リテ逗留ス、尚、此ノ大火ノ爲、宮邸ハ土藏・鎮守三社・願照明神ヲ除クノ外、盡ク燒失ス、

〔有栖川宮日記〕○高松宮家蔵
天明八年正月卅日、癸巳、曇、
一、今暁寅刻過宮川町どんぐりの圖子ゟ出火、川東石壇ゟ西之河原町寺町江火飛、火煙盛ニ炎四方ニ散乱シ、火口五六口ニ別、風巽ゟ烈ク、障子襖等虚空ニ上り、屋根板瓦木之葉之如ク吹散、時剋辰巳之頃、火拾五六口ニ三條通辺焼登り、下者五條辺迄平一面ニ焼通、依之急キ御所ゝ江御参也、御内茂取片附、両御蔵江太切之御道具者納之、中川河内守宅辰剋過ニ焼失由、

一、巳剋過先御参院、午剋還御、同半剋御参内（○供御略）仙洞御所・女院御所・大女院御所江御参、未剋過還御、右四御所共御立退之御沙汰ニ付、御息所・若宮御方、孚希宮御方、同宮御方、淑宮御方、邦宮御方皆ゝ御立退御用意急也、宮御方者大女院御所御願供奉ニ被候、候旨ニ而一旦還御也、扨風弥強吹、未剋過ニ者火口益相分り、西者千本下立賣辺江焼登、東ハ二條寺町辺迄焼登尤堺町丸太町口之炎盛ニ、諸方ゟも強火也、依之先仙洞御所白河照高院殿迄遷幸、次ニ女院御

所、女一宮御方、開明門院御方、林丘寺殿迠御立
退、大女院御所二條殿迠御幸、右ニ付御息所始
宮々御方、月照院殿幷先刻鷹司殿ゟ御裏御殿
江向御立退被為在候、（奏姈殿御簾中）戴君御方、（関白殿姫君）起君御方、（同）前君
御方、元（安井）君御方、其外御幼稚之姫君方々等御壱
所ニ鞍馬口天寧寺江御立退、右供奉表御殿ゟ
伊勢守・主鈴・主膳三人、其余御裏御殿御附之人
々表惣女中、御裏惣女中、鷹司殿惣女中皆々（都合百八九十計）供
奉ニ而立退
一、夜ニ入火益強火ニ而子刻頃閑院宮、鷹司殿焼

失續而女院御所、大女院御所、丑刻頃ゟ禁裏御
所御殿、仙洞御所等不残御焼失、亥刻過御息所
御立退也、亥刻ゟ風替り坤ゟ強吹、依之京中残
少焼盡、子刻過天寧寺ヲ御立退上加茂林大和
守亭江御入、御息所・姫宮御方々、若宮御方・淑宮
御方・邦宮御方八木工頭亭江御入、

（中略）

京都繁花腹心之要地天明八戊申正月晦日暁
より焼出シ二月朔日夜迠ニ焼盡也、尤煙者二
月七日頃迠未絶、河原表江立退数万之男女諸

道具持出シ逃迷有様言語筆紙難盡、
二月朔日、甲午、乍晴煙ニ而日ノ色如朱、
一、辰刻過（藤木ゟ）若宮御方、淑宮御方、邦宮御方林宅江御
入、夫ゟ山木筑前守（清住）宅江被為入、
一、御殿焼失跡江未煙之内ニ伊勢守参ル、時巳刻
也、御殿御土蔵三ヶ所共無恙残、鎮守三社、願照
明神同断、其余不残焼失也、

天明八年二月五日
知恩院塔頭源光院ヲ有栖川宮假殿ト為ス、仍リ
テ淑宮（文秉）・邦宮（承眞親王）ト倶ニ上賀茂ノ山本清住（筑前）
宅ヲ出デテ源光院ニ移徙ス、

〔有栖川宮日記〕○高松宮家蔵

天明八年二月五日、戊戌、曇、

一弥源光院御仮殿ニ相極ル、明六日ニ御裏御所宮ヽ御方不残御引移御治定也、

一午刻過宮御方御文ニ而御息所へ御相談可被遊義被為在、御一方今日中急ヽニ源光院へ御成被為有候様ニ被仰進、依之今晩知恩院へ夜ニ入候而茂可被為成ニ御治定、〔被之〕御是御用意、ニ時移、酉刻ニ成、孚希宮御方・同宮御方御相輿、御息所・若宮御方・淑宮御方御包輿ニ而花浦御乗添、邦宮御方御乳まち、いす等付添也、右御供坂部蔵人・伊勢守等、其余輩参也、月照院殿ニ者上加茂ニ被相残、れいさく跡ニ止ル、上加茂酉上刻御立被為在、上午通ゟ中形柳木上午通リ二條川端知恩院左門前亥半刻源光院へ被為入、

〔按〕是ヨリ先山本筑前守宅ニ在リシコトニ就キテハ天明八年正月三十日條ヲ参看スベシ、

天明八年二月七日

昨六日、知恩院塔頭眞源院ヲ有栖川宮裏御殿ノ假殿ト爲ス、仍リテ是ノ日、嫡母藤原（鷹司）福子及ビ孚希宮（織子女王）・同宮（幸子女王）ト倶ニ源光院ヨリ眞源院ニ移ル、

〔有栖川宮日記〕○高松宮家蔵

天明八年二月六日、己亥、晴、

一知恩院寺中眞源院今日明サセ受取、御裏御所御仮殿ニ相成、上賀茂ゟ月照院殿被移、藤木御板輿等引取、御表御裏今日者打込ニ源光院ニ御止宿、

七日、庚子、晴、

一今晩眞源院江御裏御所御移被為在、若宮御方孚希宮御方・同宮御方暮過御引移被遊、

寛政元年九月四日

今般造営中ノ本邸略〻竣成セルヲ以テ、昨三日、織仁親王、仮殿ナル源光院ヨリ之レニ移徙ス、仍リテ是ノ日、嫡母藤原（鷹司）福子及ビ孚希宮（織子女王）・同宮（幸子女王）等ト倶ニ眞源院ヨリ本邸ニ還ル、

編修課

〔有栖川宮日記〕○高松宮家蔵

寛政元年八月廿六日、己卯、晴陰、

一御本殿御移徙来月三日（時、辰、）更ニ被仰出、此吉日先日幸徳井勘進之内也、

但房君殿御移徙者来月四日之御沙汰也、

九月二日、乙酉、晴、

一明日御移徙に付両傳（江）御届如左、

覚

有栖川宮御殿御類焼に付知恩院寺中源光院ニ去春ゟ御仮殿被用候所、此度御本殿御造作全御成就ニ而八無之候得共、御取繕御出来被為在候ニ付、来ル三日御引移被成候、右為御届如是御座候、以上、

九月　　有栖川宮御内　嶋津土佐守　印

万里小路前大納言様御内　山本式部殿

久我右大将様御内　中村大膳殿

辻信濃守殿

岡本内記殿

右久我殿へ御使　芦田洲紀

三日、丙戌、晴、

一御移徙御道筋古川前通縄手三条通（江）被為成、夫ゟ京極通を御順路ニ清和院御門中筋御本殿（江）、

御出門辰之刻、（○供奉行列略）巳之剋還御、

一永宮様淑宮様亀代宮様、

（○行列略）

一御鎮守柿本社、天満宮社、願照明神等へ御参詣、神酒洗米干魚等被備之、

一今日御祝御吸物御酒紙数肴差上、

四日、丁亥、晴、

一御息所宮ゝ様御引移巳半剋、
　右御歓被仰入　　御使嶋岡掃部
一御息所宮ゝ御方御引移ニ付御祝、昨日之通差
上ル、
〔按〕知恩院塔頭眞源院ヲ裏御殿假殿トセル
コトニ就キテハ天明八年二月六日條ヲ参
看スベシ、

寛政二年十一月十一日
深曽木ノ儀ヲ行フ、

〔有栖川宮日記〕○高松宮家蔵
寛政二年十一月十一日、戊亥、晴、
一若宮御方御深曽木、御着袴
　吉刻辰剋吉方兌西ノ方
　右勘文以前中遣差上候事、幸徳井刑部権大輔
御書院第一ノ間四方簾、但ニノ間トノ間南ノ方ニテ一ノ間巻簾、餘ハ
垂簾、第二ノ間四方簾、但一ノ間トノ間南ノ方一間巻簾、又三ノ間トノ間北一
ノ方ニテ一間巻簾、第三ノ間南ノ方二間ノ所巻簾、但御
献通ヒ也、一ノ間南ノ方東ノ方ヘヨリ厚畳一
帖敷御板菌掖御屏風是大宮様御座同間北ノ

方西ヨリ厚畳ニ帖敷御板菌御後屏風是若宮
様御座、三ノ間北ノ方東ヨリ六枚折屏風立、其（此ノ畳ノ上ヘ吉方向菓盤御前ニ直シ置）
前ニ二階棚上ノ棚ニ甘坏、土器ヨリ臺銀ノ茶碗水少入、次ノ棚ニ
柳莒御髪包紙三枚笋刀二櫛二枚ノセ置、二階
棚西ノ方ニ唐画ゝ臺ニ床置、其次ニ碁盤上ニ
青石弐ツノセ置、
一御深曽木次第、御着袴ハ御休息ニおひて被為済
　先若宮御方御座ニ被為着、御扶持上臈年寄、
　　細格子大口御半尻横目扇被為持、
次ニ宮御方御座ニ被為着于時御氣色伺畏章

甘坏持出一ノ間シキ居キハニテ御みよの
方へ渡、よミ代の方若宮御前へ直ス、
次ニ柳筥厳章如前渡、御前へ直ス、尤碁盤脇
于時若宮碁盤ノ上ニ立セ給
宮御方御後へ被為成、御祝義被為済、
若宮碁盤上ヨリ向ヘトハセ給ヒ、直ニ前ノ
方廻リ御休所へ被為入、于時柳筥撤之、厳章
受取先ノ所ニ置、甘坏同断、
宮御方御休所へ被為入相済、
此内ニ御座次一ノ間正面ニ西向厚畳二帖板
茵敷、御後屏風立置、碁盤ハ二ノ間床画次ニ置
一御献之次第、御伴勝よミ代ノ方、御献方式部長上下
役送河内守 裃長上下、 舎人
（○次第略）
此時若宮御呉服落瀧津御引裃、
一若宮様御祝ニ付御進献左之通、御抱持年寄
禁裏御所江
赤飯 一ふた
御銚子
鮮鯛 一折
仙洞御所江
赤飯 一ふた
御銚子
鱧 一折
女院御所江
赤飯 一ふた
ひたい 一はこ
右三御所御進献、御口上従宮様
御使 土佐守
右之御品御用意ハ御うら様ニ而御出来、
一宮様ゟ御進物御目録
御半尻 一領
前張大口 一領
落瀧津呉服 一重
細格子 一重
横目 一柄
干鯛 一箱
御樽代金弐百疋
右若宮様江
一若宮様ゟ 赤飯一蓋
昆布一箱

千鯛一箱
御樽代金弐百疋
右御深曽木御着袴ニ付被進

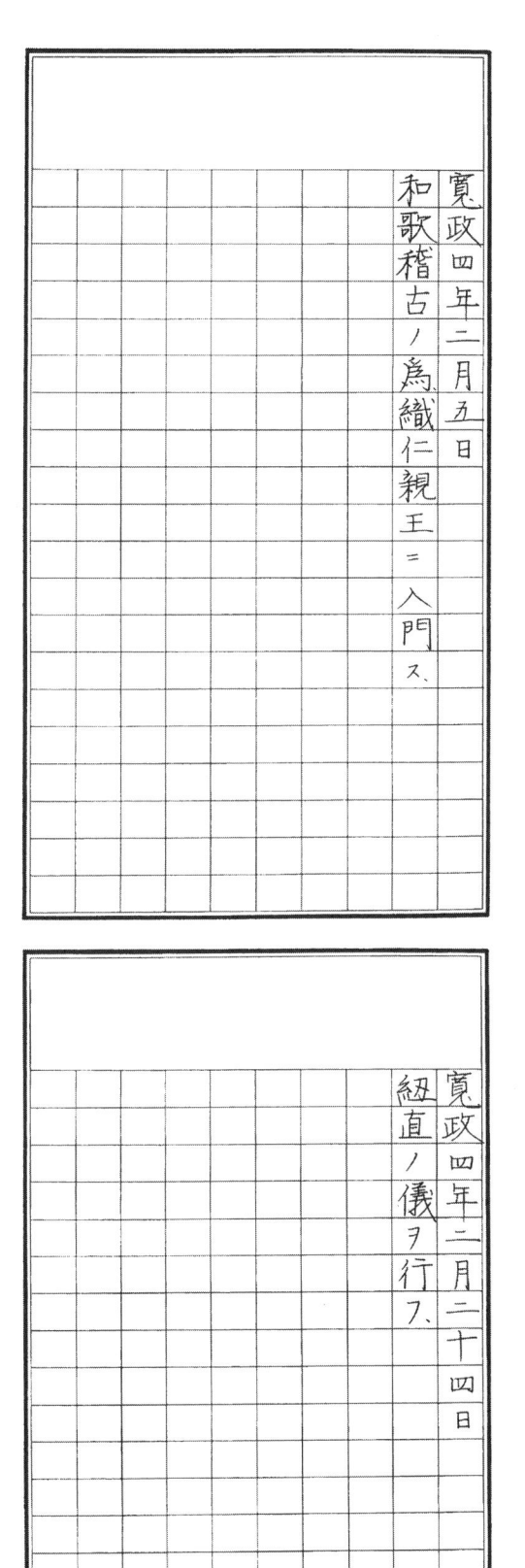

寛政四年二月五日
和歌稽古ノ為織仁親王ニ入門ス、

〔織仁親王日記〕○高松宮家蔵
寛政四年二月五日
一若宮和歌入門、

寛政四年二月二十四日
紐直ノ儀ヲ行フ、

〔有栖川宮日記〕○高松宮家蔵

寛政四年二月廿四日、癸亥、晴、

一御祝御五方如左、

若宮御方御紐直シ　時辰

日時勘進辛徳井刑部権大輔正月十日勘進

一宮御方ゟ御五方江被進物如左、

（○激宮・錦宮・幾代宮等ニ係ル記事略ス以下同シ）

若宮御方へ

和歌浦呉服　一重

干鯛　一箱

御樽代金　貳百疋

一右御祝ニ付如例御庭鎮守杜其外へ御備、御近習役之、

一上下御霊社へ御代参　日出谷主水

五宮御方ゟ拾弐銅ニ而御札受帰レ、

一今日御祝御間御座備如左、

御書院第一間四方簾、二間ト一間南ニテ一間巻簾、余八垂簾、

同　二間四方簾、三間ト一間北ニテ一間巻簾、余八垂簾、

同　三間南ノ方二間之所簾但巻之、御献通ヒノ間

一間備厚畳御茵御後屏風西面、

○若宮御方御紐直シ御式

着御御童直衣、御指貫、

先折積物二合　撤之

次烹雑　御盃　御銚子　撤之

次鰭献　御盃　御銚子　撤之

次鯉献　御盃　御銚子　撤之

右御配膳上臈よゝよ

御手長老女信濃

附記役送之次第御献方ニノ間敷居際ニ而

御手長へ渡ス、御手長一ノ間敷居際ニ而上

臈へ渡、上臈御前ニ進ス、以下同様、

右御祝相済于時着御和歌浦呉服、御引換、

宮御方房君御方へ御禮被仰上、

宮御方へ若宮御方ゟ被進

一強供御　一蓋

干鯛　一箱

御樽代金　貳百疋

房君御方へ御同方ゟ被進

一同上

一右五宮御方御祝被食如左、

御祝御膳二汁五菜御菓子御吸物御酒

寛政四年五月十六日

伏原宣光・同長賢父子ヲ招請シ、學問入門ノ式ヲ行フ、此ノ後宣光屢〻參邸シテ讀書ニ候ス、

〔有栖川宮日記〕 ○高松宮家蔵

寛政四年五月十六日、癸丑、晴、

一若宮御方御學文御入門被遊、申刻伏原侍從（宣光）三位殿・同少納言殿（長賢）御參、時節口上、今日巳刻參上可仕旨御約束申上候処、參内退出後持病氣ニ而少〻不相勝甚遅刻相成恐入被存候旨御断被申上、且字指獻上可被致候へ共、尚明日獻上可被致旨被申上、

於御座間御對面、一ノ間南面ニ宮御方・同若宮御方、伏原三位殿一ノ間之内ニ入、少納言殿ニノ間北面ニ而御挨拶被為在、而御文臺ニ孝經ヲ乗セ、義清若宮様御向江直ス、三位殿被進孝經被上、夫ゟ御盃三方紙敷肴、御吸物御挨拶被為在、御盃若宮御方御始被遊、三位殿江被遣御肴被遣、右御盃返上被召上、少納言殿江被遣御肴被遣、右盃義清進出相納ム、御盃之内御錫義清勤ル、宮様御酒肴不被召、御手長監物藏人主殿等次第ニ撤之、其後退出、右御禮被申上、

右御入門ニ付為御祝儀被遣之、

伏原侍從三位殿江　　御使坂部藏人

御太刀　一腰

御馬　一疋　馬代銀壹枚

同少納言殿江

御肴一折　塩貝

右御入門本式ニ而ハ仰山之事故、何事茂依御省略如此ニ而相濟候也、

廿六日、癸亥、晴陰、

一伏原侍從三位殿御參、若宮御方江御讀書被上、

六月廿日、丁酉、晴、

一伏原侍從三位殿御參、若宮御方御讀書、

九月廿三日、乙未、晴、
一伏原侍従三位殿御参、若宮御方江御読書被上、
廿四日、庚申、晴、
一伏原侍従三位殿御参、若宮御方御読書被上、
十月二十六日、辛卯、曇、
一伏原侍従三位殿御参、若宮御方御読書、
十一月十日、乙巳、晴陰、
一伏原侍従三位殿御参、若宮御方御読書、
廿二日、丁巳、晴陰、
一伏原侍従三位殿御参若宮御方御読書被上、

十二月二日、丙寅、晴陰、
一伏原侍従殿御参、御読書、且此間御染筆相願候所早速御認被遊下候、右御礼被申上候事、且若宮様ゟ此節為御尋一種被致拝領候、右御礼被申上候事、
四日、戊辰、晴陰、
一伏原侍従殿御参御読書被上、
十六日、庚辰、晴、
一若宮御方御読書被上、伏原侍従三位殿御参、
〔按〕韶仁親王読書ノ事、尓後有栖川宮日記ニ僅ニ見エ、今其ノ史料ハ略ス、

寛政六年五月二十日
是ヨリ先、水痘ニ罹リシガ、治癒セルヲ以テ、是ノ日、酒湯ニ浴シ、其ノ祝儀ヲ裏御殿ニ於テ行フ、

〔有栖川宮日記〕○高松宮家蔵
寛政六年五月七日、癸巳、晴、
一梶井宮　御使川上頼母
若宮御方御水痘御見舞被仰進、
十五日、辛丑、曇、
一閑院様諸大夫中ゟ紙面到来之所、若宮様御水痘被為在候由被聞召、近日御順快被為在候哉被為聞度旨也、仍テ及言上御順快之旨及返答、尤
平田木工権頭江、
廿日、丙午、晴、

一、若宮御方御水痘被為済今日御酒湯被為引候
御祝於御裏御殿被為在候依之御裏御殿へ以
惣代恐悦奉申上、

寛政六年十一月十八日
下帯始ノ祝儀ヲ行フ、近衛經煕室董子女王（職仁親王王女）ヲ帯親ト為ス、

〔有栖川宮日記〕
寛政六年十一月朔日、乙酉曇、
一、来ル十八日若宮御方御下帯始同宮御方御鉄
漿始、千鶴宮御方御色直美保宮御方御色直右
御祝之義今日被仰出、
十一日、乙未晴
一、泰宮御方へ　御使粟津圖書頭
時節御口上、且来ル十八日若宮御方御むすひ
始同宮御方御鉄漿始被為在候間、右御帯・御
筆被進候様御頼被進候處、御承知被遊目出

度思召候、且御帯御筆可被進候旨也、
十八日、壬寅晴
一、若宮様御下帯初御祝儀に付
宮様江
昆布　一箱
干鯛　一箱
右若宮様より被為上、
房君様へ
御帯地　一筋
干にひ　一はこ

右若宮様江被進
泰宮様江御下帯被進候御礼
真わた　二ゆひ
するめ　一おり
若宮様ゟ月照院殿江
こんふ　一はこ
一上下御霊江御代参青銅
一御鎮守柿本社天満宮稲荷社御備
一天見祢社江御備
一宮様初月照院殿迄御揃御祝被遊候

先赤飯御吸物御取肴
御本膳二汁五菜
一今日御式次第如左
若宮様　御下帯始
同宮様　御鉄漿始
千鶴宮様　御色直御髪置
美保宮様　御色直御髪置
御書院第一ノ間御床御懸物御違棚簾なし其
余簾二ノ間四方簾ノ事
御座厚畳御板茵御後屏風

（略。中）
若宮様御下帯始　初献
四種物　一献　三度
御陪膳
宮様ゟ被進物
御帯　二筋
干鯛　一箱
右若宮様江
繻珍呉服　はぶたへ　一かさね
ひにい　一はこ

御にる代　金二百疋
右同宮様江
御見所江
ひにい　一はこ
被下物如左
まわた　二結　おみよの方
（略。中）
御陪膳ニ付金百疋　おみよの方へ
一上御霊社御代参　山名式部
一鎮守社人丸天満宮願照明神

御備　未干魚　御酒洗

一、御筆親御帯親

泰宮様

寛政七年三月二日

織仁親王、諸大夫・用人等ヲ召シ、来春若宮元服アルベキ旨ヲ申渡ス、然ルニ十月二十六日、左大臣鷹司政熙参殿シ、元服ハ天皇光格ニ儲君誕生ノアルベキ迄見合スベキ旨ノ叡慮ヲ傳フ、乃チ元服ノコト延期ス、

〔織仁親王日記〕○高松宮家蔵

寛政七年三月二日、

一、明春若宮元服申渡、

諸大夫用人共江申述、家中一統江は明日申渡、上巳ニ恐悦申候様申達、

十月廿六日、

（鷹司政熙）
一、左府房君江入来対面、

若宮元服主上儲君被為有候迄見合候御沙汰也、

〔有栖川宮日記〕

寛政七年三月二日、癸丑、陰天

一、若宮御方来春御元服可被催旨於御前木工頭圖書頭主鈴主膳掃部被仰渡、夫ニ付御間所并萬事之儀申渡取斗候様被仰付、但右恐悦明日可申上旨御沙汰也、

右之段老女信濃へ申渡、栖月照院殿へも可被申上候由も申之、於役所御近習へも申渡、

附記御裏老女ワか浦なミ崎呼出し木工頭面會右若宮御方御元服被仰出候吹聴ヲ申、

夫ニ付新ニ御間被建ねハ相成不申、万事御
用却御行届不被成候ニ付而者藝州、長州杯（脇）
ヘ御助勢御頼被成度候、宜預勘辨度旨先今
日者申入處、両人咨御目出度迄ヽ可及示談
由也、

寛政十年二月十六日
去ル十三日ヨリ熱ヲ發シ、是ノ日、痘瘡ト診斷セ
ラル、尋イデ治癒セルヲ以テ、二十七日、酒湯ニ浴
ス、

編修課

〔有栖川宮日記〕○高松宮家蔵
寛政十年二月十六日、庚戌、
一若宮御方十三日ゟ御發熱之處今日御痘瘡之
旨山科里安友言上、則一統ヘ申渡ス、各恐悦伺
御機嫌御廊下通ゟ申上ル、但非番之輩申遣各
出殿、
一若宮御方御痘瘡兼而御心願有之ニ付
淀姫社御代参　　松浦監物
御初尾金百疋
一痘瘡神御祭御裏御殿

若宮様御方ニ而被祭之、
廿七日、辛酉、晴、
一若宮御方今日御酒湯被為濟候ニ付壹統恐悦
申上ル、御用人御近習壹統表相廻り御裏御殿
江恐悦ニ参上、諸大夫ハ御廊下通ゟ参、
一痘瘡神祭之次第御緣座敷ニ注連ヲ曳、猩々ヲ
臺ニ乘、神酒土器ニ菓子ヲ盛
猩々一方夷子大黒
ヲミノ切ニ尺ニ寸、神折敷ニ枚、酒徳利二ツ、赤
紙少々、油土器弐ツ外ニ金たい壹、（臺弐ツ）

一神送り入用
なんてん二本、笹のこだ二本、石しゆうね付二
本、さんだはら二ツ、手桶壹ツ、手盥壹、杉一本白
水弐升斗、水引小たは十二わ、

寛政十年十月十三日
読書稽古ノ為、唐橋在熙ヲ招請シ、講釋始ヲ行フ、
乃チ先ヅ織仁親王ト倶ニ之レニ對面シ、尋イデ
孝經ノ講釋ヲ聴聞ス、

〔織仁親王日記〕○高松宮家蔵
寛政十年十月十三日、卯、晴、
一唐橋前宰相（在熙）若宮為稽古講尺始ニ付入来、對面、
角筆一本持参被送、

〔有栖川宮日記〕○高松宮家蔵
寛政十年十月十三日、癸卯、晴、
一唐橋前宰相殿（在熙）御参、今日若宮御方御書講釈之
義蒙仰参上被致、於御座間一ノ間ニ而御對面、
若宮御方御同座、唐橋殿一ノ間之内ヘ入、艮之
方江向孝經講尺被申上、諸大夫御近習等二ノ
間江罷出聴聞可仕旨被仰付、當番之輩相詰承
ル、右相濟テ雲竪通西ノ間ニテ御吸物三種肴
ニ而御祝酒出ル、
一唐橋前宰相殿江御使　嶌津弾正

干鯛　一箱
眞綿　二把
御樽代　二百疋
今日御参為御挨拶御目録之通被為贈候也、
右若宮御方へ
宮御方ゟ御口上ニ而被仰入、
廿四日、甲寅、
一唐橋前宰相殿御参、若宮様へ御　釈被申上、

寛政十一年六月四日
唐橋在熈今春以来初メテ参邸シ孝經ノ講釋ヲ
行ス、乃チ之レヲ聴聞シ畢リテ祝酒ヲ遣ス、此ノ
後在熈、略々四ノ日ニ参邸シテ孝經ヲ講授シ、八
月二十四日ニ至リテ畢ル、仍リテ九月六日ヨリ
論語ノ講釋ヲ開始ス、

編修課

〔有栖川宮日記〕○高松宮家蔵
寛政十一（己未）年六月四日、辛卯、晴陰、
一唐橋前宰相殿孝經之御講訳〔釈カ〕被申上、春以来始
而御参也、依之若宮御方御引袴御口祝被下、主
膳役之尤麻上下、御近習聴聞等同断、御講訳〔釈カ〕相
済雲立涌二ノ間ニおゐて御祝酒御吸物紙数
肴等也、
十四日、辛丑、晴、
一唐橋前宰相殿御参、若宮御方御書院ニ而御対
面、孝經御講釈被申上、図書頭并御次當番之輩
相詰聴聞、其後廿四日参上之趣申上置候得共、
私神事ニ付御断申上度候、廿二日之夕方亦ハ
廿三日朝之内可被相伺、左候ハヽ、来ル廿三日
朝之内御参有之候様被仰入、奉承知畏旨被申
上退出、
廿三日、庚戌、晴、
一唐橋前宰相殿御参、
若宮御方御対面、孝經御講釈被申上、
七月四日、庚申、晴、夕立雷鳴、
一唐橋前宰相殿御参、若宮御方ニ孝經御講釈被

申上、
廿四日、庚辰、晴
一唐橋前宰相殿御参、若宮御方江孝經講釈被申
上、
八月廿四日、庚戌、陰天
一唐橋前宰相殿御参、若宮御方孝經講尺被聞召、
今日ニ而終、従来會論語
九月六日、辛酉、陰天夕方ゟ雨
一唐橋前宰相殿御参、若宮御方御對面、従今日論語
講釈被申上、序之分相濟

十四日、己巳、雨、
一唐橋前宰相殿御参、宮御方若宮御方於御座間
御對面、論語講釋被申上、
廿四日、己卯、晴、
一唐橋前宰相殿御参、若宮御方江講釋被申上、

寛政十一年六月十六日
十六歳ニ達セルヲ以テ、月見ノ儀ヲ行フ、

〔有栖川宮日記〕○高松宮家蔵
寛政十一年六月十六日、癸卯、晴、
一若宮御月見、於御座御書院代一ノ間厚疊御板
同御後屏風一二ノ境巻簾
御式巳刻
一献　御饌御汁　萩御器
二献　鯖　上﨟おみよ、被下、
三献　一物　年長諸大夫、被下、
但御式濟饅頭之献與、廻ル、
右御月見御祝并御進物被下物如左、

御吸物　蛤
土器　御錫
宮様ゟ若宮様へ
晒一疋　干鯛一箱
宮様ゟ君様へ

寛政十一年十月十五日
是ヨリ先、有栖川宮邸ヲ皇后欣子内親王ノ御産所ト定メラル、仍リテ九條家三本木屋敷及ビ近衛家土手町屋敷ヲ借用シテ假殿ト爲シ、是ノ日、父織仁親王ト倶ニ三本木屋敷ニ移徙ス、尚、嫡母藤原（鷹司）福子ハ土手町屋敷ニ移ル、

編修課

〔織仁親王日記〕○高松宮家蔵
寛政十一年十月十五日、亥、晴、
一卯一点九條三本木屋敷江引移、裏方近衛土手町屋敷江引移同刻、

〔有栖川宮日記〕○高松宮家蔵
寛政十一年九月廿九日、甲申、晴、
一今日御参内被爲在候処、左之通関白殿ゟ御書付ニ而被仰出、
中宮御妊娠之御沙汰内々被爲有候、依之来十二月可有御退室、今度依御吉方御亭江被爲有行啓度思食候、仍先内々可申入御沙汰候事、
勿論御裏共御一郭被借召度思召候、御請之上者来月中被借召度内々御沙汰候事、

十月四日、己丑、晴陰、
一九條大納言殿江　御使　図書頭
時節御口上、且今般中宮御所御妊娠ニ付、當宮
御方御裏方共御借被召候様（被）仰出候、随而三本
木御殿暫御借進之義御頼被仰進候、右御所望
以御使被仰入候旨、　出會朝山、
御返答時節御口上、且三本木御殿御借進御所
望之義委細御承知被成候、
七日、壬辰、晴陰、
一九條家河原御殿御一郭ニ而ハ御表御裏難分、

依之御別郭御治定ニ付、
一近衛殿江　御使　刑部権少輔
時節御口上、且今般中宮様御妊娠ニ付、此御方
御殿江行啓被仰出候、依之御裏御殿共ニ假借
被仰出候間、河原御殿暫御借進御頼被仰進候
旨、
右御答河原御殿ハ甚御狭少ニ候得共、御用
ニ被為在候ハヽ、御易御事御借進御領掌之
旨、　右立帰り言上
十五日、庚子、晴、

一河原御殿江今日御引移、御出門卯上刻、御供青
士三人、山名式部、蔦津彈正、木工頭等、
若宮御方、御供山本大炊、山名内匠、其余如例、御
輿網代、衣躰常服麻上下、
同刻三本木御殿江無御滞御機嫌克被為選（遷カ）、
御熨斗　御祝酒上、（略。図）
同刻過壽宮御方、誠宮御方、嘉祢宮御方、御供粟
津丹下、田中舎人等、羽織袴、
信濃、讃岐、契れい、能勢、まつ、里か、千賀、くミ、
まて、美の、かつ、まさ、里さ、志ま、

辰刻千鶴宮御方、美保宮御方、樂宮御方、御同輿、
ニ而被為成、御供丹下、内匠、衣躰同断、
御包輿月照院殿案内ニ而こと、ちよ、里す、
御息所御供為御詰合坂部藏人相廻ル、
御熨斗御祝酒上ル、
十六日、辛丑、晴陰、夕雨、
一三本木御殿ヘ昨日御引移、今朝御届如左、
覺
今般當御殿中宮様為御産所御用被為借召
候ニ付、昨十五日九條様三本木御殿御借用

御引移被成候、尤裏御門御長屋者御借用不
被成候、且房君御方近衛様土手町御屋敷御
借用、同日御引移被成候、仍而為御届如斯ニ
御座候、以上、
十月十六日
有栖川宮御内
中川刑部権少輔
勧修寺前大納言様御内
立入左京亮殿
漢城隼人殿

千種前中納言様御内
福井壹岐守殿
細谷典膳殿
右月番千種家へ被指出候処落手せ、

寛政十一年十二月四日
是ヨリ先、唐橋在熈ノ論語ノ講釋ヲ受ケシガ、是
ノ日ヨリ在熈ノ男在經ノ詩經ノ講讀ヲ受ク、尋
イデ十日、在熈在經及ビ倉橋泰行ノ日割ヲ定メ、
在經及ビ泰行ハ一・六ノ日ニ、在熈ハ四ノ日ニ参
邸スルコトヽ爲ス、乃チ十一日、泰行初メテ参邸
シテ讀書ニ候ス、

〔有栖川宮日記〕　○高松宮家蔵
寛政十一年十二月四日、丁亥、晴、
一唐橋侍従殿（在經）御参、今日ゟ若宮御方詩經御讀書
被上、
十日、癸巳、晴、
一倉橋中務権少輔殿（泰行）へ御使宮崎勝五郎、
此間唐橋殿ヘ以被仰入候若宮御方御讀書弥
御頼被成度、仍以御使被仰入、
後刻御参、御請被申上、
一唐橋前宰相殿（在熈）御参、御息并倉橋殿御申合、御讀

書一六ニ参上可被致候、前宰相殿ニ者四ノ日
御講釋参上可被致候、尚日割以書付可申上由
也、
十一日、甲午、晴、
一倉橋中務少輔殿御参、若宮御方御読書被申上、
今日初御参ニ付、御祝酒三種之肴吸物被下、
十四日、丁酉、雪散、
一唐橋前宰相殿御参、若宮御方ヘ御講釋被申上、
十六日、己亥、晴、
一唐橋侍従殿御参、若宮御方江御読書被上、

廿二日、乙巳、晴陰、雪散、
一唐橋侍従殿御参、若宮様ヘ御読書被上、
廿四日、丁未、晴、
一唐橋前宰相殿御参、若宮御方江御講釋、
今日當年御満ニ付、御酒吸物三種肴被出之、

寛政十二年正月二十八日

去ル二十二日禁裏（光格）ニ皇子（温仁親王）誕生アリ、是ノ日、若宮ト称スベキ旨仰出サル、仍リテ従前ノ称若宮ヲ改メ、阿計宮ト称ス、尚、此ノ称ハ祖父職仁親王ノ幼称明宮ニ因メルモノニシテ、上皇（後桜町）亦嘗テ緋宮ト称セラレシヲ以テ、叡慮ヲ伺ヒ、御聴許ヲ得タルモノナリ、

編修課

〔禁裏執次所日記〕
寛政十二年正月廿二日、乙亥、晴、
一、子半刻前中宮御所御産御催之旨執次中より書面ヲ以申来、
一、丑刻前若宮様御降誕之旨、執次中より書面を以申来、奥井議奏衆江申上ル、御附衆江書面を以申達、同役諸役所申觸、仙洞御所執次中江も為心得書面を以申遣ス、
廿八日、辛巳、陰、
一、今日若宮様御七夜也、

一、皇子向後奉稱若宮候旨被仰出候段、議奏日野
殿被仰渡、御附衆江申達、諸役所申觸、仙洞御所、
中宮御所、御産殿執次中江為心得廻狀を以申
遣ス、

〔織仁親王日記〕 ○高松宮家蔵
寛政十二年正月廿八日、己巳、晴、
一自今日降誕宮被稱若宮ニ附、愚息奉稱阿計宮、
右アケ洞中依御名、関白ヘ以棐中江伺、洞中
ヘハ直ニ伺候処無思召ニ附今日改、

〔有栖川宮日記〕 ○高松宮家蔵
寛政十二年正月廿八日、辛巳、陰天、昼過ゟ雨降、
一今般御降誕若宮以来若宮ト被稱候旨被仰出、
依之此御方若宮御祖父一品宮（織仁親王）御名阿計宮ト
可被進思召ニ被為在候処、仙洞御所御名ニ而
被為在候故御遠慮被遊候処、右之御名目出度可
被進候、阿計宮ト被稱候樣被仰出候、依而従今
日阿計宮ト改被稱候事、
右之通被仰出、御内一統申渡ス、

〔有栖川宮系譜〕
靈元帝第九皇子
職仁親王
（中略。）
正徳三年九月十日御誕生、号明子宮、

〔續皇年代略記〕
（後櫻町）
太上天皇　御諱智子、櫻町天皇第二皇女、御母青綺門院贈准后藤原舍子、二條故關白吉忠公女也、
在位八年　元文五年八月三日降誕、奉稱緋宮、始以茶宮、

寛政十二年三月七日
去ル二月二十八日、皇后欣子内親王ノ御産所ニ充テラレシ有栖川宮邸ノ返却ヲ受ク、仍リテ是ノ日、本殿ニ還ル、

〔有栖川宮日記〕○高松宮家蔵
寛政十二年二月廿五日、戊申、快晴、
一取次町口大判事ゟ土山淡路守ゟ書状到来、旨趣
中宮様御産所御殿今明日之内ニ取片附相濟
廿七日ゟ御引渡しニ相成候而も宜候旨傳奏
衆議奏衆へ申上候ニ付内々爲知候由申来、
廿八日、辛亥、曇、夕雨、
一御本殿今日午剋御返進ニ付罷出輩、
藤木木工頭　前川主鈴
山本大炊　野中多作

下役　江村喜平次
各ふくさ麻上下
房君御方ゟ
藤井図書權助　藪大藏
山家齊　上野甚大夫
（○本殿受取ニ係ハル記事ヲ略ス、）
右無滞相濟、三本木御殿へ木工頭参上及言上、
三月七日、己未、晴、
一卯剋御出門ニ而（三本木御殿）同中剋御本殿江還御被爲在、
一傳奏千種前中納言殿へ御届書如左、
御使柳松左七郎

覚

昨年當御殿中宮様為御産所御用被為借召ニ付、九條様三本木御殿御借用御引移被成候処、御返進ニ付今日御本殿江還リ被為移候、且房君御方近衛様上手町御屋鋪御借用御引移被成候処、是亦今日御本殿へ還リ被為移候、仍而御届如斯御座候、已上、

三月七日　有栖川宮御内

粟津圖書頭印

勧修寺前大納言様御内

立入左京亮殿

漢城隼人殿

千種前中納言様御内

福井壹岐守殿

細谷典膳殿

右落手之由也、

寛政十二年閏四月二十八日

誕生以來嫡母藤原鷹司福子ノ裏御殿ニ於テ養育セラレシが、年既ニ長ゼルヲ以テ、來月一日表御殿ヘ移居セントス、仍リテ是ノ日、福子ヨリ硯箱煙草盆廣蓋等ヲ贈ラル、尋イデ五月一日、表御殿ニ移リ、家中一統ノ祝賀ヲ受ク、

〔有栖川宮日記〕○高松宮家蔵

寛政十二年閏四月廿八日、庚辰、雨、

一御裏御殿、　御使　木工頭　麻上下

阿計宮御方永々御世話被進御満足ニ思召候、最早御年被為長候ニ付、来月朔日御表へ被為移候様被遊度旨被仰入図書権助呼出し申入、御答上臈御相應目出度思召候由也、

一阿計宮様来月朔日御表へ被為移候ニ付御譲房君様ゟ被進候御品

一御硯箱

一　御煙草盆
一　御紙臺
一　御廣ふた
一　御夜具
以上
五月朔日、壬午、快晴、
一　阿計宮御方巳剋御表御殿、御引移、一統恐悦
申上ル、
一　右御祝御膳
宮様房君様・阿計宮様御三方様ニ汁五菜後段

書陵部（三一号）

御酒御吸物三ツ御肴七種、

書陵部（三一号）

享和二年二月四日
阿州藩主蜂須賀齊昌ノ儒臣佐野憲（通稱少進、山陰ト號ス、）
ヲ招キ、初メテ論語ノ講釋ヲ聽ク、此ノ後少進、四
九ノ日ニ參邸シテ論語ヲ講授シ、八月九日ヨリ
ハ論語ノ外ニ唐詩選ヲ講ズ、

編修課

〔有栖川宮日記〕（高松宮家蔵）
享和二年二月朔日、壬寅、晴、
一、佐野少進江　御使前川軍治
若宮御方御講尺被為聞度候ニ付参殿候様
御頼、尤四日ニ参上候様被仰入委細畏御請
申上候旨也、
四日、乙巳、晴、
一、初参上　松平阿波守家来当時下立賣　佐野少進
先御内玄関東ノ間ヘ通ル、茶タ菓粉盆出ス、
先挨拶衛守、其後追々罷出面會於山水間阿

書陵部（三一号）

計宮様御封面、御口祝被下之、御後屏風御板
茵、少進御口祝頂戴復座、御口祝徹之、直ニ御、
文臺差上ル、此時阿計宮様南面ニ御着座、御屏風後
御板茵無之、見臺一ノ間敷居ノ内ヘ置、南向少進着座、
論語御講尺申上ル、二ノ間ヘ一統罷出承右
御講尺相済、内玄関東ノ間帰座、御祝酒、紙敷
肴、御料理二汁五菜、中酒、吸物三種、紙肴、菓子、
茶等也、右相済御次ヘ通、以来御内玄関ゟ御
次ヘ罷通候様申聞、今日者御丁寧御封面、御口
祝、御祝酒、御料理等被成下候、御礼申上而退

出、但来ル九日昼後可被参申聞ル、
九日、庚戌、晴、
一、参上　佐野少進
阿計宮様江御講尺申上ル、
二十四日、乙丑、雨、
一、参上　佐野少進
御講尺
廿九日、庚午、晴、
一、参上　佐野少進
阿計宮御方江御講尺申上ル、

三月四日、乙亥、晴、
一、参上　佐野少進
阿計宮御方江御講尺申上ル、
十九日、庚寅、晴、
一、参上　佐野少進
阿計宮御方江御講尺申上ル、
廿九日、庚子、晴、
一、参上　佐野少進
論語御講釋申上ル、
四月四日、甲辰、晴陰、

一、参上　佐野少進
阿計宮御方江御講釋上ル、
六月四日、癸卯、雨、
一、参上　佐野少進
阿計宮御方江御講尺申上ル、
九日、戊申、晴、
一、参上　佐野少進
阿計宮御方御講尺申上ル、
七月廿九日、丁酉、曇朝雨
一、参上御講釋申上ル、　佐野少進

八月四日、壬寅朝雨、
一、御講釈参上　佐野少進
九日、丁未晴、
一、同（参上）　佐野少進、
阿計宮御方江御講釋申上ル、并今日ゟ唐詩
撰も相加ヘ申上候事、
廿四日、壬戌晴、
一、御講尺申上ル、　佐野少進
九月十九日、丁亥晴、
一、参上　佐野少進、

阿計宮御方江論語唐詩選御講釈申上ル、
十月廿四日、壬戌晴、
一、御講釈参上　佐野少進
十一月九日、丙子晴（雪少シ）
一、講書参上　佐野少進
十四日、辛巳晴、
一、参上　佐野少進、
阿計宮御方江御講釋申上ル、
十九日、丙戌晴、
一、阿計宮様御講尺参上　佐野少進、

書陵部（三一号）

廿四日、辛卯晴、
一、御講書参上　佐野少進
廿九日、丙申晴、
一、御講書　佐野少進
十二月九日、庚午雨、
一、参上御講尺　佐野少進、
十四日、乙亥晴（雨夜）
一、御講書参上　佐野少進

〔按〕佐野少進ノ講釋ノ為ニ参邸セル記事此ノ後有栖川宮日記ニ屡々見ユ、今其ノ史料ヲ省略ス、

書陵部（三一号）

享和三年四月十六日

昨夜ヨリ發熱シ、麻疹ト診斷セラル、尋イデ治癒セルヲ以テ、五月十五日、酒湯ニ浴ス、

〔有栖川宮日記〕○高松宮家蔵

享和三年四月十六日、庚辰、陰天、

一、福井終吉へ　御使平十郎

阿計宮御方従昨夜御発熱被遊候間、今日中ニ参診候様被仰遣、御請申上ル、

一、入夜参診、　福井終吉

阿計宮様御麻疹之由申上ル、御薬者是迄之通恭一郎へ被仰付候様申上ル、

五月十五日、戊申、晴陰、

一、阿計宮御方今日御酒湯被為済、

文化元年十月九日

去ル九月二十四日、嫡母藤原鷹司福子薨ズ、是ノ日、大徳寺龍光院ニ於テ葬送アリ、其ノ儀ニ参列シテ焼香ス、尋イデ十日、龍光院ニ詣リ、法事ヲ聴聞シ、廟所ニ参詣ス、

〔有栖川宮日記〕○高松宮家蔵

文化元年九月廿四日、庚戌、晴、

一、丑半剋房君御方御違例甚御勝レ不被遊ニ付

御内下宿之輩依召皆々参上之事、

一、傳奏廣橋家へ被差出書付如左、

覚

當宮御息所房君御方去七月十八日夕方御悪寒少々御発熱、其後両三日寒熱往来之御様子被為在候ニ付、御匕福井典薬少允相診小柴胡湯調進、（中略）従當月廿日至

廿三日夜ニ御疲労強被為有候ニ付御本
薬前方ニ倍附子獨参湯御副用調進、廿四
日暁天御呼吸御静ニ被為在候、然ル処御
手足御厥冷追ゝ御疲労強終ニ申剋薨去
被成候、仍而御届被仰入候、以上、
　　有栖川宮御内
　　中川刑部権少輔
九月廿四日　粟津図書頭
　廣橋前大納言様御内
　　濱路少監物殿
　　筑山左膳殿

　千種前中納言様御内
　　福井右兵衛尉殿
　　細谷典膳殿
十月朔日、丙辰、晴、
一参上　竜光院役者
　品目指上処如左、
　　十月九日戌之剋
　明臺院殿尊儀御葬式品目
　　引導法語
　　同諷経　楞厳神呪

　　導経　弥陀神呪
　　御廟諷経　大悲神呪
　　安牌諷経　光明真言
　　　　　　　随求陀羅尼
　　　　　　　大悲神呪
　　右　龍光院
九日、甲子、時雨、
一明臺院様御葬送戌ノ剋、御出棺酉半剋、
一御出棺引續御書院楷ゟ被為出、
一御輿客殿南ノ方廣椽ニ差置、
　明臺院殿尊儀御葬式品目、

（○引導法語・諷経・出頭僧名等ノ記事ヲ略ス、）
右御法事中御棺為守護主税頭、刑部権少輔
式部丞、石見守西ノ方ニ着座、御香爐前ニ置、御輿脇御近習
東ノ方ニ着座、

右御法事相済御焼香次第如左、
阿計宮御方　梶井御門主、
（以下焼香次第略。）
右相済而
但し奥向焼香ハ於簾中相済、
十日、乙未、晴、
一、竜光院明台院殿御廟江為御参詣阿計宮御方御成、（御供略。）御出門巳刻、御廟御参詣、御法事（御聴聞）御非時上申刻還御、
一、御寺詣前川式部丞・松浦監物・嶋岡造酒・柳松佐

七郎・小林主税・頭堀内右京・村上官治、

文化二年九月二十三日
嫡母藤原（鷹司）福子ノ一周忌ニ當ルヲ以テ、大徳寺龍光院ニ於テ逮夜ノ法事アリ、仍リテ同寺ニ詣リ、香奠並ニ書寫セル法華經八巻ヲ供ス、翌二十四日正忌ニ當ルヲ以テ、又參詣シ、法事ヲ聽聞ス、

〔有栖川宮日記〕○高松宮家蔵
文化二年九月廿三日、壬申、雨、
一、明台院殿御一周忌御相當於龍光院御逮夜御法事御修行、（金剛経未刻大悲神咒）
御寺詣大隅守・武藤左衛門・田中舎人・嶋岡造酒・小岸安之進、
一、御出門卯半刻、阿計宮御方御法事ニ付御参詣、（御供略。）於寺門御非時差上ル、御供中遂御非時被下之、還御酉刻後、
一、御寺詣帳如左、

編修課

一、御逮夜御法事未剋

一、御香奠（中略）金弐百足

御書寫法華経　八巻

右阿計宮御方ゟ

廿四日、癸酉、晴陰

一、明臺院殿御一周忌御法事ニ付

御寺詰木工頭嶋田掃部松浦監物山本大炊

前川軍治

一、右ニ付竜光院江御成、御出門卯半剋、（中略）御阿計

宮御方續而御成、（中略）還御申半剋、

一、御法事觀音懺法辰上剋、

同半齋大悲神咒、

右午半剋相済、

文化三年八月十四日

職仁親王妃藤原（二條）淳子ノ三十三回忌ニ當ルヲ以テ、大徳寺龍光院ニ參詣シテ法事ヲ聽聞シ、燒香ス、

編修課

〔有栖川宮日記〕○高松宮家蔵

文化三年八月十三日、丁亥、晴陰、

一、御寺詰帳如左、

光臺院殿三十三回御忌

八月十三日御寺詰（○寺詰ノ輩略）

一、宮御方ゟ

御香奠金弐百足

一、阿計宮御方ゟ

御香奠金百足

一、宮々御方ゟ

御笵三十片
十四日、戊子、晴、
一、光臺院殿三十三回御忌御相當、龍光院御廟参、
辰剋、(○御供略)阿計宮様御参詣、(○御供略)還御申剋過、
龍光院ニ而御次第先御廟参、其後御法事始、
従簾中御聴聞、済御焼香、次御對面長老二人、
西堂二人座元二人、(主計御對面之由達ス、)次梶井宮御
焼香、畢而垂簾阿計宮様、圓臺院宮様、知足院
宮様御焼香、

文化三年九月二十三日
嫡母藤原(鷹司)福子ノ三回忌ニ當ルヲ以テ、大徳寺
龍光院ニ於テ逮夜ノ法事アリ、仍リテ同寺ニ参
詣シ、香奠ヲ供ス、翌二十四日正忌ニ當ルヲ以テ、
又参詣シテ法事ヲ聴聞ス、

編修課

〔有栖川宮日記〕○高松宮家蔵
文化三年九月廿三日、丁卯、晴、
一、明臺院殿御三回忌御相當、於竜光院今日明日
御法事御執行、御逮夜(金剛経 大悲神咒)未剋、
御寺詣、(○御寺詣供略)
一、御出門卯下剋、阿計宮御方御参詣、(○御供略)於寺
門御非時上ル、御供中通御非時被下之、還御(アキマヽ)
一、御逮夜御法事未剋
一、御香奠　金(弐)百疋
右宮御方

一同　金百疋
右阿計宮御方
一笵　三十片
右宮ゝ御方、
廿四日、戊辰、晴曇、
一、明臺院殿(御三回忌)御相當、於龍光院御法事御執行、
施餓鬼巳之剋、
楞嚴神咒
大悲神咒
御寺詣、(○御寺詣ノ供略ス、)

一、右御法事ニ付寺門江御成、御出門辰剋、（○御供略）引
續阿計宮御方御成（○御供略）
於寺門御非時差上ル、
還御申剋、

文化四年十二月二十一日
去ル十五日、天皇光格ノ御猶子ト爲スベキ旨仰出
サル、仍リテ是ノ日、其ノ披露ヲ行ヒ、初メテ參内
シテ天皇ニ謁シ、御前ニ於テ末廣及ビ唐金製ノ
砂鉢ヲ拜領ス、

〔有栖川宮日記〕○高松宮家藏
文化四年十二月十五日、辛巳、晴、
一、阿計宮御方御猶子御願寛保之御例を以奉書
被指出候処如左、
（○奉書女房略）
右中高二枚右被仰合ニ而かけかこなし、
一、禁裏御所江御猶子御願御使藤木木工頭、（尉斗目麻上下、）
尤寛保ニ者長上下之処此度麻上下ニ成、（申合）
右奏者所ニ而相勤ル、
右之御返しニ御猶子の事被仰出、

（○奉書女房略）
中高二枚かさねかけがこなし、
一、今日若宮御方御猶子被仰出候ニ付、午半剋右
爲御禮御參内、右之節阿計宮御方御參内日限
議奏衆を以御窺之処、來ル廿一日未剋被仰出、
議奏六條前中納言殿、
廿一日、戊子、晴、
一、仙洞御所
中宮御所江御參、（○御供略）夫ゟ閑院宮へ御成、壽宮
御方御猶子御歡被仰入、還御酉剋過、
一、若宮御方御猶子御廣目、

編修課

書陵部（三号）

一、為御猶子御禮今日御参内ニ付御献上如左、
禁裏御所へ
御太刀　一腰
御馬代銀拾両　一疋
右横目録、御名小札無之、大鷹紙壱枚、
昆布　一折十連
鯣　一折五連
干鯛　一折十枚
御樽　二荷
右竪目録御名小札無之、同紙

右阿計宮御方ゟ
昆布　一箱
干鯛　一箱
御樽　一荷
右中務卿宮御方ゟ　目録（同紙）小札なし
（中略）
中宮御所へ
こんふ　一はこ
ひたい　一はこ
するめ　一はこ

御たる　二か
親王様へ
御太刀　一腰
御馬　一疋
右横目録
昆布　一箱
干鯛　一箱
御樽　一荷
右阿計宮御方ゟ
中宮御所へ

こんふ　一はこ
ひたい　一はこ
親王様江
昆布　一箱
干鯛　一箱
右中務卿宮御方ゟ
右中宮様奏者所ニ而（同）相勤、尤御口上之趣御
所女房奉書之通、御使圖書頭、布直垂、
附記、御品数多故副使青府召連参ル、
一、阿計宮御方始而御参内ニ付御献上、尤上臈お

今殿ゟ土佐殿ヘ文ニ而後刻御参宜御披露と
申文添御先ヘ廻し置、
禁裏様ニハ御花活錫三、箱入
中宮様ヘ同　弐、同入、
親王様ヘ御箱物も植うさき、
右此度閑院寿宮様ゟ者無之、
一、勅使日野西左中弁殿ゟ使松田六郎
御太刀一腰　御馬一疋　代銀壱枚、
後刻参上之節披露可致旨御預、右使ヘ赤飯
吸物御祝酒、土器肴牝房御引延紙五束、代銀

壱枚被下之、
一、中宮使高松少将殿ゟ使塩見直衛、
銀馬同上被預、使ヘ御祝酒御引等如上、
一、勅使之副使鈴木民部御品持参、勅使御出之時
御目録者左中弁殿ヘ渡し、御品者諸大夫ヘ渡
之、木工頭請取之、御書院御椽座敷ニ餝之、右民部
者同公間ニ而御祝赤飯吸物蛤御祝酒、土器肴
牝房御引金百疋被下之退出、
一、中宮使之副使世續左兵衛尉御品持参、御引請
御祝酒御引手被下等如上、

一、勅使中宮使途中ヘ遠見出置及注進、
一、勅使日野西左中弁殿御門前ヘ見ヘ候時、下座
莚ヘ御出迎諸大夫壱人成崇、閑院様申合其外此度如斯、
御玄関詰之輩等則成崇広御殿一之間ヘ御案
内申、御使参上可申上由御申及言上、御取持方
御挨拶在之、中山殿御申中宮使ノ御待合御逢可然由也、中宮使高松
少将殿御参、御案内御出迎等勅使之如シ、義清
御出迎也、無程御書院一ノ間御出座、中務卿宮御直衣御
烏帽子、阿計宮御童直衣、御指貫、左中弁殿御案内申、両宮二之
間ヘ御出迎無之、一之間ヘ進テ仰被述御目録

被差出、阿計宮御披見御頂戴、諸大夫罷出長員御目録御勝手ヘ
取納、御父宮勅答二之間迄御送り両宮御復座、左
中弁殿二之間ニ猶豫此時布衣太刀目録披露、
御挨拶有之一献可被祝旨被仰、広御殿え之所
ニ被出、
御拝領御品
御絹羽二重五疋　昆布一箱
干鯛　一箱　御樽一荷
中宮御所ゟ
縮めん三巻
こんふ一はこ
干たい一はこ
御たる一か
已上
中宮使高松少将殿義清御案内申、其儀勅使之
如シ、其後広御殿ニ而右御両使ヘ御飯（赤飯）御吸物

（鯛）御重肴、（にこ　あわひ　牛蒡）御陪膳布衣御挨拶御取持堂上方相済御退出之節伺公之間邊迄堂上方御送り、御玄関下（座）迄近諸大夫御近習送り出、

一、御取持堂上方於山水間両宮御封面、御取持御挨拶在之、

一、親王様／　御使瀬田豊前守（御祝御祝酒御引金弐百足被下之）

真綿　五把

干鯛　一箱

御樽　一荷

右阿計宮御方へ被進、御禮使出羽守

一、禁裏御所／　御使石川右衛門尉（御祝御祝酒御引金百足被下之）

鮮鯛　一折

右中務卿宮御方へ女房奉書を以御猶子為御歓御拝領、御禮使出羽守、

一、未刻阿計宮御参内、

御着御直衣、御指貫、二重織御襪被召、（[illegible]）

右御太刀御腰輿内ニ其侭、

○御書院御椽ニ而御腰輿、常御門被為出、御所御臺所御（門）入、奏者所へ昇

上ル、布衣青侍、御退出之節夜ニ入

御門片扉被開、

（○行列次第略）

御先例之通御末廣御拝領、外ニ初而御参故御拝領之品次記之、

（之）御退出戌刻、御供侍之事前段ニ記之、

一、阿計宮御方始而御参ニ付、今日於御前御拝領如左、

禁裏様／唐金御砂鉢一箱

中宮様／唐桑御見臺一箱

親王様／唐金御花生一箱

一、阿計宮様／被進如左

宮様へ

御太刀一腰、干鯛一箱、御馬一疋

外ニ赤飯一蓋、

宮々様方へ

赤飯一蓋

一、阿計宮へ如左

御太刀一腰、干鯛一箱、御馬一疋

右宮様／

干鯛一箱

右宮様へ
一御内御一統様御祝御膳一汁五菜、御吸物三種
肴ニ而御祝酒等差上ル、

文化五年二月二十四日
鷹司政熙ノ勸進ニ依リ、其ノ父輔平ノ七十ノ賀ノ和歌ヲ詠ジテ贈ル。

有栖川宮日記○高松宮家蔵
文化五年正月廿五日、壬戌、晴、
一鷹司関白殿　御使牧能登守
（鷹司輔平）禅閤殿七十御年賀御催和歌御勧進ニ付御
詠出之儀御頼被仰進、尤御清書御懐紙ニ而
来月七日中御詠出之儀御頼被仰入候事、阿
計宮御方へも御同様御頼之事、
二月廿四日、庚寅、晴、
一鷹司殿　御使近江守
禅閤殿七十之御賀御勧進和歌御詠出被進、

阿計宮御方へ、茂御詠出被進、
（中略）
右ニ付禅閤殿江御内〻被進物
八丈嶋御披風壱、生鯛一折、二尾、
右宮様へ
御見臺一箱
右阿計宮様へ
明日老女御使ニ而御内〻被進、
廿五日、辛卯、晴曇、
一鷹司殿江　御使近江守

干鯛壱箱
右禅閤殿へ御年賀為御祝義被進、殿下様御
初江御祝辞被仰進、
同　壱箱
右阿計宮御方ゟ被進、
附記　奥向ゟ老女為御使御内々御進物有
之、昨日之処ニ記有之故略、

文化五年三月四日
親王宣下ヲ蒙リ、名ヲ韶仁ト命ゼラル、勅別当ハ
権大納言廣幡前秀ナリ、尚、名字ハ唐橋在熈ノ勘
文ニ天皇（光格）ノ御爪點ヲ賜ハリテ撰定ス、尋イデ
十日、御禮ノ為参内、常御殿ニ於テ天酌天盃ヲ拝
領シ、十六日、同ジク仙洞（後櫻町）ニ参入シテ御盃ヲ
賜ハル、

［韶仁親王日記］　○高松宮家蔵
文化五年二月十六日、午、晴、
一親王宣下願之奉書、木工頭使即刻御返事、日
時勘文被上候様、
廿日、戊、晴、
一奉書、而宣下日時勘文差出ス、御返事、宣下
来月四日ニ仰被出、右御禮御参未ノ刻還御申
ノ刻過、
廿一日、亥、晴
一奉書、而諱拜御返事、御爪點、定ム、

諱韶仁
三月四日、子、晴、
一巳ノ刻過宣下滞無相済、式表十五帖之間、尤板
敷ニ而甚賑々敷饗應、取持之人退出戌之刻、上
卿頭弁裏松弁於山水之間對面、後刻御禮御参
内申ノ刻過還御戌ノ刻、

〔韶仁親王日記〕○高松宮家蔵

文化五年三月十日、午、晴、
一親王宣下御礼ニ参内、尤寿宮同道、
　未ノ剋ニ出門、奏者所へ申上ケ、暫時参
　内殿次ノ間ニ侍居ル、有暫勾当内侍案内ニ
　而申ノ口ヘ通ル、又茶煙草粉盆、次常之御殿
　ニ而参上、暫親王御対面、次饅頭之献、而上
　ノ盃拝領、是ハ順流ニ成、カヘノ献ニ而天酌
　天盃、尤是ハ別盃ナリ、御献終リ退ク、次御北
　間御対面、大典ゟ口祝、献上物之披露長橋、次
　退ク、於申ノ口ニ御料理ニ汁七採〔菜カ〕、暫申ノ口
　ニ大典ト咄、中宮ゟ御使高辻、拝領物持参、御
　口上、直ニ御答、又御対面拝領長橋持出披露、
　御暇申退ク、申ノ口ニ而暫直ニ退出、
　禁裏ゟ真綿五把、御文匣之内御硯石
　中宮ゟ紙臺、御内々御硯石
　親王ゟ文具、箱入

〔韶仁親王日記〕○高松宮家蔵

文化五年三月十一日、木、曇天、
一親王宣下祝御祝御膳御一統、右祝ニ付梶井宮、
　仁和寺宮、知恩院宮御出、刑部卿宰相季鷹、後藤
　又〔大カ〕圓、豊後介、治性院、法袖院、八十嶋、定御乳、すま、
　万地、ふみ、多江、と八、千勢、仁和寺家来みや、御慰
　ニ柳糞表一統祝酒御花見兼ヌ、
　御吸物肴種々祝ニ附慰ニ馬五足、若竹参上、安
　藝介持馬、棒や二足、道成一足、
　仁和寺宮戌ノ剋還リ、
　梶井宮子ノ剋、知恩院宮ハ一宿、
　梶井宮ゟ給物、薄紅葉一樽、
　仁和寺宮ゟ　井籠　一組、
　知恩院ゟ　交肴　一折、
　極内々ニ而定御乳ゟ詠松献上、
十二日、申、雨、
一知門未ノ剋頃還リ、

〔韶仁親王日記〕○高松宮家蔵
文化五年三月十六日、子、晴、曇天也夕方夜ニ入雨ナリ、
一宣下御禮ニ仙洞御所午ノ刻過ニ参ル、尤壽宮
同道ナリ、(○略)洪呉服所暫休足、次宰相案内ニ而
申ノ口ヘ通ル、次御對面、昆布アリ、御盃拝領、尤
別盃ナリ、次申口ヘ退キ、其儘ニ而御吸物、茶煙草盆
ヨ壽宮ヘツカハス、次御庭於壽山御茶屋御菓
子御切飯種々御酒御肴、両丈宮御参、直ニ御庭
ヘ御出暮前ニ申ノ口ヘ帰リ、御料理拝領、次御
對面、於御側茶烟草盆御菓子退出、

献上物御鼻紙臺
延紙十束ツヽ 両上臈
拝領物、切バリ、ゲツ御水入一文鎮一

〔織仁親王日記〕○高松宮家蔵
文化五年二月十五日、
一明宮名字唐橋式部大輔勘考持参、
三ツ折ニ而五ツ書附来ル、為先例之由越後
介落手申出ス、
十六日、
一明宮親王宣下願文出、即刻御返事候勘文可差
上旨也、
十九日、
万端如先格使木工頭、

一参内長橋江面會内〻伺定聊有思召訓附改参(名字)
洞酒肴振舞吸物二、肴五種、
廿日、
一参内長橋江面會内〻御爪点ニ而可然旨御沙(名字伺定謝ニ)
汰、
一今日勘文上来ル三月四日御治定、
右御礼御所〻〻江出参洞御對面中宮暫時
冷泉江談酉刻帰、
廿一日、
一名字御爪点奉書即刻御点、

〜三、2

歆仁、詔ー（字）戴ー　御点也、
為御礼御肴一折上、奉書越後介、
三月三日、
一、勅別當廣幡大納言入来、
中山正親町習礼等有之、尤対面、盃、酒飯出、
四日、
一、詔仁親王宣下午半剋宣旨持参、
家司木工頭成崇覧箱持冠落、珍事大笑〻〻、
一、御礼参内申剋、初夜前退出、
御返答詔仁参内来ル十日未剋之旨也、

十日、
一、明宮親王宣下御礼参内、未剋過、讃岐豊瀬さと
供、献物進物表ニ委、退出初夜前、品〻拝領、天盃
天酌、
一、洞中書中、明宮江煙草入一組拝領、
十一日、
一、親王宣下後宴料理、祝酒、菓子、
十六日、
一、明宮親王宣下御礼参洞、御盃給、
閑院寿宮同伴、献物進物表委、出門午半剋（退出）戌

剋

〔詔仁親王親王宣下日時勘文〕　○高松宮家蔵
（包紙）詔仁親王宣下日時勘文
文化五辰年二月十七日勘進
陰陽寮
擇申親王　宣下日時
三月四日庚子　時辰
文化五年二月十七日　大允　賀茂朝臣保孝
助兼近江守賀茂朝臣保敬

〔韶仁親王名字勘文〕○高松宮家蔵

勘申

御名字事

歆仁

唐韻曰、歆許金切、

毛詩曰、履帝武敏歆、毛萇曰、歆饗、

玉篇曰、仁而真切、鄭玄曰、愛人以及物也、

韶仁

唐韻曰、韶市招切、玉篇曰、継也、

尚書曰、簫韶九成、

戴仁

唐韻曰、戴都代切、説文曰、分物得増益曰戴、

禮記曰、戴仁而行、抱義而處、

右勘申如件、

文化五年二月廿一日　正二位行式部大輔菅原朝臣在熙

〔韶仁親王親王宣下宣旨〕○高松宮家蔵

韶仁

右中辨藤原朝臣明光傳宣、權大納言藤原朝臣公

迪宣、奉勅宜為親王者、

文化五年三月四日　修理東大寺大佛長官主殿頭兼左大史算博士小槻宿祢敬奉

〔有栖川宮日記〕○高松宮家蔵

文化五年二月十二日、戊寅、晴、

一、内々依招参上　幸徳井陰陽助

出會若宮親王宣下日時内勘文申達、尤三月

四日被用度由申入處、可然日限之由則四ツ

折ニ而時辰差出ス、内々御前へ上ル、此内勘

文を以十四日頃御内慮御伺之由也、

十五日、辛巳、晴、

一、唐橋前中納言殿御参

時節伺且阿計宮様御諱内勘文被差上、御落

手、
一、阿計宮御方御諱字勘進之義先日於院中唐橋
前黄門在熙卿江御頼被遊候処今日彼卿持参被
差上如左、
小奉書四折上包美濃紙
歆仁
唐韻曰歆許金切
毛詩曰履帝武敏歆箋曰歆饗
玉篇曰仁而眞切鄭玄曰愛人以及物也、
説文曰仁親也、

聰仁
唐韻曰聰倉紅切廣韻曰明也、
國語曰聰彗質仁
韶仁
唐韻曰韶市招切玉篇曰継也、
尚書曰簫韶九成
聯仁
唐韻曰聯力延切説文曰連也、
周禮曰以八法治官府三曰官聯以會官
治

戴仁
唐韻曰戴都代切説文曰分物得增益曰
戴
禮記曰戴仁而行抱義而處
右釋字義一通也
中奉書三折上包小奉書
御名字事
歆仁 牟計比登 切無形
聰仁 安計比登 切瞋
韶仁 津岐比登 切辰

聯仁 津良比登 切鄰
戴仁 麻志比登 切珍
式部大輔菅原在熙
右内々被入叡覧御伺之一通也、
十六日、壬午、晴、
一、阿計宮御方親王宣下御願女房奉書如左、大鷹
二枚重子中鷹ちらし、
（女房奉書略）
右長文箱入御封付御使木工頭、麻上下ふくさ下札なし奏者
所江相勤

右御返事如左、
文のやう日ろう申入まいらせ候阿計宮御か
に親王せん下の御事、此たひ仰あけられ
度おもひまいらせられ候よしきこしめ
され候なを御さたおハしまし候半まゝ、
日時のかもん仰あけられ候やうに申とて
候このよし御申入られ候かしく、〆
御返事
〆にれにてもの御局へまいらせ候
廿日、丙戌、晴陰、
一、親王宣下日時勘文被上

勘文御短尺文匣ニ入御封付
（中略）
御返事如左、但勘文被返之御封付
文のやうひろう申入まいらせ候親王宣
下かもん御らんに入られ候めて度思し
めし候、則来月四日に仰出され候半よし
申とて候かしく、
〆にれにてもの御つほねへまいらせ
候、
右被仰候為御禮御参

禁裏御所
仙洞御所
中宮御所　親王様へも、
一、唐橋前中納言殿へ　御使左馬大允
若宮御名字勘進之内
歆仁　詔仁、
右訓改考被上候様御頼被仰遣後刻使を以
考被上、
廿一日、丁亥、晴、
一、阿計宮御諱御ハ點御伺如左、

歆仁
詔仁
戴仁

備中檀紙三折二枚重雖有被用筆
此度被仰合壱枚上包大奉書
御父宮御筆被染
議尺文匣ニ入御父宮御諱御
書封被附外包緋緞子御ふく
さ此御封御朱印
如斯御訓附無之御訓着
昨日至極御内々御伺也、
（女房奉書略）
一、若宮御諱御治定被仰出一統申渡、

一、庭田頭中将殿へ　御使越後介（ふくさ麻上下）

詔仁ツナヒト

御口演

中務卿宮より被仰入候阿計宮御名字別紙之通為御心得被入御一見候事

中奉書四ツ折

詔仁　都名比登

上包小奉書

有栖川宮御使

二月廿一日　藤木越後介

一、禁裏御所へ御八點御禮鱧一折ニ被献

女房奉書如左、大鷹紙二枚重かけ紙なし長文箱ニ入、

（女房奉書略）

三月三日、己亥、雨

一、勅別當廣幡大納言殿御参、於山水間両宮御方

御對面、

勅別當

（アキマヽ）

右相済而廣御殿北一ノ間ニ而一汁三針御湯

漬出ル、

一、中山前新大納言殿、正親町中納言殿、植松少

将殿、右為習禮御参、申半剋也、

於北一ノ間勅別當与一処ニ壱汁三針御湯漬

吸物有三種ニ而御酒被下之、亥剋退散、

廣御殿南一二共疊除板間、四方翠簾、南方捲

簾、御習禮有之、委ク者御當日四日ニ記スニ

付略之、

四日、庚子

一、若宮詔仁親王宣下時辰、

上卿

中宮権大夫　徳大寺大納言公迪卿

辨

明光　裏松中宮権大進、

勅別當

権大納言　廣幡前秀卿

頭辨奉行　日野権右中辨資愛朝臣

一、雖不被請宣旨、依例早朝此儀閑院宮御旧記ニ

在之、御献上女房奉書如左、中鷹紙二枚重懸紙なし長文箱ニ入御

封付、

（○女房奉書略）
御使近江守成基 狩衣
御太刀　一腰
御馬代銀拾両　一疋
昆布　一折十連
干鯛　一折十枚
鯣　一折五連
御樽　二荷
已上
右阿計宮御方へ

昆布　一箱
干鯛　一箱
御樽　一荷
右中務卿宮御方
（○御返書略）
一、仙洞御所へ御献上奉書同事如左 紙其外諸事同様
御使同人
（○女房奉書略）
昆布　一箱
干鯛　一箱

鯣　一箱
御樽　二荷
右阿計宮御方へ
昆布　一箱
干鯛　一箱
右中務卿宮御方
（○御返書略）
中宮御所へ
昆布　一箱
干鯛　一箱

鯣　一箱
御樽　二荷
右阿計宮御方へ
昆布　一箱
干鯛　一箱
右中務卿宮御方へ
親王様へ
御太刀　一腰
御馬代銀拾両　一疋
昆布　一箱

干鯛　一箱
御樽　一荷
右阿計宮御方ゟ
昆布　一箱
干鯛　一箱
右中務卿宮御方ゟ
以上　御使近江守 狩衣
一、震殿代装束廣御殿
第一間
四方翠簾南方捲簾北方西壹間為若宮御
出所路、南面儲御座、厚畳二帖加茵、建 御後屏風 花鳥
第二間
四方翠簾、南方捲簾、南北行、東西儲畳二帖
宛為上達部座、
西〔南〕廊下北西翠簾、西之方為侍所代設薄畳
為左大史之座、
惣而尋常除畳為板間、
圖別ニ在、
庭上
南北行張幔幕中ニ通路設之為中門代

左大史従四脚門参入従中門外着侍所、
勅別當権大納言前秀卿 直衣衣単 檜扇畳紙
尋常車寄ゟ参入、先於御書院赤飯吸物御
酒重肴、御取持挨拶済而後者御取持室上
一同群居
家司
植松右少将 正四位下文雅 衣冠単 檜扇畳紙
藤木木工頭 従四位上成崇、衣冠単 檜扇畳紙
文雅朝臣御取持被兼候故御祝酒等北
之間ニ而一同出之、
親王宣下之儀
刻限勅別當参入、
着上達部座、
次若宮御出座 女房裳 御簾
家司候庇、
次史持参宣旨入筥
着侍所座、
次家司出逢左大史進
宣旨筥
次家司請別當氣色
持参宮於座前、

次別當内覽訖返給

次家司持参筥請御氣色進御座前退候

次御覽訖返空筥給

次家司於初所返史

史取筥退出

次親王入御

次別當起座

一、若宮於山水間烹雜三獻女房供之、御陪膳上臈

御手長老女両人、

一、若宮於山水間勅別當御對面御挨拶有之、

一、若宮着御（御童直衣、御指貫二重織、御横目扇、御疊紙）

右今日終日御着、

中務御宮御衣冠御同狩衣諸大夫侍布衣御用

人御近習（御玄関者長上下）取次青侍のしめ、

一、御世話御取持辰刻頃ゟ追々御参

御世話

中山前新大納言忠尹卿議奏

御取持

明日香井大納言殿雅威卿

正親町中納言殿實光卿

橋本宰相中將殿實誠卿

植松右少將殿文雅朝臣

石山左少將殿篤熙朝臣

壬生尾張權介殿家尹朝臣

遅参

明日香井兵衛督（中將）殿雅光卿

右北一二間一間（ヒトマ）として群居御捕之上忠尹

卿へ御尋申御祝赤飯吸物、肴御祝酒重肴三

種出之、陪膳布衣諸大夫御挨拶申上之而御

料理出ス、

一、宣旨被請候儀事早而忠尹卿一書を以當番議

奏山科中納言忠言卿へ御通達此使こなた青

侍非蔵人口へ遣ス、落手故帰る、此時遠見之者

途中御差出置尤四御所共御使人躰内々御世

話へ承合御玄関詰へ申聞又御門番所へも申

付置其時々下座之事、

附記議奏衆へ御通達有之候得者院使中宮

使親王使へも御傳之御手筥有之由忠尹卿

御咄し也、

（○勅使中宮使親王ノ使等ヨリノ獻上物略）

一、勅使鷲尾中將殿御門前へ見へ候時下座莚へ

諸大夫其外御玄関詰董等、諸大夫御書院二之
間ヘ御案内申、御使として参上可申上由御申
則及言上、布衣、茶多葉粉盆持出、御取持堂上方
御出〔迎ヵ〕逢御挨拶在之、忠尹卿御申院使中宮使親王使御挨拶之上御逢可然由
也、
副使被呼寄御目録被請取之、但御父宮共二
通、
院使野宮少將殿御出、其儀如勅使、
中宮使大宮少將殿御出、其儀如上、但若宮ヘ斗、
御父宮ヘ者無之、

親王使芝山宮内大輔殿、其儀如上、
先ヽ勅使於山水間御對面、御父宮御衣冠、若宮童直衣、諸大
夫御案内申、両宮御出迎無之、一ノ間ヘ進ミ
先若宮ヘ仰被述御目録被上、若宮御披覽、御座
右ニ被置、諸大夫取入、次中務卿宮江仰被述御目録被
差出、御披覽同上、直ニ御勅答、両宮共二ノ間
迄御送り、中將殿猶豫両宮御復座御挨拶一
献可被祝仰、済而中將殿初所ヘ被出、
次院使御對面如勅使之儀、
次中宮使御對面如上、但若宮斗御答、御父宮被

仰述、
次親王使御對面如中宮使、
御拝領如左、
禁裏御所ゟ
紗綾　十巻
昆布　一箱
鰑　一箱
御樽　一荷
已上
右若宮ヘ

鮮鯛　一折
右中務卿宮ヘ
仙洞御所ゟ
昆布　一箱
干鯛　一箱
御樽　一荷
已上
右若宮ヘ
鮮鯛　一折
右中務卿宮ヘ

中宮御所へ
こんふ　一はこ
ひたい　一はこ
御たる　一か
已上
右若宮へ
親王御方へ
昆布　一箱
干鯛　一箱
御樽　一荷

書陵部（三号）

已上
右若宮へ
勅使院使中宮使親王使於御書院二間御饗應
先赤飯御吸物蛤御酒重肴三種三重
次二汁五菜中酒吸物壱肴二種鉢菓子ヽ
蒸くわし干くわし薄茶雑掌殿上人依御使各三方
次吸物二御酒肴三種其外見合種ヽ
附記供ノ侍分中ノ口奥ノ間ニ而赤飯吸物酒土器肴ニ而被下之

書陵部（三号）

一、禁裏御所へ
松枝ニ折籠物
御使藤木左近番長
右横折女房奉書ニ而御内ヽ御拝領
一、上卿徳大寺中宮権大夫殿
弁　裏松右中弁殿　足打膳
奉行日野頭弁殿　准公卿三方
右参賀被召留御饗應於御書院御祝赤飯吸物蛤肴重箱三組三重
次御料理二汁五菜中酒菓子蒸くわし干くわし薄茶
次吸物三御酒肴七種斗

書陵部（三号）

事ニ而退出敷莚へ送り如以前御取持堂上方使者間迄被送
一、中宮御所へ
御まな　一折
御内證使戸田伊勢守
御祝赤飯吸物御酒土器肴御引金弐百疋被下之
今日宣下為御祝儀中務卿宮江御拝領
右御請御禮後刻御参之節被仰上
一、親王御方へ
鮮鯛　一折
御内證使瀬田豊前守
御祝御引同前
同前中務卿宮へ被進
御礼同前

書陵部（三号）

此時御取持御挨拶吸物同様北之方ニ列座
廣幡前秀卿雅威卿忠尹卿以下段々御取持
御拝領龍物成崇搆出取聞御くわし、黄染小
皿ニ盛御人別ニ義穀成基引之、初其由を忠
尹御へ成崇申数献、若宮御出座御挨拶有之、
御父宮御参御留主中故也、御退出後御挨拶
在之、押水物被出之、追々退出、戌剋過不残退
出
一、為御禮中務卿宮御参、御板輿内、宣下内外御拝
領物御禮、此時若宮御禮御参御伺議奏衆へ被

仰上、御答来ル十日若宮御参被仰出、
仙洞御所へ御参、御禮同上、
中宮御所へ御参、御禮同上、
親王御方御禮同上、
御出門申剋過、（御供略）御退出戌剋前、
十日、丙午、晴、
一、阿計宮御方親王宣下被為済候為御礼御参内、
御出門未剋、
御垂髪
御着（御童直衣、御指貫二重織、御襪、被召御横目扇、御太刀、組作り）

御書院御椽ニ而御乗輿、常御門被為出御
所御臺所御門御入、奏者所へ昇上ル、布衣
青侍
（附。行列次第記等略ス、）
御退出酉剋過、
一、今日御参ニ付御献上并被下物如左、
禁裏様　江　御燭一箱（小燭黄蠟三ツ脚壱対、桐箱帛紗絹真田臺乗）
御肴一折（生鯛一尾）
中宮様　江　御文匣壱（引出し付、溜塗雲どり、打出しもやう、臺乗）
親王様　江　御文具一箱（御硯赤間関、御文鎮弐本、唐木[illegible]、真田臺乗）

夕祉宮様　江　御小文匣之内（八寸、蒔絵、内梨地）手遊物七ツ
右御参前上臈ゟ土佐迄文ニ而、後剋御参宜御
披露御頼由申参ル、則御品廻し置、
一、御拝領物如左、
禁裏様ゟ
御文匣之内　講尺にめ塗
御硯石（臺蓋附、御帛紗包）
御はか五把、
中宮様ゟ
御鼻紙臺（唐乗）

外ニ御内々
御包物 御硯石臺蓋附
親王様ゟ
御文具一箱
内ニ御硯石、御筆すゝき、御水入、御筆架、御文鎮
右御退出後御文ニ而相廻ル、
十一日、丁未、曇晴、
一親王宣下被為済候ニ付今日御内御祝被為在
ニ付一統惣詰之事、依之御連枝様方御成如左、
巳剋前後追々御成
一梶井宮 亥半剋還御、
仁和寺誠宮 戌剋前還御、

知恩院種宮——御止宿、
御晝御膳二汁五菜後段御吸物五ツ、御肴七
種、外ニ御精進、御吸物三ツ、同御肴五種、
大御所様へ
一梶井宮ゟ 箏 一臺
阿計宮様へ
一御同所様ゟ 銘酒 薄紅葉 壱樽
大御所様へ
一仁和寺誠宮ゟ 蒸籠 壱組
阿計宮様へ
一右御同所様ゟ 同 壱組
大御所様へ
一知恩院種宮ゟ 干菓子 五種 一箱
阿計宮様へ
一右御同所様ゟ 御肴 たい一 茂魚二 海老一 一折
一今日御祝と花見被兼候事、

十六日、壬子、晴陰、
一阿計宮御方親王宣下被為済為御禮御院参、御
出門午半剋、(○御供略)還御戌剋、
今日御礼御献物如左、
仙洞御所江
御単笥 一箱
御まな 一折 鯛二枚
一御拝領物如左
絹張御文匣
内ニ御水入御文鎮、臺杢

文化五年五月三日
鐵漿始ヲ行フ、筆親ハ近衛基前(職仁親王外孫)室静子ナリ、尋イデ元服ノ習禮ヲ行フ、去月七日、元服ノ日限ヲ五月七日ト定メラレタルヲ以テナリ、

編修課

【韶仁親王日記】○高松宮家蔵

文化五年五月三日、戊戌、晴、

一、習禮ニ付中山・正親町・飛鳥井・鷲尾・植松・豊岡・孫・
橋本・壬生、

一、鉄漿初ニ附赤飯・御吸物・御一銚、御二方御祝御
膳、

【織仁親王日記】○高松宮家蔵

文化五年五月三日

一、冠礼習礼各入来、祝酒料理、

一、明宮鉄漿始筆親近衛維君、祝如先格、表酒宴亥
刻過、

【有栖川宮日記】○高松宮家蔵

文化五年四月十三日、己卯、雨、

一、依召参上　幸徳井近江守

来月上旬御元服日時并御鉄漿始日時等内
勘文勘進候様、木工頭面會ニ而申達ス、即刻
勘進如左、

小鷹紙四折上包美濃

御鉄漿始日時

五月三日戊戌　時辰、

四月十三日　陰陽助保敬

右同紙

御元服日時

五月七日壬寅、時巳、

四月十三日　陰陽助保敬

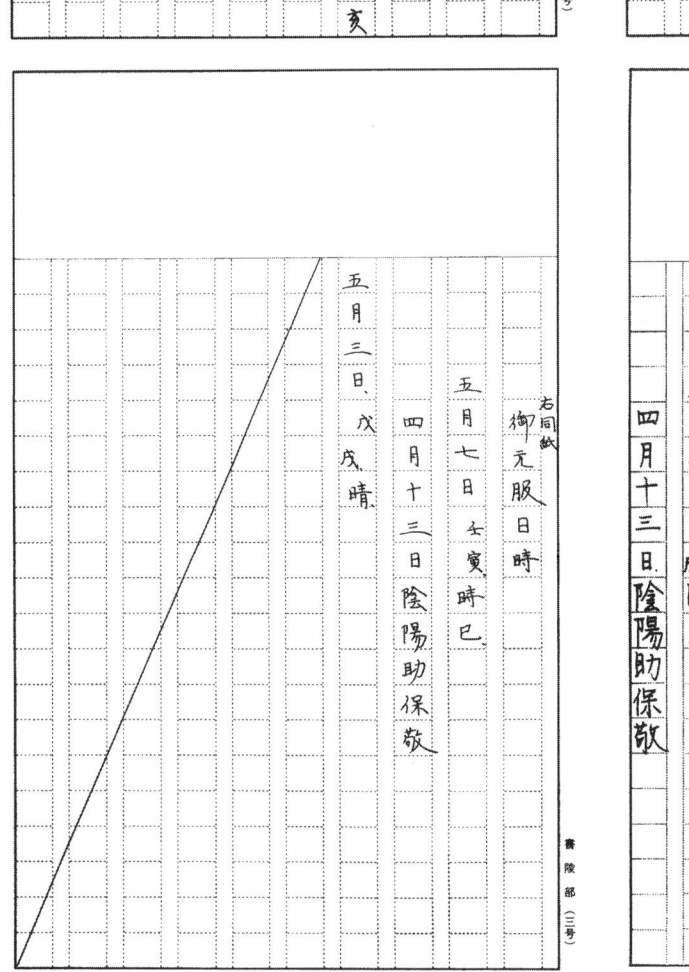

五月三日、戊戌、晴、

一、阿計宮御方御歯黒目始吉剋、
御書院第一間敷大紋疊貮枚加錦茵御後立
四尺屏風、
御配膳上臈御手長老女、
供折櫃物右左弐合、
京雉三献御盃三献、
先京雉
次御盃御銚子片口、
次鰭献
次御盃御銚子、

次鯉献
次御盃御銚子、
右御配膳上臈
御手長老女、
一、御筆親維君殿近衛内府基前公御簾中ゟ為御祝儀
御筆具干鯛一箱被進、
右表向御使ニ而被進、
又御内々奥向老女へ御文ニ而
綸子二端御肴一折鯛二尾被進、
又宮様へ生鯛二尾被進、御内々御文ニ而、

一、維君殿へ御筆親為御祝従阿計宮様
干鯛一箱、長綿三把
被進之、　　　　御使藤木近江守（昼上下）
又御内々奥向老女ゟ御文ニ而御答礼
縮緬二巻、御肴一折鱸
又宮様ゟ御内々文ニ而するめ三れん、
御鉄漿御所望ヶ所如左、尤奥向ゟ、
維君殿近衛内府公御簾中　前君殿今出川大納言殿室　就君殿久我中納言殿室
享君殿東本願寺殿室　隆姫殿仏光寺御門主室
藤木木工頭妻
粟津図書頭妻

〆七ヶ所へ赤飯一蓋宛被進、
尤藤木粟津へ者重箱ニ而被下事、
一、御歯黒目御祝赤飯御吸物御重肴ニ而御酒御
家中一統土器肴ニ而御酒被下、
一、近衛内府殿ゟ鱸二一折、
円台院宮様ゟ鰑一連一折、
右御両所様ゟ阿計宮様へ御鉄漿初ニ付赤
飯一蓋ツヽ被進候ニ付為御祝義被進之、
奥向へ御内々ニ而被進事、
へ

一、内府殿
圓臺院宮等へ赤飯一蓋ツヽ
知足院宮
右御鉄漿始ニ付為御祝義被進奥向文ニ而、
一、御冠礼御習礼ニ付午剋後追々御出
御加冠 内府殿 依御所労御断
扶持着坐 飛鳥井大納言殿　着坐 正親町右衛門督殿
着坐 中山中納言殿　着坐 橋本宰相中将殿
理髪 鷲尾頭中将殿　役送奉行家司御調物陪膳等 植松少将殿
加冠御献陪膳 壬生尾張権介殿　役送 豊岡左馬権頭殿
役送 清閑寺大夫殿 依所労不参

御世話卿 中山前新大納言殿
右御習礼申半剋被催於御書院御吸物弐ツ、
御肴五種追々被出之、夜食一汁五菜、亥剋頃
各退出、

〔韶仁親王鉄漿始日時勘文〕　○高松宮家蔵
陰陽寮
択申 御鉄漿始日時
五月三日戊戌 時辰
文化五年四月十五日 大允 賀茂朝臣保孝
助兼近江守賀茂朝臣保敬

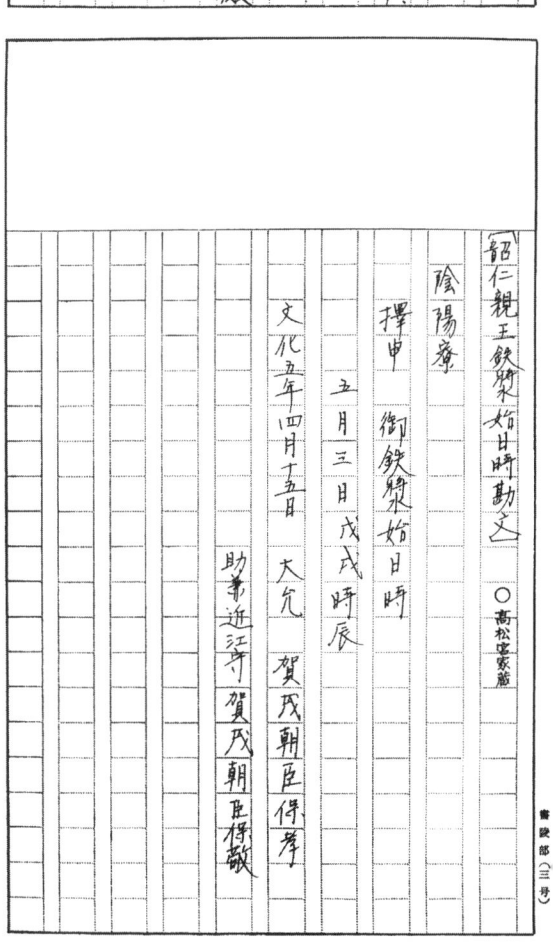

有栖川宮実録　六一

韶仁親王実録　二

有栖川宮實錄　六一

韶仁親王實錄　二

有栖川宮實錄　六一

韶仁親王實錄

韶仁親王　二

文化五年五月七日

去ル五日、天皇光格ヨリ御冠ヲ拜領シ、是ノ日、元服ノ儀ヲ行フ、内大臣近衞基前加冠ヲ勤ム、又上總太守ニ任ゼラル、仍リテ御禮ノ爲參内、掛緒ヲ拜領シ、更ニ仙洞後櫻町・中宮欣子内親王、兩御所ニ參入ス、

〔韶仁親王日記〕○高松宮家蔵

文化五年四月五日、未、晴、

一御參内、元服旬御伺之処、来月上旬ト被仰出、還御申ノ剋、

十日、子、晴、

一中山前新大納言来、上旬元服ニ付右世話ニ被仰出、吹聴ニ来ル、

十五日、巳、晴、

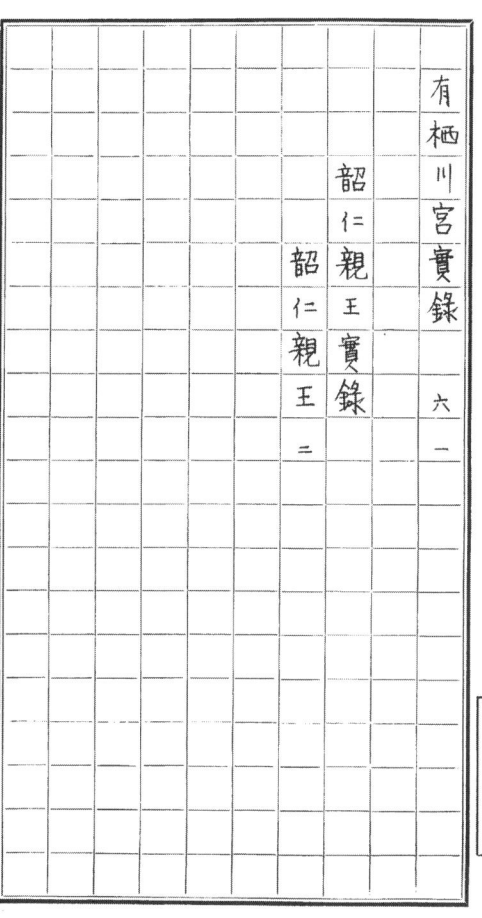

一御參内、元服日時七日と御伺之処、右之日限ニ被仰出、

五月七日、寅、晴、
一、時巳加冠近衛内府公参入、有暫座ニ附、式冠儀
無滞相濟、童壯裝束、式後壯裝束高倉、石井衣紋之奉、
四御所御使、扶持中山前新大納言、
出門中務卿宮ニ敬シテ中門外ニ而轅ニ来ル、

参内殿へ参リ出迎之人ニ挨拶、参内殿へ昇リ
休足茶烟草盆、儀奏江六條冠禮任官御使賜物
御禮申述ル、尤扶持中山前新大納言、暫有儀奏
案内ニ而御對面所之御廊下ニ扣へ居、御障子開
ク、御對面、髖之献一献ニ而御通リカベノ献ク
ハヘ有リ、天盃天酌、御通リ、御前ニ而大典侍局
掛緒持出拝領、直ニ退ク、又本ノ御廊下ヨリ儀
奏同道ニ而参内殿へ、右之御禮等儀奏へ申入
ル、直ニ退出、車寄ヨリ沓ニ而轅へ乗ル、出迎之
人ニ又挨拶有テ轅ニ乗ル、

仙洞御所同事、評定案内御對面、御盃拝領、御献
昆布、熨斗、盃御通り、休足所ニ而右之御禮申述、評
定、御祝酒、評定挨拶、献奉行挨拶、直ニ退出、中宮
御所同事、中遣、親王同事、御祝酒、親王ヨリモ同
事、中宮附ニ御禮、又ニ御禮、御禮、直ニ退出、又本
之中門外ヨリ轅ヲ下リ歩行、出迎之人挨拶之
事、暫休足有テ直衣ニ而御世話卿ニ對面、所役
之衆取持對面、地下ノ語合家來表奥對面、尤暫
山水間内々奥向ヨリ式拝見、大蔵ちせ、ひて、八
十嶋、山村、たゞり忍の世、

一、圓臺院宮使大蔵かたひら一重拝受、常盤、不信
の、かたひら拝領、豊瀬、越後、下帯拝領、
一、内府公ヨリ内々給ル扇十本、
一、仁門使常御乳附添くら、
一、奥向内々御語合刑部卿宰相、
萬端無滞相濟候事、
八日、卯、晴、夕々雨、
一、近邊廻礼出門巳ノ刻、
通り申置、鷹司、閑院、近衛、玄関ニ而二條、一條、伏
見、九條、

【織仁親王日記】○高松宮家蔵

文化五年四月十五日、

一、参内、明宮元服来月七日伺、山科中納言御返答、七日可令治定由也、申刻退出、参洞、御對面、御礼申、中宮御礼申、

五月四日、

一、官名上總太守申女房奉書即答、

一、冠拝領、頭、組掛緒同断、

一、御禮ニ御参、元ニ御所、申ノ刻頃御退出、

【有栖川宮日記】○高松宮家蔵

文化五年四月十五日、辛巳、曇、

一、禁裏御所江御参、御出門午半刻、（○御供略）

阿計宮御方御元服御日限御窺等也、五月七日ニ被仰出、

（○中略）

五月四日、己亥、雨、

中宮御所仙洞御所江御参、右御礼被仰上、申半刻過還御、

一、禁裏御所奏者所江御使、図書頭、

奉書如左、

七日、

一、冠義巳刻加冠内大臣基前、参賀出門未刻、餘略之、

自禁中内々高附二基給、菓子有、

卯半刻より酒宴丑刻積各発聲、中山前大納言始終被勤、

中務卿宮より仰入られ候阿計宮御方御
元服につき御にんくわんの御事上総太
守御所望におはしまし候このよし御心

得候て御ひろう候やうに心へ候てよく
申され候へく候かしく
〆 たれにてもの御局へまいらせ候 大高檀紙二枚重大文箱ニ入

右御返事
文のやうひろう申入まいらせ候阿計宮
御かた御元服につき上総太守御のそミ
のよし御申のまゝせん下おはしまし候
半つるより申され候いく久しくといわゐ
思しめし候よし申され候このよし御申
入候へく候かしく

御返事
〆 たれにてもの御つほねへまいらせ
候

一、奏者所江　同出羽守
中務卿宮より仰入られ候来ル七日阿計
宮御方御元服につき例のことく御かう
ふりめてたく申出しまいらせられ候度
おもひまいらせられ候御かけ緒も御所
望におはしめし候此よしよろしく御心
へ候てひろうの御事にのみまいらせら
れ候へく候かしく

〆 たれにてもの御局へまいらせ候
大鷹二枚重

御返事
文のやうひろう申入まいらせ候阿計宮の
御かた御元服につき御かうふり御所望
のよし則めてたくまいらせられ候御か
け緒の御事御心えあらせられ候由申さ
れ候此よし御申入候へく候かしく

御返事
〆 たれにてもの御つほねへまいらせ

候、

五日、庚子、

一、禁裏御所（女房奉書往返略、）

右御冠御拝領御請御使右京権亮（麻上下、奏者溜迄）

右御冠斗ニて緌ノ御拝領なし、紋ハ九條家之紋也、當今御元服御加冠九條尚實公也、仍紋九條家之通也、依之兼御紋相糺也、

御緌調置可然事也、

七日、壬寅、晴、

一、詔仁親王御元服時巳、

一、禁裏御所江早朝御献上、

女房奉書如左、（大鷹紙ニ二枚重懸紙なし、長文箱ニ入御封付、）

御使左馬大允俊在（狩衣）

（女房奉書略、）

御太刀　一腰（大鷹横目録壱枚也、小札なし、）

御馬代銀拾両　一匹

已上

昆布　一折（大鷹壱枚墨目録、小札なし、）

干鯛　一折

鰑　一折

御樽　二荷

但（昆布　十連、鰑　十連、干鯛　十枚）

已上

右阿計宮御方へ

昆布　一箱

干鯛　一箱

御樽　一荷

右中務卿宮御方へ

（御返書略、）

一、仙洞御所江御献上奉書如左、（紙諸事同様）

御使同人

（女房奉書略、）

昆布　一箱

干鯛　一箱

鰑　一箱

御樽　二荷

右阿計宮御方へ

昆布　一箱

干鯛　一箱

右中務卿宮御方へ

（御返書。略）

中宮御所江

こんふ　一はこ

ひにい　一はこ

するめ　一はこ

御たる　二荷

右阿計宮御方へ

こんふ　一はこ

干たい　一はこ

右中務卿宮御方へ

親王様江

御太刀　一腰

御馬代銀拾両　一疋

昆布　一箱

干鯛　一箱

御樽　一荷

右阿計宮御方へ

昆布　一箱

干鯛　一箱

右中務卿宮御方へ

以上御使左馬大允俊任

（中。略）

加冠内府殿（近衛基前公）

理髪鷲尾頭中将隆純朝臣

看座（扶持）飛鳥井大納言雅威卿

正親町右衛門督実光卿

中山中納言忠頼卿

橋本宰相中将実誠卿

右奥若宮御座ノ間ノ次二ヶ間ニ而所役ノ御方饗応

役送

御冠　壬生尾張権介家尹朝臣

泔坏　豊岡左馬権頭治資朝臣

唐匣　清閑寺大夫共福朝臣

圓座　浅井和泉守國德

奉行家司

植松少将文雅朝臣

御前物陪膳

植松少将文雅朝臣

役送　中川刑部権少輔長員

尾崎豊前守以樹

御元服簾中儀
當日奉仕御装束、
其儀寝殿代二箇間懸亘御簾、各垂之、但南面每間二枚巻之、
東第一間副母屋簾敷大文端畳二枚行東西其上加唐錦茵為若宮御座、南面副東簾敷同畳二枚行南北其上加東京錦茵為加冠御座西面西間東西封座敷小文畳三枚為公卿座、同殿以北間為御休盧、副東簾立四尺屏風二帖、敷繧繝端畳二枚行南北其上加東京錦茵為御座、西面其前置御硯筥、御脇息、筭、御硯北御脇息南母屋御座右方立二階厨子一脚行東西置御冠、泔器、唐匣、筭、兼置御調度、筭、先御冠置御座次左泔器唐匣置御座右御菅圓座一枚敷御座前、為理髪座、
剋限加冠人来入着座、諸卿同参候、
若宮令出簾中給、扶持（公卿）褰御簾、
次加冠人令移着東第一間御座給、
奉行人告申御出之由、

理髪人参進、依加冠気色着御前圓座、
次理髪、
其儀先取御冠、抜巾子如元置之、次開唐匣、書櫛巾（展）展御前、次取御本結、引展、次取御櫛
理髪了入御巾子、退候、
次加冠人起座、着圓座、加冠了復座、
次理髪人更参進、理（御）髪了、整入理髪具、覆唐匣蓋、退、
次若宮令入休盧給、扶持如前、
次加冠起座、

次公卿起座、
次撤雑具、
次（供）御前物、
（略○図）
一、御前物供進次第色目具ニ記、
陪膳文雅朝臣束帯、取打敷諸大夫傳進之参進、到御座前、舗之、候御右方、長員持参第一折敷高坏、陪膳取之、供御前中央、以樹持参、第二折敷高坏（高坏陪膳取之置第一折敷）陪膳取之、置第一折敷高坏右方、長員持参第三折敷高坏、陪膳取之、置第一折敷高坏左

方以樹持参第四折敷高坏陪膳取之置第二
折敷高坏長員持参第五折敷高坏陪膳取之
置第一折敷高坏以樹持参第六折敷高坏陪
膳取之置第三折敷高坏長員持参折敷汁物
陪膳取之供第三折敷高坏中央以樹持参折
敷御酒盞有盞臺銚子陪膳取之置御座右方陪膳取御
箸立御飯次御匕立之長員持参御銚子陪膳
取之置前取御酒盞進之取放盞臺銚子蓋宮御方令飲
給了陪膳人取之如元置之退去御前物不撤
之、三ヶ日之間不撤之

宮御方御起座
一、加冠大臣御献如座、於山水之間ニ
先烹雉一献
次鰭献二献
次鯉献三献
陪膳植松少将文雅朝臣 束帯
役送中川刑部権少輔長員 束帯
一、着座公卿理髪人献儀於御書院ニ
昆布蚫献
陪膳狩衣着用董役之

一、御任官宣旨使大外記参上、内々ニ而休息、
剋限更四足御門ヨリ参入御次第親王宣下
之儀ニ同シ、但シ於御休廬ニ御覧、
着御御冠御直衣、御単白スゞシ御指貫
御衵キヌ蘓芳引ヘキ御檜扇（鳥ダスキ浮紋二重織）
植松右少将
正四位下文雅 束帯
家司
中川刑部権少輔
従五位上長員 束帯
一、御世話御取持卯刻頃追々御参
御世話
中山前新大納言忠尹卿

御取持
廣橋前大納言伊光卿
清閑寺前大納言昶定卿 不参
久世前大納言通根卿 庭田殿ト替ル
唐橋前中納言在熈卿
石井宰相行宣卿
豊岡大蔵卿和資卿
明日香井左兵衛督雅光卿
（以下不参ニ付略ス）
一、御衣紋

高倉三位永範卿
御出迎
庭田前大納言重嗣卿（久世通根卿ト替ル、御取持ニ入、）
石山前中納言基陳卿
同　少将篤煕朝臣
倉橋中務少輔泰行朝臣
櫻井少将供秀朝臣（不参）
橋本侍従實久朝臣
鷲尾大夫隆敬朝臣
御内参扈従　中山中納言忠頼卿

植松少将文雅朝臣
豊岡左馬権頭治資朝臣
反閇　幸徳井陰陽助賀茂保敬朝臣
禁裏御所取次土山讃岐守ゟ来状
御用之義御座候間只今非蔵人口江御参候
様可申入旨頭辨殿ゟ被命候由也、即刻前川
太宰少監参上、日野頭辨殿御面會ニ而
上総太守宣下之旨被申上、尚後刻参上ニ而
可被申上旨也、
右御請御使左馬大允

一、加冠近衛内大臣殿於山水之間御献済而御饗
應如左、
先御祝赤飯御吸物御肴盛（御酒）こほし、
御膳二汁七飾御引物御中酒御吸物御重
肴三重御菓子御茶後段御吸物御硯蓋御
鉢肴御浸御吸物御鉢肴御重肴御吸物御
深鉢御硯蓋（御吸物）御大鉢御吸物御水物右相済
午半刻還御、
一、近衛内府殿江
御太刀一　一腰
御使甲斐守（狩衣）

横目録
御馬代銀五拾両　一足
以上
昆布　一箱
干鯛　一箱
鯣　一箱
御樽　二荷
（即刻）右御加冠ニ付上総宮御方ゟ被進之、
御太刀　一腰
干鯛　一箱
御馬代銀十両　一足

右同断ニ付宮御方ゟ被進之、
一、宣旨御使として参上　押小路大外記
召使
使部
右宣旨於御休廬御覧諸事親王宣下与御同
事、
大外記召使
於内玄関東之間ニ御祝赤飯吸物、御祝酒土
器肴、挨拶御近習
銀物白銀壱枚大外記江被下、

金百疋召使青木
使部鳥目五百文使部
於内玄関赤飯吸物、御祝酒土器肴、
青銅五百文被下之、青士ゟ相渡
一、宣旨被請候儀事卒而忠尹卿一書を以当番議
奏中江御通達、此使こハ以青侍非蔵人口へ遣
ス、落手承り帰ル、尤此時遠見之者途中江差出置
四御所共同断、御使之人躰内々御世話江承合
御玄関詰へ申聞、又御門番所江茂申付置其時
々下座之事、

へ
附記議奏衆江御通達有之候得者院使中宮
使親王使江茂御傳之御手筈有之由、
一、勅使之副使重弾正御品持参、
勅使御出之時御目録者大宮殿江渡シ御品
者取次之者請取之御勝手江引入、後刻御封
面之節不餝之、御間御挟少ニ仍而也、右副使
江御祝赤飯吸物蛤御祝酒土器肴にこかまほこ御引
金百疋被下之退出、
一、院使之副使奥村左兵衛尉御品持参其儀上之

通御祝酒御引茂如上被下之、
一、中宮使副使青木左兵衛大尉御品持参、其儀上
之通御祝酒御引茂如上被下之、
一、親王使副使藤木内匠御品持参、其儀上之通御
祝酒御引茂如上被下之、
一、勅使大宮侍従殿御門前江見江候時下座江諸
大夫其外御玄関詰輩并則諸大夫御書院二ノ
間江御案内申、御使トシテ参上可申上由御申、
則及言上、狩衣着茶多葉粉盆持出御取持之堂
上方御出逢御挨拶有之、忠尹卿ノ曰院使中宮

使親王使御揃之上御逢可然由也、
副使被呼寄御目録被請取之、
院使樋口大蔵権大輔殿御出其儀如勅使、
中宮使高松少将殿御出其儀如上、
親王使久世少将殿御出其儀如上、
先勅使於山水之間上総宮御對面、諸大夫御案内申一ノ間江進ミ仰ヲ被述御目録被上、若宮御披見、忠尹卿御扶持ニ而御答被申述、二之間迠御送り侍従殿猶豫御復座（侍従殿）御挨拶一献可被祝旨仰清而初之処ヘ被出、
此間ニ御目録（諸大夫）取之入、且父宮御出座無之、
次院使御對面如勅使之儀、
次中宮使御對面如上、
次親王使御對面如上、
御拝領如左、

禁裏御所〳〵　勅使
副使苅（?）弾正
御太刀　一腰　御祝御祝酒御引金百足被下之、
黄金　一枚　大鷹紙横目録也、

以上
干鯛　一箱　是ヨリ二枚重大鷹紙竪目録、
昆布　一箱
鰑　一箱
御樽　一荷
以上
仙洞御所〳〵　院使
副使奥村右兵衛尉
綿　十把　右同断御引金百足　二枚重大鷹紙
昆布　一箱
干鯛　一箱

鰑　一箱
御樽　一荷
以上、
中宮御所〳〵　中宮使
副使青木左衛門大尉
さあや　三巻　右同断御引金百足被下之、二枚重大鷹紙也、
こんふ　一はこ
ひたい　一はこ
御たる　一か
以上、
親王様〳〵　親王使
副使

眞綿　五把　藤木内匠　右同断御引金百疋
昆布　一箱
干鯛　一箱
御樽　一荷
以上、
右上総宮江
禁裏御所　女房奉書　御内證使土山讃岐守
鮮鯛二尾　一折　御祝御祝酒御引金二百疋被下之、
紗綾　三巻、
（〇女房奉書御往返略、）

禁裏御所〆御封中　御使小林左馬
高つき　二つ　御祝御祝酒御引金百疋被下之、
右御内ゝ也、御横文故不記、
仙洞御所〆　女房奉書　御使裏野主計　右同断御引金百疋被下之、
仙洞さまより申とて〻候弥御機嫌よく
ならせられ候いよ〳〵中務卿宮にも御
無事ニおハしましめて度覚しめし候け
ふは阿けの宮御かた御くわんれいとり
おこなわれ候めて度思しめしていわひ

まいらせられ候、此御まな一折まいらせ
られ候なを〳〵御機嫌（めでた）ともよく幾久し
く千世萬代までもまてたさの御事とも
と祝思しめし候よく心へ候て申とて候、
このよし御申入候へく候かしく〳〵
〆たれにてもの御局へまいらせ候
源中納言
かての小路
（〇返書略）
嶋臺　壱基

右御内ゝ御文ニて御拝領
禁裏御所
仙洞御所　両御所〆女房奉書ニて中務卿宮
江御拝領也、
中宮御所〆　御使清水左兵衛大尉
鮮鯛二尾　一折　右同断御引金百疋被下之
親王様〆　同松田内記
鮮鯛二尾　一折　右同断御引金百疋被下之
勅使院使中宮使親王使於御書院二間御饗
應
先御祝赤飯御吸物、蛤、御肴盛こほし　かまほこ　たゝこ　松葉牛蒡

次二汁五針、御料理臺引、中酒、吸物壱、御重
肴三重、御菓子蒸菓子、薄茶、
次吸物、硯蓋鉢肴三種、御吸物鉢肴、御重肴、
吸物、深鉢硯蓋紙敷、吸物大鉢、吸物、水之
物、
右殿上人トイヘトモ依御使三方挨拶等
御取持、堂上陪膳狩衣、
附記、供之侍分中ノ口奥ノ間ニ而赤飯
吸物酒土器肴ニ而被下之、
事畢而退出、御取持堂上方使者之間迄被送

諸大夫其余敷莚江送り如以前、
御内證使土山讃岐守伺公、間ニ而御祝赤
飯吸物御酒土器肴御引金弐百疋被下之、
御進物附副重弾正、奥村左兵衛尉、青木左
兵衛大尉、藤木内匠、小林左馬裏野主計、清
水左兵衛大尉、松田内記、
右使者之間ニ而御祝赤飯吸物御酒土器
肴御引金百疋宛被下之、
一、韶仁親王御冠禮御参賀ニ附
着御　御直衣二藍三重襷、御単生白

御衵藕芳引ヘキ、御指貫薄色鳥襷
御下袴白精好、御疉紙松重
御檜扇菊唐草長鋲、御冠繁文
御懸緒紙捻
寝殿代階上ニ立御中門ヨリ、陰陽助束帯参
進、於庭上ニ反閇之儀有、事畢而階御降文雅
朝臣御沓ニ候、義清朝臣傳之、中門外ニ而御
乗輿文雅朝臣御簾ヲ下、
路頭行粧
未剋御出門

（次第行粧略）
禁中参内殿御昇降御下乗年始御参賀之通、
但御出迎等同断、
供奉輩奏者所ニ而休息、御祝酒、重肴、辨當
年始之通、
申
申剋前御退出夫ヨリ
仙洞御所江御参賀、
御出迎堂上方待受也、其余年始之通、供奉
輩外様口内々口両方入魂ニ而休息、
申半剋還御、夫ヨリ日之御門通り、

中宮御所江御参賀、
御出迎等同上、申半剋過還御、
一、御前物色目如左、
御前物折敷高坏六本色目、
（○内容省略）
今日御元服御祝儀左之通、
御太刀　一腰
御馬代金壱枚　一匹
以上
横目録
昆布　一箱

御直衣　一領
昆布　一箱
干鯛　一箱
鯣　一箱
御樽　二荷
右宮御方へ　以上
上総宮御方江被進、
ひだい　一はこ
右上総宮御方江
宮々御方へ
（○中略）

竪目録
干鯛　一箱
鯣　一箱
御樽　二荷
以上
右大御所様江
上総宮御方へ
干だい　一はこ
宮々御方江
御太刀　一腰
御馬代金壱枚　一匹
以上

内府殿　山科筑前守
御太刀　一腰　御祝御祝酒吸物御引金百疋被下之、
昆布　一箱
干鯛　一箱
御馬　一疋
上総宮御方江
御太刀　一箱
干鯛　一箱
御馬　一疋
宮御方江

（〇以下名所ヨリ祝儀進物等略）
一、加冠大臣基前公四脚御門ヨリ御入中門外ニ而御下乗、寝殿代西ノ間階ゟ御昇リ、二之間北之方簾中江被為入、山水之間江御通り御案内諸大夫、御座之間ニ而御饗應之事、
一、所役之公卿御玄関ヨリ御参ニ而山水之間二ノ間裏手南北二タ間之処ニ而御饗應、御玄関詰ゟ案内申入候事、
一、御取持御出迎、堂上方御玄関ヨリ御参ニ而十五畳舗之間江同所詰ヨリ案内、十五帖敷ニ而饗應之事、

八日、
一、昨日御到来御答礼如左、
（中略）
御太刀　一腰
〇昆布　一箱
〇干鯛　一箱
〇御馬　一足
（右内府殿江上総宮ゟ）
御太刀　一腰
〇干鯛　一箱
〇御馬　一足
（右御同所江宮御方ゟ）
（〇以下各所ヘ御答礼略）
〇（朱書）「此印有品ハ先方ゟ品入魂依之ヿ
此御方ゟも品入魂いたし候事也」
以上　御使諸大夫（狩衣）

（韶仁親王元服日時勘文）〇高松宮家蔵
陰陽寮
擇申　御元服日時
五月七日壬寅　時巳
文化五年四月十五日　大允賀茂朝臣保孝
助兼近江守賀茂朝臣保敬

〔韶仁親王上総太守任官宣旨〕○高松宮家蔵

無品韶仁親王

正二位行権大納言藤原朝臣雅威宣、奉　勅、件親王

宜令任上総大守者、

文化五年五月七日　大外記兼掃部頭造酒正中原朝臣師資奉

文化五年五月十日

三品ニ敍セラル、乃チ御禮ノ為、禁裏光格・及ビ仙洞後櫻町・中宮欣子内親王両御所ニ参入ス、

〔韶仁親王日記〕○高松宮家蔵

文化五年五月九日、辰、晴、

一明日敍品宣下、又モヤ〳〵ノ事、

十日、巳、晴、曇天折ゝ、

一敍品宣下宣旨使勅使院使訪、

参内、中門外ヨリ轅、

御對面、御献元服同事、〔親〕

仙洞同事、中宮御所、新王同事、退出、

〔織仁親王日記〕○高松宮家蔵

文化五年五月四日、

一来ル十日敍品宣下被仰出、即刻御礼参内申置、

十日、

一敍品宣下勅使院使御礼参内、未半刻退出、黄昏

料理祝酒、

○上段史料（左右とも）及び下段左側史料の印影は朱の枠線で表示されている。

〔韶仁親王三品宣下位記〕○高松宮家蔵

「包紙」
「韶仁親王三品位記」

○紙面ニ天皇御璽三顆ヲ捺ス

無品韶仁親王

右可三品

中務孝友為質徳義可宗天親近接人望維重宜授
栄爵式耀寵光可依前件主者施行

文化五年五月十日

二品行中務卿織仁親王宣
正四位下行中務大輔臣卜部朝臣行禧奉
正四位下行中務少輔臣安倍朝臣泰行　行
正二位行権大納言兼右近衛大将　愛徳
正二位行権大納言臣　前秀
（○十七名略）
正三位行権中納言臣公敬等言
制書如右請奉
制附外施行謹言

文化五年五月十日

制可

月日辰時従五位上行大外記兼掃部頭造酒正中原朝臣師資

左中辨延光

関白従一位朝臣
太政大臣　闕
従一位行左大臣朝臣
従一位行右大臣朝臣
従一位行内大臣朝臣
式部卿　闕
正二位行式部大輔在渕
参議正三位行左大辨資董
告三品韶仁親王奉
制書如右符到奉行
従四位上行式部少輔兼土佐守則敏
大録常久
少録行文
少録胤禄

文化五年五月十日

〔有栖川宮日記〕○高松宮家蔵

文化五年五月四日、己亥、雨、

一、禁裏御所ゟ取次土山ゟ来状

御用之義御坐候間只今非蔵人口へ御参

候様可申達旨議奏中山殿被仰渡候、仍而

申入候、以上、

五月四日　土山讃岐守

右返書遣、

一、非蔵人口江　御使出羽守

中山前新大納言殿御面會ニ而

鷲尾頭中将

帰殿及言上、後刻御参御請被仰上、

十日、

一、上総宮今日叙品宣下ニ付御献物被下物等如

左、

禁裏御所江

御太刀　一腰　目録 大鷹紙 小札なし

御馬代銀拾両　一匹

又

昆布　一箱

未十日辰刻

叙品宣下

上卿　今出川大納言

少納言　五條少納言

大内記　唐橋大内記

中務　藤井中務大輔

奉行職事

干鯛　一箱

御樽　一荷

又宮様ゟ

昆布　一箱

干鯛　一箱

御樽　一荷

上総宮より仰入られ候けふハ三品宣下

おはしましかしこまりおもひ参らせら

れ候、めてたさまてに此御もくろくの通

上まいらせられ候中務卿宮よりも一荷

二種あけまいらせられ候幾久しく千代
萬世迠もいはひ入まいらせられ候なを（めでたき御事のゝ仰入られ候ハんつると）
御参候て仰入られ候由よろしく御心へ
候て御沙汰候やう＝心へ候て申まで候
かしく。
〆だれ＝てもの御局へまいらせ候
仙洞御所江
（書。返略）
昆布　一箱
干鯛　一箱

御樽　一荷
上総宮〻
生肴鯛ニ尾　一折
父宮〻
（書。女房奉
往返略）
中宮御所江
こんふ　一はこ
干たい　一はこ
御たる　一荷
父宮〻生たい一おり。

親王様へ
御太刀　一腰
御馬代銀拾両　一足
昆布　一箱
干鯛　一箱
父宮〻御肴生鯛ニ尾一折
上総太守韶仁親王（[illegible]）
叙品宣下時辰
上卿
今出川大納言。

少納言
五條少納言
大内記
唐橋大内記
中務
藤井中務大輔　不参
奉行職事
鷲尾頭中将　不参
右之衆中後剋御参。廣御殿北一ノ間＝て御
饗應御料理二汁七菜中酒御菓子御引物左

馬允引之後段御吸物五御肴七種御取持御
挨拶有之、早而申半剋頃退出、
一、山口少内記召使使部召連（青木右兵衛尉・山田左門）
位記持参、御玄関へ参上、御場所内見
剋限更従四脚御門参入中門外侍所ニ着、
位記御覧之次第親王宣下之儀ニ同シ、
若宮着御
御直衣御単白すゝし、御冠繁文
御指貫鳥襷浮文
へ

正四位下文雅（植松右少将）（檜扇・衣冠単・畳紙）
家司 従四位上成崇（藤木木工頭）
事卒而少内記召使使部赤飯吸物蛤土器肴
ニ而御祝酒被下之、其後内々ニ而録被下如
左、
金弐百足 山口少内記へ
金百足 召使青木右兵衛尉へ
鳥目五百文 使部山内左衛門へ
一、勅使豊岡左馬権頭殿御使番松田内記先御品
持参取次之者請取之御勝手へ引入、御挟少故

不餝之、諸事去ル七日之如シ、御目録権頭へ渡
之後御祝御祝酒被下之、（御引）金百足頂戴之退出、
院使交野左馬頭殿御使番水西監物先御品持
参、其儀諸事同上、
中宮使親王使者無之、御内證使奥記之、
勅使左馬権頭殿御門前へ見へ候時下座莚へ
諸大夫以下御出向申、御書院二之間へ御案内
諸事如去ル七日、
院使左馬頭殿御出、其儀如勅使之儀
両御使御揃之上於山水間御対面上総宮、又

宮無之、先勅使次院使其儀如七日、
上総宮着御（御袍、御衣単直ニ御参之御躰也）、
両御使於御書院二之間御饗應、
先赤飯吸物御祝酒次御料理二汁七菜後段
吸物七肴七種諸事如七日、
（中略）
事卒而退出御取持堂上使者間迄御送、諸大
夫其外下座莚迄送り出、
御拝領（御品）如左、
禁裏御所ゟ

昆布　一箱
干鯛　一箱
御樽　一荷
仙洞御所ゟ
昆布　一箱
干鯛　一箱
御樽　一荷
右御禮も直ニ御参ニ而被仰上、
一、上御以下於山水間上総宮御對面、
一、上総宮御禮御参、御所ゝ（御出向在之）ニ而堂上方

御供一統扈従之供迄并當且酒、黄染被下
之、御出迎堂上方供ヘ黄染ニ而酒出ス、專
ラ平馬肝煎也、
（中略）
院御所尋常御車寄御昇降、堂上御出向年始ニ者無之事也、
御供侍内ゝ口外様江是者非例也、懸意之
非蔵人北面有之故也、
中宮御所尋常御車寄御昇降親王様へも此
御所ニ而御禮御對面無之、御祝酒給候由、
今日者順路之御参ニ而も可然由申

御着御袍文菊九曜、御単白スゝシ、御檜扇長餝り、
御衣萌芽引ヘキ、御指貫鳥襷二重織浮文
御冠繁文御懸緒紙ひねり、御疊紙、
御太刀御随身無之、夏故御襪不被着、
寝殿代階御降り中門外ニ而御乗輿、簾皆御
里亭ニ而者文雅朝臣候之、禁中、院中、中宮
御所ニ而者御簾、長員（大文字）成宗、
路頭行粧、
（行粧次第略）
御所参内殿御昇降如年始御参賀之時、
御供侍奏者所如年始令入魂、昨日青侍遣

御御申ニ付、先中宮御所、禁裏御所、仙洞
御所与御参順也、
御出門未刻過、御退出酉上刻、松明不
被用之、晴日旁幸甚ゝゝ、
一、御世話御取持御出迎巳刻前ゟ追ゝ御参、
御世話　中山前大納言忠尹卿　御出迎御取持遅参　飛鳥井大納言雅威卿
御取持御出迎　庭田前大納言重副卿　御取持　久世前大納言通根卿
御取持　正親町中納言實光卿　御出迎御取持　橋本宰相中将實誠卿
御出迎御取持　石井宰相行宣卿　御取持　豊岡大蔵卿和資卿
御取持遅参　飛鳥井左兵衛督實光卿　家司　植松右少将文雅朝臣

石山少将篤煕朝臣（御出迎御取持）　壬生尾張権介家尹朝臣（御出迎御取持）
橋本侍従實賓（貯カ）文（御出迎御取持）
右御書院三之間溜透之時節同二之間ニ
而赤飯吸物御祝酒御料理二汁七菜中酒
くわし、後段吸物肴種々水物等惣而勅使
上卿以下堂上方不残御饗應二汁七菜前
後之御酒同様也、

文化五年五月二十五日
内々元服後宴ヲ催ス、梶井宮承眞親王・仁和寺誠
宮（済仁親王）・知恩院種宮（尊超親王）等参會ス、

〔韶仁親王日記〕○高松宮家蔵
文化五年五月廿五日、申、晴、
一元服後宴尤内々の事、其故連枝方計招請、梶井、
仁和寺、知恩院、
一儀ニ御成関白様一はたく左大将殿尤馬・附
御入来、御供宮内右兵衛鷹司御馬も被引候、栗
毛星有尤青草外ニ八疋、尾張介安藝介左大将
御夜食後早々御帰之事、
依召参上元棟同悦ゟ進於山水間ニ對面、口祝
後宴ニ附今小路法袖右兵衛督帯御乳くらふ

み多江、とわふ、せ姫、五郎、
一御式始御吸物紙数、御昼御祝御膳、
一常盤木、豊瀬、越後御料理被下、
御所ゟ拝領
縮緬二巻　常盤木
縮緬一巻　豊瀬、越後
一前ゝ太宰少監蔦津主水御料理被下物
與ニ而　二羽重小袖　少監へ、綸子小袖　主水へ、
信の玉木別段内々被下物禮まきへも、
常盤木豊瀬越後内々ニ而被下物、

一、後宴ニ付大圓参上、刑部卿宰相桯田、櫻田ゟ肴
一折献上、
梶井宮御帰リノ節紋唐紙二巻遣御みやけ竹
ノ子、
仁和寺、知恩院ゟ手嚢五棹ツヽ給ル、庭ニ入柳
三給〔三〕外ヽゟも献上之品有之、
佐野ツ進ゟういきやう酒献上、
何滞無相済候事、

〔織仁親王日記〕○高松宮家蔵
文化五年五月廿五日、
一、上総宮元服後一統者不招兄弟而已後宴馬十
疋引、関白左大将入来今小路招、
梶井、仁和寺、知恩院来ル、

〔有栖川宮日記〕○高松宮家蔵
文化五年五月廿五日、庚申陰天、
一、韶仁親王御元服御内御内祝委曲奥ニ記之、
一、御招請ニ付梶井宮仁和寺誠宮、知恩院種宮御
成
御吸物一、御紙敷肴済而御一統様御晝御膳
二汁五菜御菓子、済而御馬見所江左大將殿
御同道ニ而被為成御間之物御酒御重肴且
次ニ同断被下之、御庭ゟ還御後於御座間御
吸物五ツ御肴種ゝ済而御夜食被為召上ル、
御酒御肴四五種出ル、
右ニ付やなもよ参也
梶井宮子剋頃還御
誠宮種宮御逗留也、

文化五年七月一日

禁裏〈光格〉ノ七夕和歌御會ノ御人數ニ加ヘラレタルヲ以テ、御禮ノ爲參内ス、

〔織仁親王日記〕○高松宮家蔵

文化五年七月一日、

一、参賀上總宮拙官不参使

七夕御會上總宮新加被仰出候御礼両御所江申上候事、

〔有栖川宮日記〕○高松宮家蔵

文化五年七月朔日、乙丑、晴、

一、禁裏御所江　御使左馬大允

當日御祝詞被仰上、少々依御歓楽御参賀御断、

別段上總宮七夕御會新加被仰出候御礼被

仰上候事、

〔公明卿記〕○史料編纂所蔵

文化五年七月七日、天晴、七夕和歌御會、題云、織女雲爲衣、附詠進了、

文化五年八月二十三日

初メテ禁裏光格ノ月次和歌御會ニ詠進ス、

編修課

【有栖川宮日記】○高松宮家蔵

文化五年八月廿三日、丙辰、曇、

一、禁中月次御會和哥御未進、御断、上総宮御方ニ者御詠進被附、奉行飛鳥井大納言殿ヘ御使外記

【按】禁中月次御会ニ和歌詠進ノ事、後有栖川宮日記ニ屢ゝ見ユ、今其ノ史料ヲ省略ス、

【公明卿記】○史料編纂所蔵

文化五年八月廿四日、晴、禁中月次御會題月螢根（懐ヵ）紙附飛鳥井大納言亭詠進了、

文化五年十二月十六日

神祇伯資延王ヲ招請シ、神拜奉幣ノ作法ノ傳授ヲ受ク、

編修課

〔有栖川宮日記〕○高松宮家蔵

文化五年十二月十三日、甲辰、晴、

一、白川三位資延卿へ　御使木工頭（麻上下）

上総宮御神拝御奉幣之事御傳被請度候、御

指支無之候ハヽ来ル十六日辰剋ゟ巳剋頃

迄御参御座候様被成度旨被仰遣、御請被申

上、

十四日、乙巳、雨、

一、白川三位殿御参、時節口上、昨日為仰御使上総

宮様御神拝御奉幣御傳授之義委ゝ承知仕候

右御請参上之由也、且幣串者御用意可被下候

哉、弁幣切候事明夕方奉書紙十枚為持可被下

様、尤御側之衆中ノ内壱人門人ニ被仰付被下

度相願候事、

右者其次第等御側之人江傳授申置度候、十六

日ニ奉幣等資延可相勤候得共、常御用之節相

勤り候様傳置、依之被相願候旨也、

十六日、丁未、晴陰、

一、白川三位資延卿へ今日上総宮就御入門如左

御贈進、

御太刀一腰、　御馬代銀壱枚

右上総宮より

干鯛一箱

右中務卿宮より

以上　御使甲斐守（麻上下）

一、白川三位資延王衣冠単御参、

於山水間上総宮御衣冠御対面、御盃之事在

之、御吸物御有紙敷次（御神拝次奉幣之事）傳へ申上給、事畢而廣

御殿北之間ニ而御吸物壱ツ肴三種御祝酒

被出之、始終御取持甲斐守其外御近習等各

麻上下着之、

文化六年正月六日

仙洞後櫻町ノ和歌御會始ノ御人數ニ加ヘラル、乃チ十八日、參院シテ御會始ニ列ス、

〔織仁親王日記〕○高松宮家蔵

文化六年正月六日、

一、洞中御會始被觸、上総宮新加被仰出、

奉行冷泉大納言為章、寄松祝言、

〔有栖川宮日記〕○高松宮家蔵

文化六年正月六日、丙寅、晴曇、

一、仙洞御所取次井上丹波守ゟ書状到来如左、

御用之儀御座候間、唯今外様口ヘ御參候様冷泉大納言殿可申達旨被命候、仍申入候、以上、

正月六日　井上丹波守

上総宮様

諸大夫御中

承知之旨及返書、

即刻外様口ヘ圖書頭罷出候処、冷泉大納言殿御面会ニ而、来ル十八日御会始上總宮御詠出之儀被仰出候旨被申上、帰殿及言上、

再御請使圖書頭相勤、

一、仙洞御所ゟ

御使本庄勘ケ由

女房奉書一通御到来如左、

御会はしめ御うたの題まいらせられ候まゝ御詠進おはしましく候やうに申とて候、このよし御申入られ候へく候、かしく

〆　たれにてもの御つほねへまいらせ

候

源中納言

かての小路

御請文如例

上總宮御方へも女房奉書御到來、

文言同上、御請文如例、

和歌御会始奉行冷泉大納言

七日、丁卯、晴、

一上總宮御方御院参、但し御会始新加被仰出候御礼也、御出門午

上刻（供御略）即刻還御、

十八日、戊寅、晴陰、折々雪散、

一、仙洞御所和歌御會始御詠進、

御懐紙奉行冷泉大納言殿江被附、

手扣如左

今日御會始御懐紙被附候、尤依御歓楽御不

参被成候、御祝詞之義宜御沙汰頼思召候事、

中務御宮御使

嶋岡造酒

冷泉大納言殿落手被致、

上総宮御方御懐紙被附、同落手、尤夕方御参

賀被為在候事、

一、仙洞御所江御會始ニ付御参賀

上総宮御方御出門申刻（供御略）還御亥刻前、

（仙洞女房日記）◎東山御文庫本

文化六年正月十八日、みそれ、御会始にて内の御

方より御まなまいる、暮過御おもて揃候て小御

所へ成とくしあすかね大なこん、はつ聲左安衛

督、かうし頭中将也、かつさの宮ひたちの宮御初

て御出座也、濟まいうせられ候て御盃まいる、

〔院中評定日次案〕
文化六年正月十八日、戊寅、晴陰時々雪散、今日和
歌御会始酉半剋出御于小御所、中、簾右大臣、上總宮、
常陸宮等候座、

書陵部（三号）

文化六年正月二十四日
禁裏格光ノ和歌御會始ニ詠進シ、且ツ參内シテ御
會始ニ出座ス、

〔有栖川宮日記〕○高松宮家蔵
文化六年正月八日、戊辰、曇、
一、禁裏御所〳〵　　　　御使錦部左京
　御封中御到来
　　折紙
　和歌御會始
　　奉行甘露寺左大弁宰相
上総宮へも御同様
御會はしめ御うたのたいまいらせられ
候まゝ御詠しんおハしまし候やうに申

書陵部（三号）

とて候、このよし御申入られ候かしく〳〵
　〆たれにてもの御局へまいらせ候
御請文如例、
上総宮へも御同様、
廿四日、甲申、終日雪散、
一、非蔵人口へ　　御使嶋岡造酒のしめ
御會始御懐紙被附、尤依御歓楽御不參之旨
被告、
上総宮御懐紙附、尤未剋頃御參之旨被告、右
奉行へ申入甘露寺左大弁宰相殿奉、

書陵部（三号）

編修課

一、未剋御參内、上総宮就御會始御出座也、
着御御直衣、御衣松重、御単紅、御檜扇、御指貫雲立涌、
（○御挨略）
御退出酉剋過、

〔公明卿記〕○史料編纂所蔵
文化六年正月廿四日、今日禁（裡）祝和歌御会始、題云、
詠竹裏聴鶯聲、

文化六年二月十日
仙洞後櫻町ノ當座和歌御會ノ御人數ニ加ヘラル、
乃チ十三日參院シテ御當座始ニ出座ス、

〔韶仁親王日記〕○高松宮家蔵
文化六年二月十日、晴、
一洞中外様口ゟ諸大夫出羽守招、飛鳥井左兵衛督面會、来ル十三日御當座始新伽（加）仰被出
一仙洞御所女房奉書ニ而御當座始、聖廟御法楽御題早秋被觸、
十一日、晴、
一洞中御當座始新伽（加）御禮院參、巳ノ剋中置、直ニ退出、同御所昼後御院參、戌ノ半剋還御、
十三日、雨、

一院中御当座始ニ付辰ノ上刻院参、
御座、左府右府、常陸宮韶仁、廣橋前大納言、
（三）
御倍膳御遅参巳ノ刻、中務卿宮、尹宮関白御退
出未ノ刻過、
御題画短尺奉行ヘ付ル、出座由申、
申ノ刻過読上、出座左府、韶仁、
御歓評定ヘ　申置、退出酉ノ刻、

〔有栖川宮日記〕○高松宮家蔵
文化六年二月十日、庚子、雨下、
一、仙洞御所取次ゟ来状、
　御用之義御座候間只今外様口江御参候
　様可申達旨飛鳥井左兵衛督殿被命候、仍
　申入候、以上、
即刻　　　御使出羽守
　左兵衛督殿御面会被申上、来ル十三日当座
　御会被為在候上総宮新加被仰出候、尤卯半
刻御参可被為在候、此段申上候由也、帰殿之

　上言上、御請使相勤、
十一日、辛丑、晴、
一、上総宮御方御出門巳刻ニ而御参院（○略）御還御
　同刻過
　右ハ当座御会新加之儀昨日被仰出候御礼
　御参也、
十三日、癸卯、雨、
一、御当座始ニ付上総宮様御参洞御出門卯半刻
　（○略）御供、酉刻還御、

文化六年十一月二十六日
禁裏（格光）ヨリ来月中旬ニ行ハセラルベキ上皇（桜後）
町ノ七十ノ御賀和歌ヲ詠進スベキ旨仰出サル、
仍リテ十二月十二日、松樹契千年ノ勅題ヲ以テ
和歌ヲ詠進シ、奉行ニ附ス、

〔有栖川宮日記〕○高松宮家蔵

文化六年十一月廿六日、壬午、晴、

一、禁裏御所ゟ　御使松宮左近番長

女房奉書御到来如左、

来月中旬仙洞御所御賀和哥御會の御たいまいらせられ候まゝ御詠進おハしまし候様に申とて候、御勅題にておハしまし候まゝこのよし申とて候御心得候て御申入られ候かしく、

〆　たれにてもの御局へまいらせ候

御題

松樹契千年

御受文

来月中旬仙洞御所御賀和哥御會の御たい給ハり詠進候へのよし畏りうけ給ハり候、勅題のよし奉り候、このよしよろしくのろう候やう頼入そんし候穴賢、

織仁

勾当内侍とのへ

上総宮御方へも同様被觸文言同様仍而略ス、御

受文同様是又略ス、

奉行ゟ折紙如左、

来月中旬仙院七十御賀和歌来月十二日

未刻迄ニ可有御詠進候事、

奉行冷泉左衛門督

両宮様へ、

十二月十二日、戊戌、曇、

一、仙洞御所七十御年賀和歌御詠進、

奉行冷泉左衛門督殿へ被附、

上総宮御方ゟも御同様、

右

御使山名民部

文化六年十二月一日

招請ニ依リ近衛基前邸ニ赴キ、叔母圓臺院（職仁親王女董子女王、近衛経熙室）ノ五十ノ賀宴ニ臨ミ、又年賀ノ和歌ヲ詠ジテ贈ル、

編修課

〔有栖川宮日記〕○高松宮家蔵

文化六年十二月朔日、丁亥、晴、

一、巳刻御出門、上総宮様御所・仙洞御所・中宮御所・

近衛殿江御成、（○御伏略）還御亥刻過、

（頭書）近衛殿江御成者今日圓臺院宮五十御年賀御祝依御招請被為成候事、

一、圓臺院宮御方五十御年賀ニ付被進如左、

御こふく　綸子白　一かさね

するめ　二れん

右宮様〆

縮めん　紅白　二反

するめ　二れん

右上総宮様〆

御文こ　の内ふくさ地　弐ツ

右月照院殿〆

一、圓臺院様御年賀ニ付近衛様江上総宮様御成ニ付被進如左

御有生鯛　二尾　一折

右内府様江

御まな　一折

右圓臺院宮様江

御すゝり一箱、　御まな　一折

右維君様江

御手あそび　三色ツヽ

右若君様・姫君様江

〔有栖川宮日記〕○高松宮家蔵
文化六年十二月二日、戊子、晴、
一、内府殿ゟ　御使佐竹織部正
圓臺院宮御年賀ニ付和歌御詠出之御挨拶
被仰進、
上総宮様へも、

文化七年正月十九日
参内、光格紫宸殿ニ於テ舞樂ヲ陪覽ス、尚是ノ日、禁
中ニ於テ議奏ヲ以テ、爾後和歌ニ勅點ヲ賜ヒ、下
見ヲ織仁親王ニ仰付ケラルベキ旨仰出サル、仍
リテ直チニ御禮ヲ言上シ、又仙洞後櫻町・中宮
欣子内親王両御所ニ参入ス、既ニシテ二十一日、参内
シテ詠草並ニ誓状ヲ捧呈ス、

〔韶仁親王日記〕○高松宮家蔵
文化七年正月十九日、甲戌、晴、
一、儀奏以烏丸中納言御口上、
後々勅点被下、下見者中務卿宮幾久敷めて度
思召候、廿一日ニ詠草上候事、色紙文匣之内ニ
四ツ折、御題寄道祝宸翰拝見、再文匣ニ入如本
返上、御返答勅点被下幾久敷畏存候、御請攝家
方宮方於休息所吹聴申述、常陸宮も同事、
一、於紫宸殿儀奏招舞楽拝見、御對面酒膳給、右御
禮申置、関白江早出ヲ申直ニ退出、仙洞参り評

定申出ミ、今日於宮中後々勅点被下候事右御
禮時節御キ嫌伺申置退出、後中宮参ル、同事ニ
非蔵人ニ申置退出、
廿日、乙亥、晴陰、
一、寄道祝詠草下見、
廿一日、丙子、晴風、
一、参内詠草持参、儀奏招時節御キ嫌伺、今日者御
點給御礼申置、児ヲ申出ス、児ヘ詠草誓状文匣
ノ蓋ニ入上ル、儀奏案内アリ、於御小座敷ニ御
對面、直ニ詠草被返、御會始詠草之御沙汰有リ

早速御前へ上ル、御禮申上ケ退ク再招儀奏御
對面詠草被返御點之御礼申置退出未ノ剋、
廿三日、戊寅雨、
一御所ゟ詠草被返、大すけ長はしゟ文来ル、早速御請御
礼自書ニテ御返事出ス、

〔織仁親王日記〕○高松宮家蔵
文化七年正月十九日、
一舞楽参賀、此方巳剋息辰剋午剋被始、龜庖丁よ
り見物、万端如例、
上総宮常陸宮勅点、議奏烏丸を以被仰出、勅
題寄道祝拝見返上、御礼申上ル、

〔織仁親王日記〕○高松宮家蔵
文化七年正月廿一日
一上総宮詠草伺始参内、午剋常陸宮申合同剋御
對面、御即点、
竪詠草誓、肸筭兒を以上ル、
巳剋献物二種一荷、諸大夫狩衣

〔有栖川宮日記〕○高松宮家蔵
文化七年正月十九日、甲戌晴陰、
一今日於宮中上総宮御方江議奏烏丸中納言殿
ヨリ以勅点之義被仰出、尤中務卿宮御下見被為
在候様被仰出候事、
勅題　寄道祝
但シ御色紙文匣ニ入中奉書四ツ折ニ而
右御拝見之上御返上可被成様との義ニ
付直様御返上之事、
右即剋御請御禮被仰上候事、

一、右為御禮御退出懸仙洞御所中宮御所等江御
参被仰置ニ而御退出之事、

廿一日、丙子、晴、

一、禁裏御所奏者所ヘ　御使近江守（将衣）

御太刀　一腰

御馬　一匹　代銀壱枚

以上

昆布　一箱

干鯛　一箱

御樽　一荷

右者一昨十九日上総宮御方ヘ勅點被仰出
候ニ付上総宮ゟ為御礼被献之、

一、御出門午半刻、〔勅点被仰出始テ、御禮為御伺〕上総宮御方御
参内、（伏。）御略還御未半刻、

文化七年正月二十五日

禁裏（光格）ノ當座和歌御會ノ御人數ニ加ヘラル、乃
チ二十七日参内シテ御當座始ニ出座ス、

【昭仁親王日記】○高松宮家蔵

文化七年正月廿五日、庚辰、晴、

一、非蔵人口より上総宮諸大夫申来ル、即刻左馬
太允出ル、
明後廿七日御當座始新伽仰被出、早速御請

一、女房奉書来ル、廿七日御當座はしめニ付伺公
申来、自筆御請、

廿六日、辛巳、晴、

一、禁中御當座始新伽御禮ニ参内、巳ノ刻
儀奏ヲ招キ時節伺新伽御禮申置、

春宮同事、同人ニ申置退出、
巳ノ半刻帰宅、
廿七日、壬午、晴、夜ニ入雨、
一御當座始ニ附参内、辰ノ半刻
御遅参中務卿宮、尹宮、
左府公、右府公、常陸宮、内府公、
殿上人ニ口上申上テ恐悦も申上ル、春宮ヘ
も同事奉行庭田宰相中将面會出座之由申
ス、奉行出御申来ル、
於小御所上段御座次第ニ　座附、
左府、韶仁、常陸宮、内府、
上段ニ附、堂上方（公卿）ハ中段、殿上人ハ下段上面ヘ
附御膳陪膳廣橋前大納言四人陪膳殿上人
公御殿上人陪膳差次蔵人
御座相済主上御立被遊、続テ若御退リ
御下見頼御覧後児呼出シ詠草伺、有暫被返児
ニ御禮申上ル、奉行ニ短尺附硯箱返ス、早出之
由申退出申ノ刻過
宮御方御退出酉ノ刻過、

［有栖川宮日記］○高松宮家蔵
文化七年正月廿五日、庚申、晴、
一上御所取次土山淡路守ゟ来状如左、
御用之儀御座候間只今非蔵人口ヘ御参
候様可申達旨庭田宰相中将殿被命候仍
申入候以上、
正月廿五日　土山淡路守
上総宮様
諸大夫御中
右ヲ受承知返書遣ス、
即刻非蔵人口ヘ左馬允罷出候處宰相中将
殿御面會ニ而、明後廿七日御當座ニ付上総
宮新加被仰出候旨被達帰殿言上、再非蔵人
口ヘ左馬允罷出庭田殿ヘ面會ニ而右御請
被仰上、
廿六日、辛巳、晴、
一非蔵人口ヘ　御使左馬允
取次伊賀
御當座御會上総宮新加之儀昨日被仰出候
ニ付中務卿宮御方ゟ右御礼被仰上、

一、仙洞御所外様口ヘ　御使左馬允

議奏甘露寺殿奉

取次畑右衛門尉

禁中御當座御會上総宮新加昨日被仰出候ニ付、右御礼両宮御方〻被仰上、

評定樋口殿奉

一、上総宮御出門巳半刻御参内、（供略）御還御午刻過、右御参者御當座新加之儀昨日被仰出候御礼也、

廿七日、壬午、晴雨、

一、御當座ニ付上総宮御参内辰刻、（供略）御還御申刻過、

〔伊光記〕十〇史料編纂所蔵

文化七年正月廿七日、辰刻過参内、奴袴、

一御當座始也、御陪膳候、

文化七年六月二十九日

閑院宮美仁親王ノ勸進ニ依リ、典仁親王ノ十七回忌追悼ノ和歌ヲ詠進ス、

〔有栖川宮日記〕○高松宮家蔵

文化七年六月十七日、庚子、晴、

一、閑院宮ゟ　御使浅井和泉守

故一品宮（典仁親王）来月御年回ニ付御勧進和哥御詠進之儀御頼被仰進、御領掌ニ御坐候ハヽ来ル廿九日ニ被取置度思召候事、

上総宮様江も御同様、

廿九日、壬子、晴、

一、閑院宮江　御使山名民部

故一品宮御年回ニ付御勧進之和哥御詠出被進、

両宮御方ゟ、

文化七年九月二十四日

嫡母藤原（鷹司）福子ノ七回忌ニ當ルヲ以テ、大徳寺龍光院ノ廟所ニ参詣ス、

〔有栖川宮日記〕○高松宮家蔵

文化七年九月廿三日、乙亥、晴陰、

一、明臺院殿七回御忌、

一、上総宮（アキマヽ）卯刻過御出門ニ而龍光院御廟参、御供略、

還御、

一、御寺詰帳如左

中川出羽守　松浦監物

嶋岡造酒　松浦靭負

村瀬平馬

御香奠　金弐百疋、

宮様ゟ
同　金百疋
上総宮様ゟ
葩　三拾片
宮〻様ゟ
同　二拾片
月照院殿ゟ
（以下、備物略）
廿四日、丙子、曇、
一、明臺院殿七回御忌御法事巳刻

一、宮御方辰刻御出門ニ而龍光院御廟参、御供。略、御還御申半刻、
一、上総宮御方同刻同断、御供青士三人左近民部近江守等其餘如例、還御申半刻、

文化八年三月九日
二條治孝ノ勸進ニ依リ、佛光寺開山親鸞ノ五百五十回遠忌追悼ノ和歌ヲ詠ジテ遣ス、尋イデ二十三日、佛光寺門主眞乘ノ招請ニ依リ、同寺ニ於ル遠忌ノ法事ニ參列ス、

〔有栖川宮日記〕○高松宮家蔵
文化八年閏二月十五日、癸亥、晴、
一左府殿ゟ　御使河野隼人正
来三月佛光寺御門主開山遠忌ニ付追悼之和哥御勧進被成度ニ付御詠出之儀御頼被仰進、御領掌ニ候ハヽ来月十日迄被取重度旨被仰進、
三月九日、丁亥、晴、
一二條殿江　御使山名民部
佛光寺御門主御頼、御勧進之和歌両宮御方

ゟ御詠進、
廿三日、辛丑、
一親鸞遠忌法會佛光寺御門主依御招請上總宮
御方小直衣着御、御被爲成、御出門卯半刻、
（〇御供行列略）
還御未半刻、
彼御方玄関敷莚之上ニ御輿臺設有之、依御案
内奥向江被爲成、御法事中御焼香於内陣被遊、
一聖人江御備物如左、右御下札有之、
御備范　三十片

右宮様ゟ
御備范　二十片
右若宮様ゟ
廿六日、甲辰、晴、
一東本願寺御門主
西本願寺御門主
佛光寺御門主江　御使坂部左近
祖師五百五十年忌法會中御見舞被仰入

文化八年六月一日
蹴鞠稽古ノ爲飛鳥井雅光並ニ難波宗職ニ入門
ス、

〔有栖川宮日記〕〇高松宮家蔵
文化八年五月廿二日、己亥、晴、
一梶井宮江　御使嶋岡造酒
蹴鞠道御入門之儀、弥来ル廿八日御治定ニ被爲
在候、其御方ニ者如何被遊候哉、御尋被仰入、御
答御承知被遊候、尚宜御頼被仰上候旨也、
廿三日、庚子、晴、
一飛鳥井左兵衛督殿難波少将殿江
御使甲斐守 麻上下着
上総宮座主宮此度蹴鞠道御入門御色目并御所

望之義御頼被成候旨被仰入、右両家共御請被
申上、尚御参ニ而可被申上旨也、
六月朔日、丁未、晴、
一明日香井左兵衛督殿　使市岡兵部
此間鞠道御入門之義被仰下御請被申上候
一附、今日色目書付指上如左、
金紋紗上　中奉書四ツ折　上包小奉書
紫葛袴
鴨沓　無文紫革
十骨鞠扇

右御着用之事
文化八年六月一日　雅光
同　伊藤修理
一難波少将殿
右同断如左
金紋紗上　中奉書四ツ折　上包美濃紙
紫葛袴
無文紫革
一明日香井左兵衛督殿へ　御使　麻上下　出羽守
御太刀　一腰
御馬　一足　代銀十両

右左兵衛督殿江、
末廣　一柄
右御息藤丸殿江、
右者此度鞠道御入門ニ付、上総宮様ゟ被遣之、
〉宮様ゟ御口上斗、
左兵衛督殿直答之事
一難波少将殿江　同　同人
御太刀　一腰
御馬　一足　代銀拾両
右同断ニ付、上総宮様ゟ被遣之、〉宮様ゟ御口
上斗

文化八年七月二十八日

仙洞後櫻町、蹴鞠御人數ニ加ヘラル、乃チ八月七日、参院、織仁親王及ビ梶井宮承眞親王等ト倶ニ小御所ノ庭ニ於テ蹴鞠ヲ行ヒ、上皇ノ御覽ニ供ス、

〔韶仁親王日記〕○高松宮家蔵

文化八年七月廿八日、癸辰、晴、

一、洞中飛鳥井、難波両人諸大夫招来ル、七日、蹴鞠御覧ニ附御人数仰被下候、午ノ刻参集、壮〔装〕束随身之事、

八月七日、壬丑、曇天少々雨、

一、仙洞御鞠ニ附午ノ刻参ル、中書王少々遅参、梶井宮同刻、諸大夫間ニ而壮〔装〕束改メ御庭ヘ相廻ル、小御所前御カヽリ三座、少々雨ニ而申ノ刻過相済、又諸大夫間ニ而改、横休所ニ而湯附祝酒、御内儀より相廻ル、評定江御礼申上退出酉ノ半刻過、

〔織仁親王日記〕○高松宮家蔵

文化八年八月七日、

一、仙洞鞠御覧午刻此方息参、装束鞠三座、両家始公卿殿上人十九人也、梶井座主召也、紫袴白道服、於休所御内義より湯漬一汁五菜中酒有、六種菓子葛粽、

関白、左大臣、常陸宮、西園寺拝見、

退出、評奏へ御礼申置、戌刻帰宅、

〔有栖川宮日記〕　○高松宮家蔵

文化八年六月廿四日、庚午、晴、
一今日御参洞之節伝奏平松前中納言殿ヲ以如
　左被仰出、尤御内意也、
　　来ル八月上旬蹴鞠被催候、右御人数被仰出
　　候旨也、尤両宮様とも、
　右御請被仰上候事、
七月十三日、己丑、晴、
一明日香井殿、難波殿へ　（御使小岸外記）同　同人
　若宮御方御鞠袴朽葉色目御着用被成度候
　宮御方ゟ被仰入、
十八日、甲辰、晴、
一仙洞御所取次渡辺陸奥守ゟ来状、
　御用之儀御座候間只今外様口江御参候様
　可申達旨飛鳥井左兵衛督殿難波少将殿被
　命候、仍申入候、以上、
　　七月廿八日
　右承知之旨返書遣ス、
一即刻外様口江罷出　甲斐守
　飛鳥井殿、難波殿御面会被申上如左、
　　両宮御方江来月七日於仙洞可有蹴鞠御覧
　　午刻御参之儀被仰出候事、御鞠装束御通身
　　可有之事、
　右之通被申上、為心得書附切紙ニ而被渡候事、
　御請使両家狸亭江相勤、
一近衛殿ゟ　御使斎藤主税頭
　来月七日於院中蹴鞠御覧ニ付御人数被仰
　出候御吹聴被仰進、
一御同断江　同　甲斐守
　右ニ付、御歓被仰入并御吹聴之御挨拶被仰
　入、上総宮ゟも、
　且又上総宮御同様ニ付御人数被仰出候御
　吹聴被仰進、右者御初而故也、
八月二日、戊申、晴、

一飛鳥井左兵衛督殿江御使麻上下出羽守
上總宮鞠道ニ付丸組御掛緒御所望被成度
旨被仰入、
返答尚彼方ゟ為持可被差上旨也、
三日、己酉、晴、
一飛鳥井左兵衛督殿ゟ　使市岡安部
一難波少將殿ゟ　使澤山丹下
上總宮御方江鞠道ニ付朽葉之御袴御色目
被申上、近江守出會御色目書付請取及言上、

書附如左
就仙洞蹴鞠色目朽葉御袴御着用之事奉書四ツ折
文化八年八月　雅光
色目朽葉御袴御着用之事
文化八年八月　宗職
右両家使者両人江北二ノ間ニ而三種之肴吸
物蛤御祝酒被下之、取持青士方挨拶御近習相
済御返答近江守申述ル、
両人江御引肴不被下候事、
〈

一飛鳥井左兵衛督殿
難波少将殿江御使麻上下山名民部
鯉節　一連ツヽ
今度上総宮鞠道ニ付朽葉御袴御色目被申上
候為御挨拶被為贈、
六日、壬子、晴、
一飛鳥井左兵衛督殿ゟ　使岡本掃部
此間被仰下候丸組御掛緒上總宮様江被差
上、

紫丸組冠懸
右御懸用之事
文化八年八月六日　雅光
右口上取次太田但見、近江守及言上北二ノ間
ニ而紙敷肴ニテ御祝酒吸物蛤被下之、済而成
基御返答申述ル、
一飛鳥井左兵衛督殿江御使麻上下小峯外記
美濃紙　十帖
金　弐百疋
仙洞蹴鞠御人数ニ被仰出候ニ付丸組御懸

御所望之処今日被差上候ニ付為御挨拶被
為贈、

七日、癸丑、陰天、

一御出門午刻、上総宮御参院、
今日蹴鞠御覧ニ付御参之儀也、
（○中略）
但シ御装束箱御沓箱等被持、右ニ付山名
民部相残り外様口ニ相居、侍人壱人相居

一御出門午半刻、宮御方御参院、
右御同様蹴鞠御覧ニ付御参之事、
（○中略）
御附人申半刻御迎、酉半刻還御即刻
一今日於洞中蹴鞠御人数左之通、為考合記之、
〔朱書〕
中務卿宮「織仁親王」　上総宮「韶仁親王」
「近衛」
内大臣「基前公」（今日午半刻所労ニ付御断、御替り被仰）　座主宮「真法親王」

清閑寺前大納言「昶定卿」　久世前大納言「通根卿」
（○以下十四名略）
右者両家ゟ被差上候書付之写也、

十月十九日、甲子、晴、
一仙洞蹴鞠ニ付上総宮御方御参、（○俟本略）還御亥刻
過、

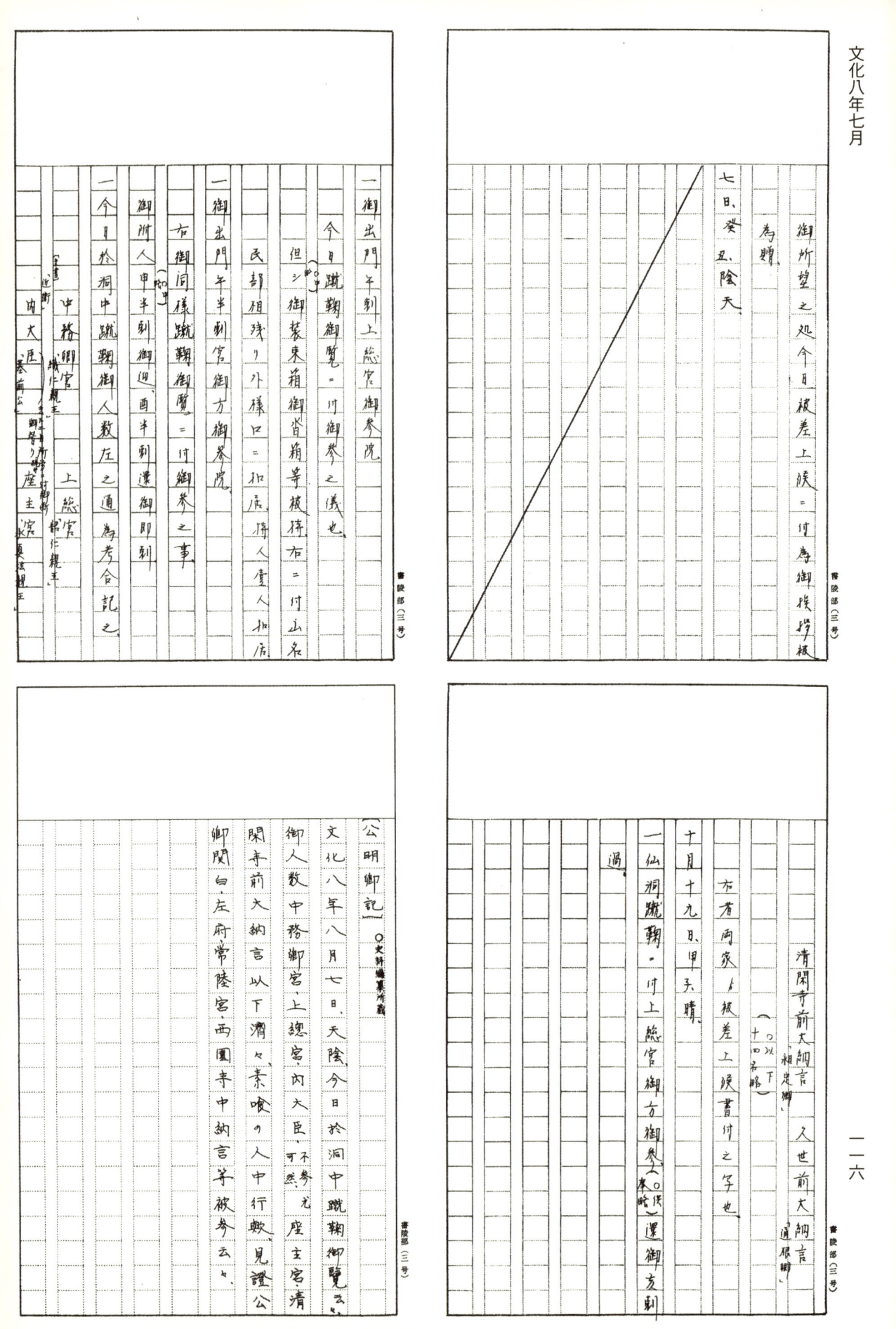

〔公明卿記〕　○史料編纂所蔵
文化八年八月七日、天陰、今日於洞中蹴鞠御覧云々、
御人数中務卿宮・上総宮・内大臣、不参可然、尤座主宮・清
閑寺前大納言以下済々、素喰の人中行歟、見證公
卿関白・左府・常陸宮・西園寺中納言等被参云々、

文化八年九月四日

織仁親王ヨリ能書方ノ傳授ヲ受ク、仍リテ御禮トシテ禁裏（光格）及ビ仙洞（後櫻町）、中宮（欣子内親王）兩御所ニ参入ス、

編修課

〔韶仁親王日記〕○高松宮家蔵

文化八年八月八日、癸寅、雨、夕景晴、
一御参内還御後御内〻来九月書出方御相傳拙官へ被遊義宮中御沙汰茂被為有旁以被仰出候事、
十日、乙辰、晴、晝前小雨、
一来九月上旬拙官江能書方相傳可被給候事、
十一日、丙巳、晴、
一三御所能書方相傳之義御禮申上、
廿三日、己巳、晴、
一能書方御相傳日時来九月四日巳ノ剋ニ被仰出、
九月三日、戊寅、晴、
一明日相傳ニ附一夜神事酉ノ剋入湯、
四日、己卯、晴、
一吉剋於書院一ノ間簾中ヘ進御相傳、再退キ於同席四種物式後剋御禮為参賀儀奏ヘ申置洞中、女房面會、程無御對面、即剋退出、

〔織仁親王日記〕○高松宮家蔵

文化八年八月廿四日、
一能書方相傳息輪王寺来月四日治定、
九月三日、
一洞中封中内侍所御供米拝領、明日依傳受也、息江も同断、
四日、
一巳剋上総宮へ能書方相傳、同剋輪王寺宮坊官吉河宮内卿未、能書方額字相傳ニ相渡ス、封面盃、

委細表ニ日記有、
一上総宮為御礼三御所江参賀申置、
洞中者御對面、口祝上臈也、

有栖川宮日記 ○高松宮家蔵

文化八年八月十日、丙辰、曇、
一今日御沙汰如左
来九月上旬能書方上総宮江相傳候事、
同月輪王寺宮江能書方并額字相傳候事、
但額字者兼々願望寺社之奉納遠路旁同
日ニ相傳候事、
右之通被仰出、一統江申渡、入麻上下着用勝手
ニ恐悦申上候事、
十一日、丁巳、晴、

一上総宮御方御出門未刻前三御所江御參、（○御供略）
還御未刻過、附記、今日御參者能書方父宮ゟ御相傳被仰出候御礼也、
廿三日、己巳、雨、
一上総宮御方江来月四日辰刻能書方御相傳被
為在候旨被仰出、
右上総宮様江言上 長員 麻上下
廿四日、庚午、曇、
一上総宮御方御出門巳刻先、中宮御所、夫ゟ御參
内、（○御供略）還御午刻前、
右者能書方日時御治定御礼御參之事、

一上総宮御方御出門申刻、御同時御參院、（○御供略）御
迎、還御并宮御方御同時也、（御迎戌刻還御戌半刻）
右御參者能書方日時御治定御礼も被兼候
義也、
九月四日、己卯、晴、
一今日中務卿宮ゟ上総宮江能書方御相傳、辰半
刻、
輪王寺宮江能書方并額字御相傳巳刻、
一御傳授之御間（角盥水差）山水之間、御縁座敷ニ設、御手水
御書院一二之間、四方簾、二ノ間西北之方壹

間巻簾、一之間中央ニ置文臺東西行、
一之間北江手ゟ被為入、
宮御方着御　御枕雲鶴御單　御指貫雲堅涌
若宮御方同右同断、
二之間簾カツキ上ケニ而被為入、
御傳授事畢而奥へ被為入、夫ゟ巻簾也、尤北ニ
之間垂簾也、
御献
四種物　御盃　御銚子両口　成基
御手長造酒大政外記

右被為済諸大夫御用人御近習席ゝ御書院
江出恐悦申上ル
一禁裏御所　鯛一折二尾宛
仙洞御所　鱧一折ニ宛
東宮御所　干鯛一箱宛
中宮御所　干鯛一箱宛
右両宮御方ゟ御相傳ニ付為御祝儀御進献
右御使　甲斐守
一宮御方江御太刀一腰
奉書紙二束

御馬代銀二十両一匹
以上
若宮御方ゟ被進、
一宮御方ゟ干鯛一箱
若宮御方江被進、
一禁裏御所　御使吉村民部丞
くはうさまより申とて候いよ／＼御機嫌

よくならせられ候、中務卿宮にも御小一に
おハしまして度覚しめし候けふは上総
宮へ能書かた御てんしハおハしまして
度覚しめし候いわひまいらせられ候て此
御まな一折めでたくまいらせられ候、猶く
御機けんともよくいくひさしくめでたさの
ことにいわひ思しめし候よし何もよく心得
候て申まて候とすよし御申入候へく候、か
しく
又たかはてもの御つほねへまいらせ候

若宮御方江も右同やう女房の文ニて御拝領
文言略之、
生鯛一折ニ尾宛御拝領
右御受使　甲斐守
（○返文略）
一仙洞御所へ　御使　淺井帯刀
生鯛二折ニ尾宛
（○往返本書略）
若宮御方江も女はうの文ニて御拝領
一春宮御所へ　御使　西池數馬

生鯛二折ニ尾宛
（○往返本書略）
一中宮御所　御使　主水右衛門將曹
生鯛一折ニ尾
同断一折ニ尾
両宮御方江御拝りやう
能書方御相傳御歓　御受使　甲斐守
一禁裏御所　東宮御所　江
仙洞御所　中宮御所
上総宮御方今日能書方御相傳被爲濟爲御

礼御參御出門午刻、（○御供略）還御未半刻、

文化九年正月十日

去ル八日、織仁親王ノ落飾ノ儀聽許アラセラル、仍リテ是ノ日、父親王ニ代リテ禁裏（光格）及ビ仙洞（後櫻町）中宮（欣子内親王）東宮（恵仁親王）各御所ニ參入御禮ヲ言上ス、既ニシテ二月十五日、父親王、梶井宮承眞親王ヲ戒師トシ、同宮梨本御殿ニ於テ落飾ノ儀ヲ行フヲ以テ、之レニ參入ス、尋イデ十七日、家督ノ相續ノ故ヲ以テ、爾後若宮ノ稱ヲ改メテ宮ト爲シ、父親王ヲ一品宮ト稱スベキ旨、家中一統ニ申渡ス、

〔有栖川宮日記〕○高松宮家蔵

文化九年正月八日、壬午、晴、
一非蔵人口へ　御使　甲斐守
　傳奏（アキマヽ）　御面會ニ而
　中務卿宮御落飾御願之通被仰出候旨被申
　上、義敷奉り帰殿及言上、即刻右御請被仰上、
　御使　同人、
十日、甲申、晴陰、
一上総宮御参未刻前、
　禁裏御所　春宮御所　仙洞御所　中宮御所
　御供青侍弐人右兵衛、造酒、近江守、余如例、還
　御申半刻、
　右者一品宮様御落飾如御願被仰出候御礼、且
　於宮中殿下様御對面ニ而、右御落飾如御願被
　仰出候得者、最早従只今上総宮様御家主之御
　心得ニ可有之哉、但御落飾迄者是迄之通ニ可
　有之哉之旨被仰談候處、是者御落飾相濟迄ハ
　是迄之通、御落飾以後者上総宮様御家主ニ而
　伏見宮様次御席順、かと思召趣也、其外御落飾
　之義ニ付御内談有之、

二月十五日、戊午、晴、
一一品宮今日未刻御落飾被爲在、尤於梶井宮御
　設也、
一上総宮巳刻御出門ニ而梨子本御殿江御成（御供略）
　酉半刻還御、
一一品宮午刻御出門ニ而梨子本御殿江御成（中略）
　還御戌半刻、

文化九年二月十七日、庚申、雨、
一今日被仰出候趣、木工頭承、一統申渡、
一一品宮様御落飾御法諱龍淵、以来常ニ一品
　宮様ト可奉称、他向ニ而者惑（或カ）入道一品宮ト
　称候而も宜候、尤御隠居ト相心得可申候、
一上総宮様是迄若宮様ト奉称候得共、以来御
　家主ニ而被為在候間、宮様ト可奉称、全有栖
　川宮ト心得可申候、
　且八穂宮様ヲ八穂宮様、又者若宮様ト申

候而も宜候事、
十八日、辛酉、晴陰、
一御附衆へ
有栖川宮中務卿御辞退御落飾被為在一品
宮と被称候上総宮以来有栖川宮之御家主
ニ被為在候此段為御承知得御意置候以上、
二月十八日
土屋筑後守様　藤木木工頭
渡邊阿波守様　粟津圖書頭

文化九年八月二十三日
有栖川宮父子ノ座次治定ス、即チ表向ニ於テハ
家主タル韶仁親王ヲ以テ織仁親王ノ先ト為ス
モ、和歌御當座等ニ織仁親王ノ參内列座セル場
合、又ハ親昵ノ儀ニ於テハ、同親王ハ韶仁親王及
ビ閑院宮美仁親王ノ上ニ着座スベキ事ト為ス、

〔有栖川宮日記〕○高松宮家蔵
文化九年八月廿三日、癸亥、曇、細雨折々、
一左之趣書留置可申旨　成榮承、記之、
一品宮御筆御包紙上云、
座次之事於関東難心得、鷹司當職前職ニ紛
敷、自関東依尋、自武傳附武家へ出候書附自
関白被為見候写也、
文化九八月廿三日
有栖川宮御父子次第之事、入道宮父宮ニ候
得共遁世之人ニ候得者、於上總宮者子宮ニ
候得共家主ニ候故、表向ニ而者以上總宮為
先候、和歌御當座杯入道宮参内座列之節且
御親々之儀ニ付而者上總宮者勿論閑院尹
宮之上ニ被着座候事、

文化九年九月十四日

烏丸資董ノ勸進ニ依リ、其ノ祖父光胤ノ三十三回忌追悼ノ和歌ヲ詠ジテ遣ス、

〔有栖川宮日記〕○高松宮家蔵

文化九年九月五日、甲戌、晴、

一烏丸中納言殿御参

（烏丸光胤）
卜山殿三十三回忌來ル十八日相當ニ附勸進之和〔歌題〕御詠出之義両宮様江被相願、則御領掌之事、

十四日、癸未、晴、

一烏丸中納言殿へ　御使　松浦靱負

御封中年回ニ付被相願御詠出被下事、

両宮御方ゟ右者故卜山殿三十三回忌來ル十八日相當之由也、

文化九年十月二十八日

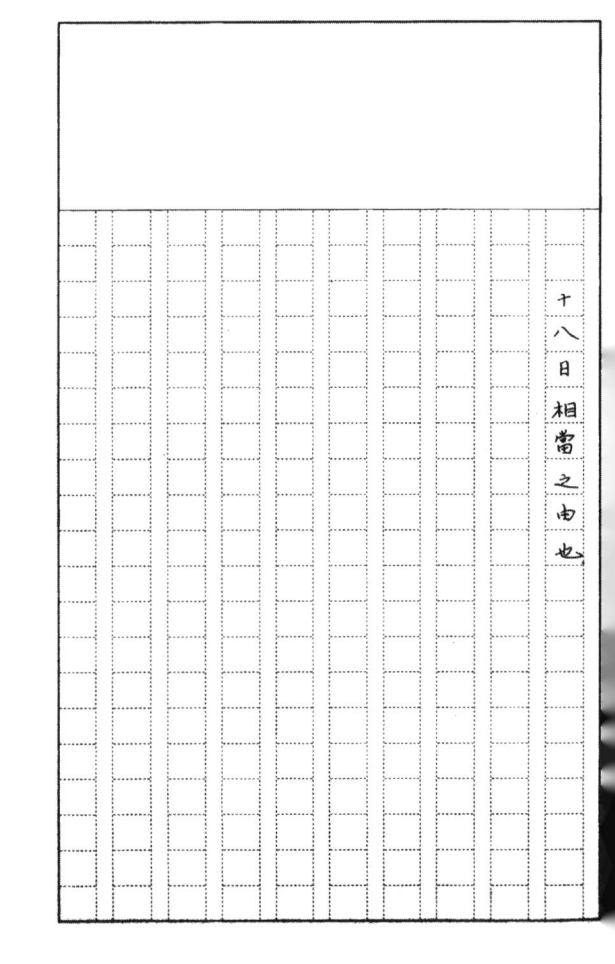

飛鳥井雅光竝ニ難波宗職ヨリ蹴鞠ニ紅袴ノ著用ヲ允許セラル、仍リテ其ノ禮トシテ、両家ニ肴一折宛ヲ贈遣ス、

〔有栖川宮日記〕○高松宮家蔵

文化九年十月十六日、乙卯、曇、

一明日香井左兵衛督殿へ　御使麻上下山名民部

今般鞠道紅粉袴御所望被成度被仰入御受

被方ゟ可被申上旨也、

一難波少将殿江　同　同人

右同断被仰入

廿八日、丁卯、

一飛鳥井左兵衛督殿ゟ　使市岡兵部

難波少将殿ゟ　使磯田数馬

時節口上、且此間被仰下候鞠道ニ付紅御袴

御色目被申上、取次山名民部

色目書付如左

紅御袴

右御着用之事

文化九申年

十月廿八日　雅光

紅｜

右｜

文｜

十｜　宗職

右使者両人北於二ノ間吸物三種肴ニて御

祝酒被下、挨拶御近習取持青士、相済御答近

江守申述ル、

一飛鳥井家難波家江　御使山名民部

御肴　一折ツヽ

御色目被申上候為御挨拶被為贈、

文化九年十一月七日

中務卿任官ヲ奏請セシガ、直チニ勅許ヲ蒙ル、仍

リテ御禮ノ爲、禁裏光格、及ビ仙洞後櫻町・中宮欣子内

東宮恵仁親王各御所ニ参入ス、尚是ノ日、上総太守ヲ

辭ス、

〔有栖川宮日記〕○高松宮家蔵

文化九年十一月七日、丙子、晴、

一禁中奏者所江　御使　甲斐守　ふくさ麻上下

上総宮ゟ御入らせ候、中務卿御所望におは

中臈 ちらしましし候、御ところへ候て御ひろう候やう

に心え候て此よしよく申まいらせ候、かし

く、　ゟ

〆 誰にてもの

御局へまいらせ候

御返事如左

文のやう日ろう申入まいらせ候、中務卿関

おはしまし候ゆへ御所望のよし則申入ま

いらせ候へは勅許おはしまし候半よし心

得候て申せとて候、此よし御申入候へく候、

めて度かしく　ゟ

〆 御返事 たれにてもの

御局へまいらせ候

一非蔵人口江　御使　近江守

被任中務卿候旨上総宮江被申上、

如右頭辨殿御面會ニ而口達帰殿及言上、御

請使甲斐守勤、

一四御所江右為御禮御参、着御雲鶴御袍御指貫雲立涌 御輿網代（○御供略）御出門

一未剋過還御申剋、

一一品宮ゟ中務卿宮江右宣下為御祝儀

干鯛壹箱　昆布一箱　御樽一荷　御目録斗

右被進、但シ是者當月十八日御祝被為在其節

被進候得共為後覧記之、此餘御一統様并御内

一統ゟも献進物御有略ニ付無之、

八日、丁丑、雨、

一禁裏御所　仙洞御所

中宮御所　東宮御所江

鱧一折ツヽ　目録より

中務卿勅許為御礼御献上、

（○奉書略）

一中務卿勅許ニ付御歓如左

禁裏御所　御使　岡本右衛門

生鯛　一折

（○奉書略）

東宮御所　御使　松田内記

生鯛　一折

女房奉書同断

一仙洞御所　　御使（アキマヽ）

生鯛一折

女房奉書御文言御所同様也

中宮御所　　御使寺沢河内介

生鯛一折

右各御祝酒御祝御引等無之

書陵部（三号）

〔有栖川宮系譜〕

光格天皇御猶子

韶仁親王

（中略）

（文化九年）同年十一月七日、任中務卿、辞大守、

書陵部（三号）

文化十年六月二十四日

飛鳥井雅光ヨリ蹴鞠ニ紫金紋紗上ノ著用ヲ允許セラル、

〔有栖川宮日記〕　○高松宮家蔵

文化十年六月廿三日、戊午、雨、午後雷鳴、

一飛鳥井左兵衛督殿ヨリ　　御使　　小岸外記麻上下着

今度御色目紫上御所望被成度旨被仰入、御受承知、向明日昼前以使書付被差上候旨也、

廿四日、己未、晴、

一飛鳥井左兵衛督殿ゟ　　使　　市岡兵部常服也、

昨日御使給候ニ付書付被差上、取次山名民部常服

中奉書四ツ折上包同紙、

紫金紋紗上

書陵部（三号）

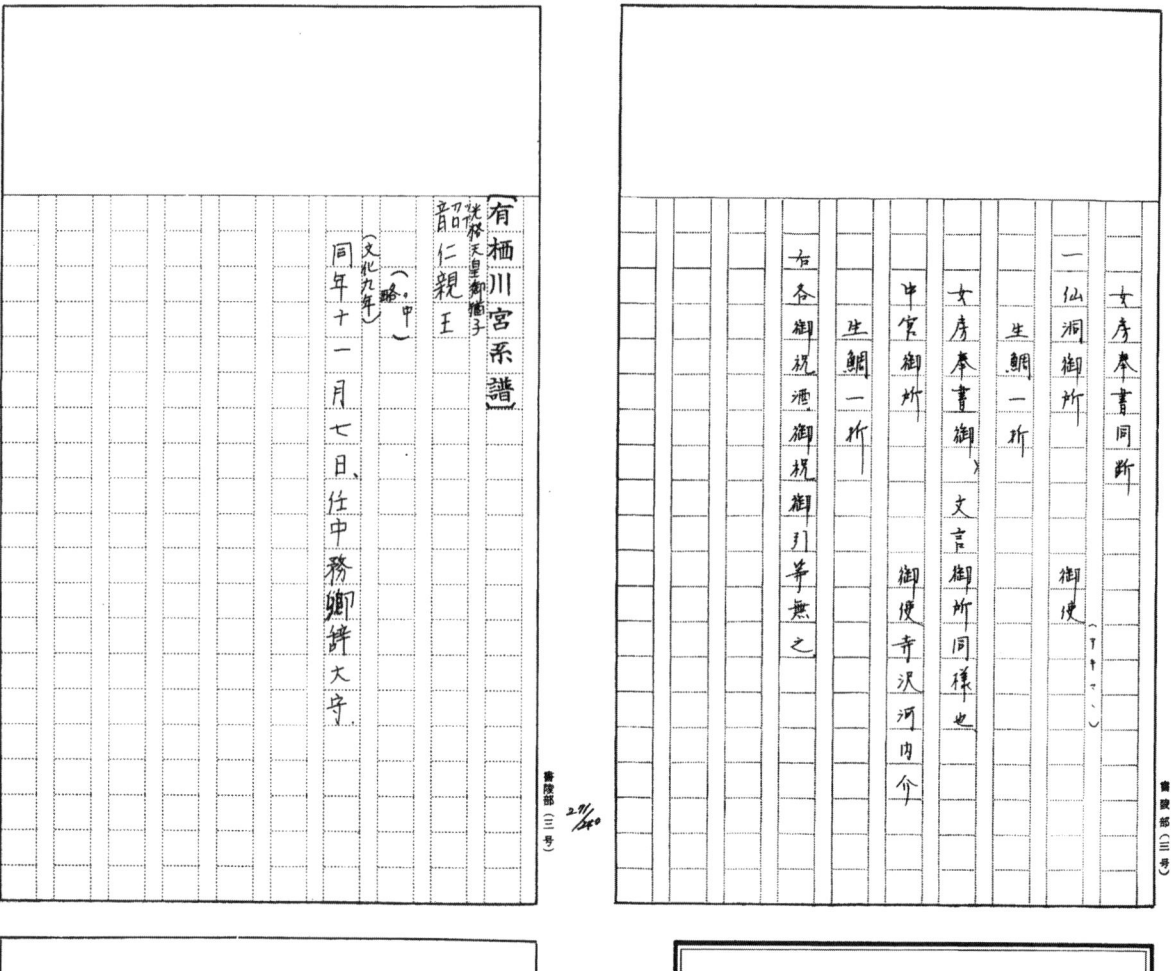

編修課

右御着用之事

文化九年十二月一日　雅光

右使者比廣御殿二ノ間江通シ茶多葉粉盆

出ス、右者昨年十月紅御袴望之例ヲ以取斗候御事、御所御祝酒可被下

之処今日此御方御日柄ニ付御祝酒料南鐐

壹片被下之、御答甲斐守（常服）申出ル、

文化十年七月二十四日

鷹司政煕ヨリ新田村ノ地一所ヲ譲リ受ク、仍リテ挨拶トシテ、相思鳥一番・紅雀一番・じやがたら一番・豹皮一枚ヲ政煕ニ贈ル、

〔有栖川宮日記〕○高松宮家蔵

文化十年七月廿四日、戊子、快晴、

一鷹司殿御抱地面新田村ニ而御買得有之候処

此度當御方江御譲りニ相成、依之今日為請取

山本大炊・山名民部参ル、則彼御方ゟ種田高城

被参、御地面并御植物等受取之一札如左、

御地面御引渡一札之事

先達而兵左衛門名前を以御買得有之候高

野川原畑新田之内御抱地面一ヶ所、

東西南側三拾六間、北側弐拾七間、

南北東側百七間、西側九拾四間余、

〔朱書〕右年貢米證文四通合而壹石五斗三升壹合壹勺、

右今度其御所様江被進之候ニ付、今日御引

渡申處相違無候、則御買得證文四通御渡申

候、御落手可被成候、仍而為後日一札如件、

鷹司殿御内

高城釆女㊞

種田右兵衛㊞

有栖川宮御内

粟津甲斐守殿

山本大炊殿

右、右兵衛采女江為御會釈金弐百疋ツヽ、外ニ
右兵衛江御包物金百疋被下之、
〔顧書朱〕「右御譲料」者
相思鳥　一番
紅雀　一番
じゃがたら一番
豹皮　一枚
右為御挨拶被進└

文化十年閏十一月二日
上皇（後櫻町）御病篤キヲ以テ、仙洞御所ニ参入、祇候
ス、既ニシテ上皇崩御アラセラル、乃チ御入棺ニ
至ル迄、左大臣二條治孝織仁親王等ト倶ニ交互
ニ参院シテ守護スベキ旨仰出サル、尋イデ八日、
御内棺ノ儀アリ、十一日御入棺ノ儀アルヲ以テ、
御棺前ニ焼香ス、

〔仙洞（後櫻町上皇）御所詰所日記〕
文化十年後十一月二日、乙未、晴、近日御不豫、典薬
少允徳典調献御薬、雖然逐日有御増氣、今夜子過
刻御惱頗令重給、関白、左大臣、右大臣、入道一品宮、
弾正尹宮、兵部卿宮、中務卿宮、常陸宮、青蓮院宮、座
主宮、内大臣、（略）、九條大納言等被馳参伺御容體、
関白、左大臣、入道一品宮、弾正尹宮、青蓮院宮等召御前、
寅終刻中宮俄行啓、卯刻還宮、
三日、丙申、晴、戌終刻召両役、於御賀宴間御座（中段）御對
面、関白執事等候御前、御不例追々令重給被為及御危篤亥

刻崩御、

（後櫻町院御凶事一會之日記）
文化十年閏十一月三日、
一仙洞御所御不例ニ付俄ニ勢劢御使早ニ而參
向有之由風説、昨年冬以來御違例之處典藥寮
荻野典藥大允御藥ニ而追々御快被為有、當更
頃御床拂等茂被為有旨承之處如何之御儀哉
奉恐懼也、
後ニ聞、二日夜半頃御急症之處、御老體之御
儀故御引戻不被為有旨、内院騒動絶言語、三
日曉寅刻比、中宮御所行啓等茂被為有旨也、

三日夜御披露有之旨ニ而、四日朝傳奏ヨリ
觸状到來、近來御仁心之聖帝右之御沙汰萬
人可悲可歎々々、

（院評定言渡日記）
文化十年後十一月三日、
一上皇亥刻、崩御之旨院傳奏被示候、
一左之通殿下被命候由院傳奏以一紙被示候、如
左、
一御文庫左大臣、入道一品宮等可被附御封被仰
□、
一御入棺迄左大臣、右大臣、入道一品宮、中務卿宮、
内大臣、左大將、二條大納言、九條大納言已上爲
守護被申合晝夜可有參上事、

八日、
一酉刻於御賀宴間中段有御内棺之事、先是自申
口御棺於寄中段（○中略）關白、左府、入道一品宮、中
書王、青門、聖門、梨門等被候御前、兩役相從奉仕
之、
十一日、
一御追號
後櫻町院
右之通自禁中被定進候旨院傳奏兩卿被示候、
一戌刻御入棺、（○中略）關白、左府、入道一品宮、中書王、

青門聖門梨門等被候、両役各相從、丑刻過御入棺之儀被爲濟、

〔韶仁親王日記〕○高松宮家蔵

文化十年閏十一月三日、丙申、晴、

一今子剋洞中女房文ニ而

仙洞甚不被遊御勝御危篤之由申來、即剋一品宮御参洞、續テ韶仁参洞、評定申出御不例御勝不被遊候趣申入、女房美作出會ニ而御キ様相伺申入、甚御勝不被遊候趣故退出寅ノ剋、内府右府九條二條大納言常陸宮尹宮出會、

一院傳奏封中

仙洞御不例御勝不被遊候、只今早々可有御参候、宜預洩達候也、

後十一月二日　　爲訓
　　　　　　　　時章

入道一品宮
中務卿宮

答落手之由申遣ス、　　近江守

仙洞御不例伺参院申入申刻過
殿下面會、從明日旧院御詰仰蒙ル、

端休所輩　左府、内府、韶仁、左大将、二條大納言

九條、韶仁ニハ是迄御前近ク御愍（マヽ）命蒙リ候事故折々賀宴御間ヘ立廻リ候様ニ御さた蒙御請申上候

四日、丁酉、晴、
一、仙洞崩御被為有候ニ付、御悔且御機嫌伺、巳刻
出門、
中宮御所参内春宮ヘも申置、旧院ヘ参ル、
（略。中）
帰宅申刻、
一、一品宮御参院、午刻還御酉刻、
五日、戊戌、晴、
一、院参卯ノ半刻、御詰相番九條大納言、
梶井宮青蓮院宮面會、
殿下ハ申入賀宴尊骸ヲ拝礼、左大臣請引、
圓臺院宮勘ケ由小路出會、
退出者内府公御参上帰宅、戌刻、
六日、己亥、晴、
一、旧院ヘ参入未刻過、帰宅申半刻過、
右者御文庫御封之義附左府殿ヘ一品宮御
使且御相談申入候故参上之事、
旧院御詰ニ附酉刻出門ニ而参洞、相番九條大
納言殿、
九條殿儀ニ腹病ニ而丑刻頃早出、

七日、庚子、晴、
一、今暁四条河原出火小屋両側共焼失、
出火ニ附右府公内府公、二条大納言御参洞
面會、出火ニ附賀宴邊迄御静謐ヲ伺候事、
帰宅巳ノ刻過、
八日、辛丑、晴、
一、旧院ヘ御詰ニ附辰刻出門ニ而参ル、帰宅亥刻
過、
一品宮午刻御出門ニ而御参洞、帰御亥ノ刻過、
賀宴ノ間ニ而面會殿下、左大臣、一品宮青蓮院宮聖
護院宮、梶井宮
戌ノ刻御内棺韶仁ニも相應御用相勤
御内棺次第委細役所日記ニ留置候事、
九日、壬寅、晴、
一、一品宮午刻御出門ニ而旧院ヘ御参帰御申刻
過、
一、旧院依御詰参入酉ノ刻、焼香、折ゝ賀宴迄参ル、
十日、癸卯、晴、
一、辰刻過ニ退出内府公面會帰宅辰刻、
退出前ニ焼香、

十一日、甲辰、晴、
一、旧院御詰ニ附参入卯ノ刻、
一、同所ヘ一品宮午ノ刻ニ御参、
知恩院宮御参洞ニ而御焼香、諸引下官、直ニ退
出、
一、今酉ノ刻御入棺御式、先賀宴御椽座敷近御棺
持出ス、於椽座敷上北面羽倉刑部潘青役ス、手
テ慶御所ヘ被為成、殿上人各役無滞御棺ヘ治
ム、各退テ次殿下、左大臣右大臣、一品宮韶仁、青
蓮院宮、聖護院宮、梶井宮、内大臣、左大将、二條大

納言、九條大納言焼香、
帰御寅ノ刻過帰宅寅半刻、
御追号、後櫻町院、
御詰者御入棺後ハ被為免、右府公被命候事、

文化十年十二月十六日
後櫻町天皇ノ御葬送ノ儀アリ、舊院庭上ニ於テ
御轜車ヲ奉送シ、尋イデ泉涌寺ニ参リ、御葬儀ニ
列ス、

編修課

〔韶仁親王日記〕○高松宮家蔵
文化十年十二月十六日、戊寅、晴、
一、後櫻町院御葬送酉ノ刻、右ニ附旧院ヘ御三五
ニ未半刻出門ニ而
一品宮御参、次下官参、御出車御三五相済泉
涌寺福院非田院ヘ参、役者内案ニ而龕前堂
ヘ床机ヘ着ス、青蓮院宮同席、御車龕前堂ヘ
御入車ノ時蹲踞、供奉左府公床机ヘ御着ミ
合再床机ヘ着ス、有暫左府公御引取、續テ韶
仁、青門主引取、於非田院休足、再内案ニ而龕

前堂江進ミ床机ヘ着、御法事次第相済、従御
車八宝龕ヘ奉移、龕前堂出御、従是左府公ハ
従ヒ供奉、山頭床机ニ着、引導終テ退キ、非田
院ヘ休足、酒飯種々與ル、辰ノ刻ニ帰宅、
旧院御見送輩関白、左府、右府、一品宮、兵部卿
宮、韶仁、常陸宮、左大将、青門主、
聖門主、座主宮、
仁和寺、知門主、一統御出立御料理拝領、弘御
所階ニ御車東廊より降り列立暫御見送、四
五間歩行、

書陵部（三一号）

〔織仁親王日記〕○高松宮家蔵

文化十年十二月十六日、
一後櫻町院御葬式酉刻御見送参洞、未刻惣参也、
尹宮、青蓮院新宮、内府不参也、
御車江移処申半刻御出車戌刻過各庭上ヘ
御見送、（略。中）御行粧済亥刻退出、
中書王、青蓮院宮泉涌寺江御見送之事、

書陵部（三一号）

〔有栖川宮日記〕○高松宮家蔵

文化十年十二月十六日、戊寅、晴、
一後櫻町院御葬送御出車酉刻、
一御葬送為御見送御参一品宮御出門未刻過、（御。
供略）還御亥刻、
中務卿宮御出門未刻過、
（頭書）「御衣躰御衣冠巻纓、御指貫、御末廣」
一御出車前庭上酉刻過江御供相廻候儀殿下御供江御
沙汰有之、御次第傳達ニ而各相廻候事、
御次第如左

関白殿　右府殿　一品宮　兵部卿宮
中務卿宮　常陸宮　青蓮院宮　長吏宮
仁和寺宮　座主宮　知恩院宮　左大将殿
（略。下）

書陵部（三一号）

文化十一年四月二十八日
是ヨリ先、邸内鎮守社柿本社及ビ天満宮修復ノ
爲假遷宮ノ儀アリ、是ノ日、修復成リ、正遷宮ノ儀
ヲ行フヲ以テ、拜禮ス、

〔有栖川宮日記〕 ○高松宮家蔵
文化十一年三月十二日、癸卯、雨、
一鎮守社假遷宮日時窺
擇申
鎮守社柿本社假遷宮日時之事
今月十七日戊申　時戌
同　十八日己酉　時酉
右所擇申如件、
文化十一年三月　正四位下賀茂容顯
右木工頭相伺候處十八日御治定被仰出、

編修課

其段大炊江申渡、
十八日、己酉、雨、
一就鎮守社柿本社御修覆今夜外迁宮、従今朝御
神事被為入、御門注連被張、従酉刻晴、
戌刻迁宮、長官容顯、次官成基、
四月十三日、甲戌、雨、
擇申
天満假迁宮日時之事
今月十七日戊寅　時
同　十八日己卯　時

右所擇申如件、
文化十一年四月　正四位下賀茂容顯
十八日、己卯、晴、
一就天満宮社御修覆ニ一昨夜ゟ御神事被為入
御門注連被張、
今暮酉刻外迁宮、長官容顯、次官岡本監物、
渡御之節宮御方御庭江御出座、
相濟於山水御間岡本監物江御對面、御口祝ヲ
被下、於廣御殿長官次官江御祝酒飯数肴ニ而
被下之、

廿七日、戊子、晴、
一廿八日御庭之三社正遷宮ニ付、今日酉刻ゟ御神事入、御門ニ注連張ル、御神事札なし、不浄之輩退出、清掛リ前川右兵衛、
廿八日、己丑、快晴、
一今夜酉刻鎮守社、柿本社、天満宮社正遷宮、
長官　山本大炊客顕
次官　岡本監物經威
御拝御供近江守、狩衣、其外麻上下、事畢而御祝酒被下之、

文化十一年八月十九日
織仁親王生母月照院温子藤原死去ス、仍リテ三十日ノ假ヲ請ヒ、百五十日ノ喪ニ服ス、尋イデ九月三十日、禁裏ヨリ除服出仕ヲ仰出サル、

〔有栖川宮日記〕○高松宮家蔵
文化十一年八月十九日、丁丑、晴、
一今暁子ノ下刻一品宮家御實母月照院殿逝去、
右之趣夫々江申渡、御悔惣代長員申上ル、
一月照院殿逝去御届如左、
覺
入道一品宮家御實母今暁子ノ下刻逝去ニ付、三十日之御假、百五十日御着服候、且穢ニ被混候間、穢之限者追而可被仰入候、仍而御届如斯御座候、已上、

八月十九日　有栖川宮御内
藤木木工頭　印
六條前大納言様御内
木村丈之進殿
渡辺右膳殿
山科前大納言様御内
小林左馬允殿
小野左衛門尉殿

〔有栖川宮日記〕 ○高松宮家藏

文化十一年九月廿九日、丙辰、晴、

一六條前大納言殿江　御使　長谷直記

御届被差出如左、

覺

當宮地穢今日限ニ御座候、仍御届如斯御座

候、以上、

九月廿九日　有栖川宮御内

六條前大納言様御内　藤木近江守印

木村丈之進殿

渡邊右膳殿

山科前大納言様御内

小林左馬允殿

小野左衞門尉殿

一今日地穢限ニ付、今夜子刻惣火替、

中務御宮様秀宮様嘉寧宮様登美宮様御湯

被爲掛、

卅日、丁巳、晴、

一非藏人口江　御使　藤木近江守

勧修寺辨殿御面會、

中務御宮今日除服御出仕可被遊様被仰出候、

右之段被申上由也、則成基歸殿言上、

非藏人口ヘ、即刻御請被仰上、御使同人、

文化十一年十一月二十九日

織仁親王生母藤原藤後、温子ノ百箇日忌ニ當ルヲ

以テ、大徳寺龍光院ニ於テ法事ヲ修シ、參詣シテ

之レヲ聽聞ス、又、祠堂銀十五枚ヲ龍光院ニ納ム、

〔有栖川宮日記〕○高松宮家蔵

文化十一年十一月廿九日、丙辰、風烈、夕霙、

一龍光院ニ而今日御法事如左、
外ニ支度料金壹両渡之、

月照院殿卒哭忌

御法事品目

廿九日巳之刻

施餓鬼

満散楞厳神咒

半斎大悲神咒

右御法事料銀五枚被納之、

一中務卿宮御参詣午刻前御出門（供略）御還御申半刻、御非時上ル、

寺門御備等如左、

（中略）

月照院殿百ケ日ニ付

一品宮様ゟ　御香奠金弐百疋、

中務卿宮様ゟ　同　金百疋、

一今日祠堂銀被納

覺

銀拾五枚　者為月照院殿御祠堂

右依今院納如件

甲戌十一月廿九日　龍光院

役者　汶首座印

松浦監物殿

山本大炊殿

文化十二年二月十三日

一條忠良女知君ニ書道入門ヲ許可シ、手本ヲ遣ス、

〔韶仁親王日記〕○高松宮家蔵
文化十二年二月九日、乙丑、快晴、
一　一條関白君諸大夫より手紙にて前川少監よ
り承ル、関白姫君韶仁江書道入門頼内〻聞合、
承知之旨申入、
十日、丙寅、晴陰、雨、
一　一條関白より姫君書道入門
頼使難波備前守
領掌来ル十三日昼後ニ御手本申出度趣申入、
十三日、己巳、晴陰、

一　一條姫君知（トモ）君書道入門式進物
昆布、干鯛、樽代五百疋給ル、
手本　打曇泥引鳥子一枚物ニ古今六義歌難
波つに咲や――認進申入候、

〔有栖川宮日記〕○高松宮家蔵
文化十二年二月十三日、己巳、晴、
一　一條殿ゟ　御使　若松修理権亮
こんふ　一はこ
ひたい　一はこ
御樽代金　五百ひき
右者此度知（トモ）君殿中務御宮江書道御門入ニ付
為御祝義御目録之通被進之、
於伺公之間御祝酒紙敷肴ニ而被下之、
御返答近江守麻上下着、申出ル、御手本被進御

清書者御勝手ニ被遊候様申述ル、

文化十二年八月十九日

織仁親王生母藤原後藤温子ノ一周忌ニ當ルヲ以テ、大徳寺龍光院ニ於テ法事ヲ修シ、參詣シテ之レヲ聽聞シ、廟所ニ燒香ス、又祠堂銀五枚ヲ龍光院ニ納ム、

〔有栖川宮日記〕○高松宮家蔵

文化十二年八月十一日、癸亥、晴、

一依招參上　龍光院役者享座首

御用人松浦監物出會申達ス、

來ル十九日月照院殿御一周忌ニ付當日御法事施餓鬼御執行被仰出候、尤御法事銀五枚院納ニ有之候、其外御非時支度料等ハ別ニ可及引合旨申達し置、

十三日、乙丑、折々曇り、夕立、小雨、

一月照院殿遺物ヲ以奥向ゟ龍光院客殿之佛前水引戸帳一流ケマン添被寄附、右奥向ゟ之旨ヲ以役者紋首首〔座〕江太宰少監ゟ相渡ス、裏書龍光院ニ而可致旨申達ス、

十九日、辛未、朝雨、曇、小雨、

一宮御方御出門辰半刻過龍光院江御成、（供略）被為成候而御法事巳刻御聽聞、尤今朝ゟ少々御脚病御持病氣ニ被為有候得共、押而御參詣被遊候而少し御起居御自由ニ難被遊候故、翠簾之侭御聽聞被遊、且例出頭之和尚禪堂江御法事相濟候後於客殿御對面御挨拶等可被仰下處、夫故跡ニ而於小書院御對面被仰付御挨拶等可被為在旨以御用人申達ス、但し御燒香等ハ廉中ニ而跡ニ被遊候旨申上ル、於小書院御非時ニ寸五菜御菓子御茶等上ル、

御廟參御燒香被為在、其後於小書院寰海和尚、〔アキママ〕座元、大鼎座元、御對面、今日御法事出勤之御挨拶仰有之、還御未刻、

一月照院殿御一周忌御法事巳刻

施餓鬼

満散　楞嚴神咒

半齋　大悲神咒
出頭　寰海和尚　大鼎座元
平衣　十八口
着座　太宰少監

右濟而直ニ
一品宮御方御代香　茂徹
夫ゟ於客殿座元迄及挨拶如例、
一御法事料并祠堂財等松浦監物より龍光院役
者江相渡ス請書如左

覺
一白銀五枚者為月照院殿御一周忌御法事
料
一金壹両貳歩者為御參詣衆御支度料
右收令院納如件
乙亥八月十九日　龍光院役者
紋首座　印
松浦監物殿
（中略）
覺
一銀五枚者為月照院殿御祠堂銀
右收令院納如件
乙亥八月十九日　龍光院役者
紋首座　印
松浦監物殿
山本大炊殿

附記、右祠堂銀之儀ハ昨戌年十一月廿九日
月照院殿百ヶ日之節銀拾五枚龍光院江被
納、此度銀五枚共都合弐拾枚之祠堂銀ニ相
成、右龍光院ノ院納請取等ハ近日廿枚之請
取一札可出旨ニ候、

文化十二年九月二十三日
正仁親王ノ百回忌ニ當ルヲ以テ、大德寺龍光院
ニ於テ逮夜ノ法事ヲ修シ、參詣シテ之レヲ聽聞
シ、廟所並ニ位牌殿ニ燒香ス、

〔有栖川宮日記〕○高松宮家蔵

文化十二年九月廿三日、乙巳、晴、

一 是妙光院宮百回御忌御法事ニ付御内一統今明日惣詰、衣躰服紗小袖麻上下着、

一 御香奠　金百匹

宮御方〻

御廟前江御花一筒被備之、同断

花ひら　三十片

秀宮御方・嘉宰宮御方・登美宮御方〻

一 右御年回ニ付宮御方御出門巳刻大徳寺中龍光院江御成、(御供略。)尤明日者明臺院殿御正忌ニ付例年御参詣今日御参御焼香被遊、

御廟参御焼香御位牌殿江御拜御焼香、其後於小書院御非時御膳ニ汁五菜御中酒等上ル、後御菓子御薄茶上ル、其後御法事御聴聞、還御未半刻、

一 是妙光院宮(太宰帥正仁親王、享保元年申九月廿四日薨去、)百回御忌御逮夜御法事未刻、

楞厳神咒　着座伊勢守

右於客殿御聴聞被遊、済而後於同所

曇海和尚、東海座元、(アキヤ)座元、大鼎座元御對面、御挨拶被為在、

廿四日、丙午、晴、

一 (太宰帥正仁親王)是妙光院宮百回御忌御法事御執行ニ付御寺詰卯半刻頃罷越ス、(御寺詰人名略。)

一 龍光院江御法事料支度料請書如左、

覺

一 白銀五枚　者為是妙光院宮御百回忌御法事料

一 白銀壹枚　者為御参詣方支度料

右位令院納如件

九月廿四日　龍光院役者

武藤左衛門殿享首座　印

松浦監物殿

文化十二年十月十九日
高屋修理大進ヨリ新町通中立賣上ル町東側ノ有栖川宮抱屋敷ヲ返上セルヲ以テ、是ノ日、會釋金二十五兩ヲ遣ス、尚此ノ屋敷ハ、初メ靈元上皇ヨリ心觀院（職仁親王ノ生母秦家子）ノ母清鏡院ニ下賜セラレシ所ニシテ、尋イデ心觀院之レニ住シ、其ノ歿後有栖川宮ノ抱屋敷ト爲リ、音仁親王之レニ寓シ、新町御殿ト稱ス、寶暦五年同親王ノ薨後、暫ク空殿ト爲ル、然ルニ同九年五月四日、青綺門院ノ御所望ニ依リ、其ノ女房小督局ニ貸與ス、尋イデ小督之レヲ無繋院（御差高屋）ニ貸與シ、無繋院ノ歿後其ノ曾孫高屋主計助（後修理亮）之レヲ讓リ受ケ、更ニ其ノ子修理大進ニ傳ヘラレタルナリ、

編修課

〔有栖川宮日記〕 ○高松宮家蔵
文化十二年九月廿五日、丁未、晴、
一新町通一條下ル町東側ニ而當御殿御抱屋敷之儀者、靈元院様大御乳人按察使局拝領屋鋪ニ而按察使局より陸奥局江相讓、陸奥局曾住居後靈元院様江返上、其後靈元院様依仰心觀院殿実母清鏡院江被下之、清鏡院ゟ心觀院殿江被相讓被致住居候處、行末有栖川宮江進上被申度兼而願被存居候處、心觀院殿病氣不相勝快氣之程難被計候間、兼而願之通被仰出候樣ニと心觀院殿家来菅沼幸左衛門を以延享三寅年十一月八日傳奏久我殿葉室殿江願被差出候、同月十四日於葉室殿里亭心觀院殿願之通有栖川宮江御讓之儀公武共無別条候間御讓御請之趣書附可被差出旨御申渡ニ付、後刻御讓被請候旨傳奏中江御書付被遣候、右之段旧記ニ相見ヘ申候、尤靈元院様之御時大御乳人江被下候年月并清鏡院江被下候年月等旧記ニも不相見候、以上、
右靈元院法皇享保十七壬子年八月六日崩御、

書陵部（三号）

心観院殿則故一品職仁親王之御実母ニ而延
享三丙寅年十一月八日心観院殿逝去、其後右
有栖川宮御抱屋鋪ニ有之、既ニ其後故弾正尹
宮音仁親王御在世中右御別荘新町御殿与称
シ被為成候事、然ル処故尹宮御方宝暦五亥年
九月五日薨去、其後暫御空殿ニ而有之、其後宝
暦九卯年五月四日右御持屋敷御建物女院御
所青綺門院様向下リ所ゝ内ゝ御所望ニ付御
領掌、依之右御譲リ被遣、為御禮金子六拾枚
被差上、則同御所取次松波信濃守ゟ以山本對

馬守請取則證文為取替有之、尤心観院殿拝領
地ニ而町役等一向無之、逝去後此御方江被上
候地面候得ハ、永代御譲リ者難相成、然共小督
殿并左衛門殿みよし殿在世中ハ御勝手可被
成候、其後何時ニ而も地面返上可有之候趣之
為取替也、右宝暦九年五月廿七日之旧記ニ有
之、
五月廿七日
則小督殿ヘ御貸置之旨傳奏柳原殿広橋殿ヘ
御届出ル、月番広橋殿ヘ出ル、小督殿ゟも出ル、
但し小督殿者西洞院殿之息女也、

其後明和八卯年五月小督殿依勝手御差高屋
無繫院江被預置之旨小督殿ゟ傳奏広橋殿江
届有之、尤其節ハ御殿ハ御届不見候ゟ其節高屋無繫院ゟ借
用料として小督殿西洞院家ヘ金六拾両差出
候由、後方扣有之由、又候其後安永四未年七月廿五日
無繫院死去ニ付、右地面曾孫高屋主計助江預
ケ渡候旨、則小督殿ゟ被申上、小督殿ゟ傳奏ヘ
届有之、其旨當御殿ゟも傳奏江御届有之、其後
折ゝ返上も可致哉之趣ニ有之、
附記、先年来西洞院家雑掌江申入候處、於西

洞院殿者聊存寄も無之由高屋修理亮方江
直ゝ御引合御勝手ヘ右地面御引取可被下
候、依之先年以来折ゝ故修理亮江返上之義
引合候得共、彼方勝手難遊之時節當時借宅
ニ而罷在候得ハ、返上仕候ニ付何卒御會釈
御憐愍を以金五十両も御下ケ被成下候ハ
ヽ、右を以賣得家ニも住宅仕度願意ニ付全
右聴可被下旨筋合ニ無之、最初小督殿ヘ御
貸渡之節證文通ニ而者小督殿左衛門との
みよしとの卒去之後者何レ御地面返上可

有之旨、然ル処右高屋先代ニ而又候御貸願之
義内実出金之訳ヶ有之候得ハ御會釈とし
て相当之義ハ可被下旨、則此度安藤勝蔵へ
引合之義申付、則当高屋修理大進ニ為申入
候処、段々願ニ而右地面返上之上為御會釈
此度金弐拾五両可被下旨安藤勝蔵ヲ為申
達候処、則修理大進難有奉畏候旨御請申上、
尤先年来如前書西洞院家へ書付等差出置
候次第ゝ有之候得ハ、高屋修理大進ゟ西洞
院家へ及返済候書付差出、西洞院殿ゟ表向
通リ返上可被致旨右之次第と当月四日
西洞院家雑掌籾井隼人ヘ安藤勝蔵引合内談相
済、則高屋修理大進ゟ一札西洞院殿へ差出し
候趣届出、

西洞院殿
使 籾井隼人

一札持参如左

覚

一新町中立売上ル町東側御地面之儀ニ付別紙
写之通高屋修理大進ゟ当家ヘ及返却候、
依而今般其宮様ヘ被致返上候、為後證一札
如件、

文化十二亥年九月

西洞院殿雑掌
籾井隼人 印

有栖川宮様
御役人衆中

別紙高屋修理大進ゟ西洞院家へ返却之一札
之写如左、

覚

一新町中立売上ル町東側有栖川宮様御抱屋
舗先年故小督様御貰譲リ被成置候処依御
勝手明和八年四月文故修理亮曽祖母無縁
院ヘ御預ヶ被成下候、其後無縁院死去ニ付
故修理亮ヘ譲リ請所持仕罷在候処、有栖川
宮様ヘ右御地面此度返上仕候、尤先達而之
證文面之通ニ御座候、依之則其御方様ゟ返
上仕候、為後證仍一札如件、

文化十二亥年九月

高屋修理大進 印

西洞院様御内
籾井隼人殿

右之弐通則籾井隼人持参ニ而安藤勝藏面會之上先年故小督局江拝借被致置候御地面此度無相違返上被致則書付差出候旨、右落手之旨申答遣ス、

廿九日、辛亥、晴、

一新町通中立賣上ル御地面今日高屋修理大進ゟ返上請取立合とし而参向、

甲斐守　太宰少監

安藤勝藏

中番田口傳左衛門

卓慶取下部弐人

大工　源七

右高屋修理大進参り立合間地等相改請取之、尤菓物類植木有之七拾本斗、右等引受居候者當時出町住居百姓井筒屋権八と申者江早々引拂之義申付候由、併植物之義故追々引取候ニ付、何卒三十日斗御猶豫被下度、其内ニ者引拂可申旨修理進ゟ願ニ而其旨相免置、且入口戸錠鍵等受取之、

間数如左

東西　三拾三間五尺弐寸

南北　東手ニ而拾六間弐尺五寸
　　　西手ニ而拾五間六尺

入口之処喰違ニ地面有之、

東西　拾弐間四尺六寸

南北　弐間半此處表側ニ而入口有之、

右請取相済前川太宰少監宅ニ而休息、各引取、且傳右衛門義新町通年寄江遣シ、右御地面此度高屋ゟ返上ニ相成、以後御殿ゟ御支配ニ相成候旨相断候旨申入、且新町通地面裏手之分西ニ新斗地堺之処竹垣故高塀ニ致候様申入ル、猶御請之義者御殿江向ケ参り候様申置歸ル、

其外中立賣通室町西江入ル町年寄　津留屋粂藏

室町通一條下ル町年寄　玉屋善七

一條通室町西江入町年寄　上菱屋善兵衛

羊里村昌逸

右地堺之事故相断置候旨申置歸ル、

新町通年寄松葉屋九兵衛

五人組　萬屋清七

同　松屋久兵衛

十月十九日、庚午、晴、

一参上　高屋修理進

此度新町通御抱屋敷御取返ニ付今日御會釈

金粟津甲斐守面會ニ而相渡ス、請書如左、

覺

一金弐拾五両也、

右者新町通中立賣上ル町御殿御抱屋敷先

年小督殿拝借被致候所、其後小督殿ゟ無繋

院江借し譲り請、私迄相続仕来候、然ル所右

御地面此度西洞院家江及返納則同家ゟ私

返上之趣を以無相違返上被致候ニ付、右爲

御會釈前書之通被下置慥落手仕候処如件、

文化十二年亥十月十九日

高屋修理進　印

有栖川宮様

御役人御中

奉指上一札之事

一金四両也

右者新町一條下ル町御殿様御抱地面之内

立木不残是迄私譲請差配仕候所、此度伐掃

之儀被仰付奉畏候、然ル所私義當時難渋者

ニ御座候へ者、此度御應對を以代金三両弐

歩ニ御買上被成下候由難有仕合奉存候へ

とも誠以至之難渋ニ付尚又段々御願奉申

上以御憐愍都合金四両被下置重々難有慥

ニ奉請取候、仍御請書如件、

文化十（十二）年亥、十月、

出町桝形下ル丁

井筒屋

當人　權七　印

新竹屋町幸神下ル丁

請人　和田藤藏　印

有栖川宮様

御役人中様

韶仁親王実録　三

有栖川宮實錄　六二

韶仁親王實錄　三

有栖川宮實錄　六二

韶仁親王實錄

韶仁親王　三

文化十三年二月二十三日

叔母圓臺院（職仁親王女董子女王、近衛經熙室）ノ媒妁ニ依リ、閑院宮美仁親王女宣子女王（嘉宮）ト縁組ヲ内約ス、

織仁親王日記　○高松宮家藏

文化十三年二月廿三日、

一、閑院一品宮息女嘉宮中書王ヘ縁組内約、両宮使者相方相濟、極内々也、

五月十一日、

一、閑院嘉宮中書王ヘ内約治定、

右ニ付関東より助勢可有之局返書到来、

附表方諸家ヘ為知且又家中邑統祝詞申述

十五日、

一、閑院嘉宮中書王内約治定表向使、

有栖川宮日記（C高松宮家蔵）

文化十三年二月廿三日、癸酉、折々曇、又雪

一閑院宮ゟ　御使木村隼人正 熨斗目麻上下

伺公之間江通ス、火鉢茶多葉粉盆出ル、

出會近江守 服紗麻上下

時節御口上且先達ゟ御縁組之儀被仰進候

処、一昨々日圓臺院宮様ゟ御書付を以御内

約之儀被仰進、不大形恭思召候、仍御祝詞被

仰入候、尚幾久敷目出度思召候旨被仰進、

右両宮様江常陸宮ゟも御同様被仰進、

木村隼人正江御祝酒吸物・鉢・土器肴ニ

而被下之、挨拶御近習取持、青士何れも

麻上下着用、

御答御相應幾久敷目出度思召候旨近江守

申出ル、

一閑院宮江　御使近江守 熨斗目麻上下

先達圓臺院宮様ゟ嘉宮様御縁約之義被仰進

候処、此度御内約御治定、幾久敷目出度思召候

右御祝詞以御使被仰進、且又過刻御使被進、御

同慶ニ思召候、右御挨拶も被仰入、

一閑院一品宮姫宮嘉宮御方、中務卿宮御方卜御

縁組御内約御治定之旨表奥一統江申渡ス、

五月十一日、庚寅、朝曇、巳刻過ゟ雨、

一近衛圓臺院宮江　御使太宰少監 麻上下

則右老女袖浦ニ面會申述ル、

右先達而御取持被進候、當宮御方江閑院一

品宮姫宮嘉宮御方御縁組之儀、則江戸表御

簾中様江御相談被為在、則老女より局迄其

旨以奉文申入候處、先日御簾中様ゟ御返答

被為在、何之思召も不被為在候ニ付、右御縁

組御内約被為在候様被仰進、則老女つほね

ゟ老女三人江之返文来候ニ付、右文ハ當八

日ノ日次ニ文面記、則右文持参ニ而弥御内約之御事故、右文を以閑院宮江御通達被進候様ニ御頼被仰入候、

但シ右者此御方与閑院宮与右御内約之義ハ、当二月廿三日御互ニ御使為御取替被為済候事故、別ニハ不被仰入候、尤是右御簾中様ゟ御答も不被為在候御事故ニ、御続合方迄も右御内約之為御知も無之趣、閑院宮江も申入置候事ニ候得ハ、此度弥御続合其外様方も御縁組御内約被為在候旨為御知被為有候間、此由も乍序閑院様へ老女より御申傳御座候様致度由申入ル、

則円臺院宮江申入候処、委細御承知被為在、幾久敷目出度思召候、早速閑院宮江御通達、則江戸ゟ之奉文等を以可被仰進候、なお閑院様も不大形御満足忝思召候御事と思召候、何分宜御答可申上旨、袖浦を以被仰進候也、右帰殿之上両宮様江申上、常盤木ニも申入置、

一両御所様并姫宮様若宮様方迄も宮様御縁組御内約被為済候御内為惣代恐悦申上ル、茂徴

一閑院一品宮姫宮嘉宮御方今度御縁組御内約被為在候旨御用人御近習等へ申達ス、

文化十三年三月九日

蒋池右膳ニ書道入門ヲ許可ス、尋イデ閏八月二十日、高丘益季中務権大輔ニ入門ヲ許ス、

〔有栖川宮日記〕○高松宮家蔵

文化十三年三月九日、己丑、晴、

一參上　蔣池右膳

今般宮様一品宮様江歌道、書道、御門入願之通被仰付候御礼として御菓子一箱ツヽ、両宮様江献上、

書陵部（三二号）

〔有栖川宮日記〕○高松宮家蔵

文化十三年閏八月廿日、丁酉、晴、

一高丘太宰大貳殿同中務権大輔殿御参、昨日三室戸宮内卿殿ヲ以權大夫殿御事中務卿宮江〔職仁〕書道御入門之義被相願候處御許容被成下候御礼被申上、

御答則御手本被遣之、猶廿三日御參可被成、其節御對面可被成、清書等も御上ケ被成候様被仰入、

書陵部（三二号）

文化十三年九月二十三日

嫡母藤原鷹司福子ノ十三回忌ニ當ルヲ以テ、大徳寺龍光院ニ於テ逮夜ノ法事アリ、乃チ參詣シテ之レヲ聽聞シ、廟所並ニ靈前ニ燒香ス、翌二十四日正忌ニ當リ、又參詣シテ法事ヲ聽聞ス、

編修課

〔有栖川宮日記〕○高松宮家蔵

文化十三年九月廿三日、乙丑、晴、

一明臺院殿十三回御忌御相當御逮夜御法事ニ付龍光院江御寺詰夘刻前參着、

狩衣　木工頭

御用人布衣　田中舎人

一右御法事ニ付宮御方御出門夘刻少過大徳寺中龍光院江御成、

〔御供等略〕

御法事朝晝暮中ニ而御聽聞、其以前御廟參御

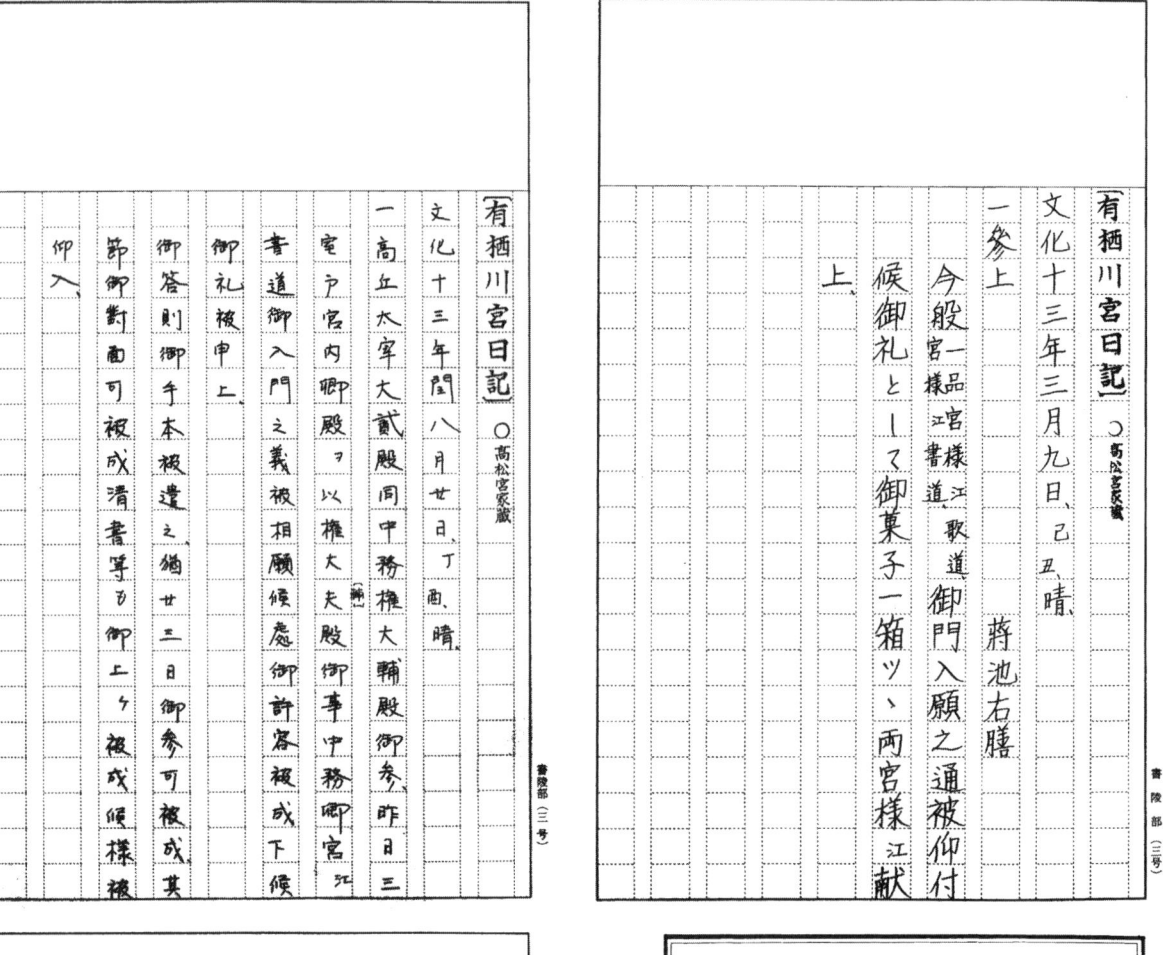

書陵部（三二号）

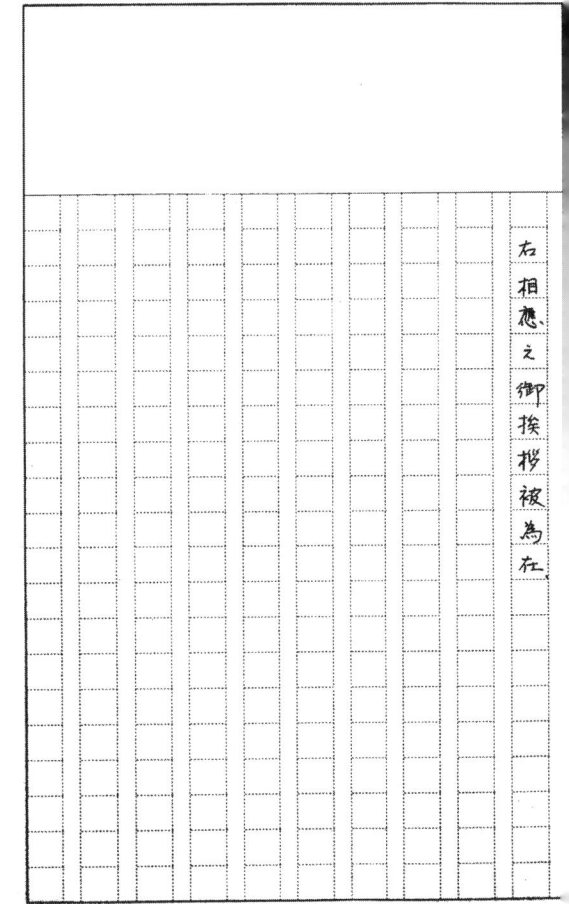

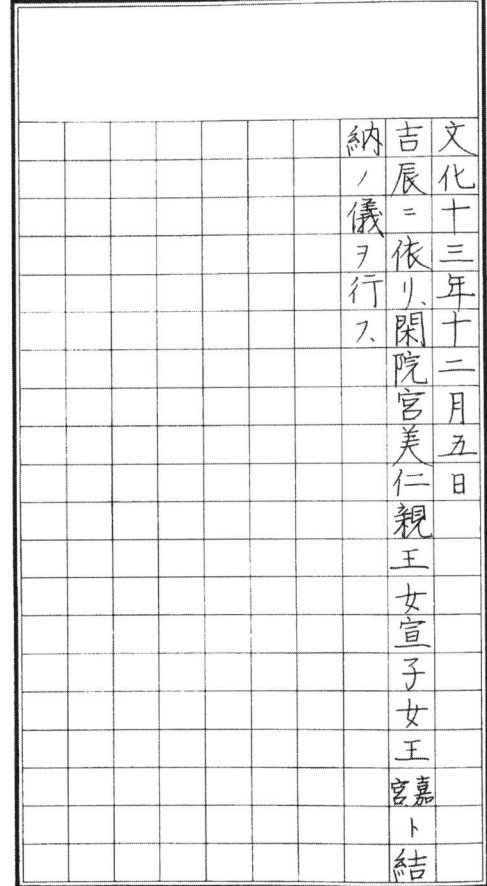

焼香、御霊前へ八朝御法事後御焼香御拝、
昼於小書院御非時御膳上ル、尤今日者御法事
於簾中御聴聞之御事故出頭之僧侶御対面無
之、明日御対面之節則未刻過御逮夜御法事相
済候後還御酉刻少過、
一明台院殿御逮夜御法事未刻
金剛般若経　大悲神咒
廿四日、庚午、雨陰、
一明台院殿十三回御忌御相当御法事ニ付龍光
院江御寺詣卯刻過参着、

太宰少監　狩衣
用人　田中舎人　布衣
一右御法事ニ付宮御方御出門卯半刻龍光院江
御参詣、（供略）御還御申刻過、
御法事施餓鬼、巳刻
御聴聞、巻簾、
但し右府殿仁和寺宮、梶井宮、知恩院宮等御
列座ニ而御聴聞、尤右府者御早出、
右御法事予而宮御方御初御列座ニ而出頭之
僧侶御対面、和尚三人一列、座元六人一列、

右相応之御挨拶被為在、

文化十三年十二月五日
吉辰ニ依リ、閑院宮美仁親王女宣子女王宮嘉卜結
納ノ儀ヲ行ス、

【有栖川宮日記】○高松宮家蔵

文化十三年十二月五日、己卯、晴、

一依吉辰御結納被進、吉刻辰、

一閑院宮江辰刻前参向御使　図書頭
海松色布直垂小サ刀夏扇（○以下略）

御進物如左

嘉宮様江

御呉ふく　二領　表紅梅菜雲鶴模様　裏紅
表練　裏羽二重

御はかま　一領精好濃色

こんふ　一はこ

するめ　一はこ

御たる　二荷

以上

右竪目録大鷹弐枚重

一品宮様江

御太刀　一腰

鰑　一箱

御馬　一匹代銀十両

以上

常陸宮様江

御太刀　一腰

御馬　一匹代銀十両

以上

松君様江

するめ　一はこ

御たる　一荷代金弐百ひき

以上

右中務卿宮御方ゟ
御目録大鷹紙壹枚ツヽ

嘉宮様江

ちりめん　二まき

するめ　一はこ

御たる　一荷

以上
竪目録大鷹弐枚重

一品宮様江

御太刀　一腰

御馬　一匹代銀十両

以上

常陸宮様へ

鰑　一箱

目録大鷹壹枚ツヽ

今日依吉辰御結納御目録之通被進之御祝詞
被仰進候段申述　并一品宮様常陸宮様松君様
江　御同様ニ付御祝詞御目録之通被進之入道
一品宮御方ゟも御祝詞御目録之通御方々様
江　被進候段申述御目録太刀目録等引渡　又」（頭書）御
方々様　江　姫宮方若宮方ゟ御祝詞被仰進」隼人
正退入再被出御口上之趣申上候旨猶追付御
對面御直答可被遊旨　且御對面之場所内見習
礼等兼而相頼ニ付案内有之、尤其節次第書　中
奉書折紙壹通被相渡

松君様　江
御祝詞斗
右入道一品宮御方ゟ
但し嘉宮様　江　被進箱物者持参其餘
箱物者入魂、
右御進物御玄関下座莚　江　飾置、
使者間　江　通り御結納御使之由取次藤木掃部
江　申入、無程依案内（アキママ）　江　通、茶多葉粉盆火鉢等出、青士
方配膳諸大夫木村隼人正直垂着出會御口上
申述、

御對面之次第
先両宮御横座、
次御使御前　江　罷出取次名披露、
次両宮御献昆布蚫、御使　江　も同断給之、献被居
候所　江　進ム、
次一品宮御盃、常陸宮　江　被進、御返盃御盃御使
江　給之、御肴常陸宮ゟ給之、初メ之所　江　復座、
次御献諸大夫撤之、御使献御近習撤之、
次一品宮御直答、
常陸宮御直答

次諸大夫取合相進給鍬狩衣一領廣蓋之儘頂
戴復座、一拝退入、此時頂戴之御盃御近習撤
之、
次一品宮御座中央ニ被改、自分御對面、名披露、
御口祝被下之退入、
次於休所御祝酒御料理二汁五菜中酒被下之、
御目録金弐百疋被下之、
右内見相済無程御對面、於御小書院案内誘引
藤木掃部、
右御次第書之通也、但し御盃頂戴之節義（ママ）載座

ヲ少シ進ミ勝江動座ニ而頂戴、尤御長柄御加
等有之、
御直答両宮様ゟ御同様、且自分江御對面等有
之、相済初之休息所江退出、此時松君様江之御
答山本丹波介演説、〔頭書〕姫宮方若宮方江之御返答
隼人正演説、
次御祝酒吸物蛤汁數肴からすみ給之、
次御料理二汁五菜中酒吸物鯛鰭重肴三種蒸
菓子金糖口取濃茶菓子饅頭昆布見肥薄茶等給之、
挨拶、浅井宮内権少輔・平田出羽守・木村大進・田

中雅樂交ゝ罷出、
後刻御祝酒吸物三ツ肴九種給之、発聲小諸等
有之、
其後御目録金弐百疋被下之、

文化十四年八月七日
去ル三月二十二日、天皇光格、皇太子恵仁親王ニ讓位セラレ、是ノ日、仙洞御所ニ於テ初メテ當座和歌御會ヲ行ハセラル、仍リテ参院シテ之レニ出座ス、

編修課

〔有栖川宮日記〕○高松宮家蔵
文化十四年八月七日、戊寅、晴曇、
一洞中和歌御當座ニ付、御讓位後初而也、宮御方
御出門巳刻、御参洞、御供青士三人、太田勘解由
山名民部大和介各衣躰麻上下、其餘如例、直ニ
御供帰り、
但シ大宮様御参之節未刻ゟ御附人之旨被
仰出、還御酉刻前、御迎申刻過、
一入道一品宮御方右同断ニ付、御出門午刻過、御
参洞、御供青侍三人、小岸外記・松浦数馬・太宰少

監其餘如例、直ニ御供帰り、未刻〆御附人御迎
中刻過還御、申半刻過、
但し両宮様共御迎之節ハ青士両人宛、

〔野宮定祥日記〕
文化十四年三月廿二日、甲〔乙〕丑、天霽、此日今上（光格）可令
讓位於皇子（恵仁親王）御也、卯刻許行幸下御所、中宮同行啓、
次節會、次劒璽渡御、右百官諸司等供奉云々、

〔橋本實久日記〕
文化十四年八月七日、戊寅、晴、今日仙洞和歌當座
御會云々、（御讓位後初也、）

文化十四年十一月二十三日
禁裏（仁孝）ニ於テ内々御代始ノ能御覽アリ、乃チ參
内シテ之レヲ陪覽ス、

編修課

〔有栖川宮日記〕○高松宮家蔵

文化十四年十一月廿三日、壬戌、終日雨、

一御即位後御代始今明日内々能被催候ニ付、宮御方御出門卯刻少過御参内、御供青士三人、太田勘解由・山名民部・圖書頭・御箱片、其餘如例、直ニ御供帰り、未刻より御附人御迎、酉刻還御、酉半刻、御迎之節御供大和介、

書陵部（三号）

〔橋本實久日記〕

文化十四年十一月廿三日、壬戌、雨、今日禁中於内々方能御覧也、上皇有御幸、御代始能也、

廿四日、癸亥、晴、今日禁中能御覧也、後朝也、上皇有御幸、予爲重服之間不参内、

書陵部（三号）

文化十五年二月六日

八條近江權守ニ書道入門ヲ許可ス、尋イデ十日、裏辻實孚ニ入門ヲ許ス、

〔有栖川宮日記〕○高松宮家蔵

文化十五年二月二日、庚午、晴陰

一小倉宰相中將殿御参、出會近江守、

中務卿宮様江裏辻千代丸書道御入門之儀被相願、

六日、甲戌、陰雨、

一庭田中納言殿御参、

時節伺且中務卿宮江八條近江權守殿書道御入門之義被相願度旨被相頼、依之付被申上候旨則申入御領掌、

書陵部（三号）

十日、戊寅、晴、
一八條近江権守殿ゟ使堀井左門
御太刀一腰　御馬一疋代金百疋
今日書道御入門為御礼目録之通被差上、
一裏辻千代丸殿ゟ使真柄隼人
御太刀一腰　御馬一疋代金百疋
右同断、
一裏辻千代丸殿御参賀不實（賀カ）
同伴
小倉宰相中将殿　御對面之節も同座
書道御入門ニ付御礼参上之由被申上、清書拝
参被差上、

文政元年六月二十九日
閑院宮美仁親王ノ勧進ニ依リ、典仁親王ノ二十五回忌追悼ノ和歌ヲ詠進ス、

編修課

〔有栖川宮日記〕　○高松宮家蔵

文政元年六月九日、乙亥、晴、
一閑院宮ゟ御使　平田出羽守
自在王院宮廿五回御忌御追悼之和歌御詠進之儀御頼被仰進、則御題被進之、於御承知
者、当月中ニ御詠出被進候様、是又御頼被仰進、則御承知、
一品宮御方へも御同様御承知也、
廿九日、乙未、晴、
一閑院宮江　御使山名民部（麻上下着）

自在王院宮廿五回御忌ニ付御勧進之和歌
両宮御方ゟ御詠進則御落手、

〔有栖川宮日記〕○高松宮家蔵
文政元年六月十九日、乙酉、晴、
一長州一宮住吉社之大宮司江御寄附状如左、
料紙備中檀紙堅書但し御撫物ハ小挾箱、
御撫物　一合
御祈禱所　一宇
神馬　一匹
右就御信仰今般御祈願被仰下御寄附候、弥於神前殿内御長久之祈念可被抽丹誠之条
依令旨執達如件、

文政元年八月八日
長州一宮住吉神社ノ大宮司山田攝津守ヲ召シテ対面シ、心願ノ儀アルヲ以テ同社ヲ祈願所ト定メ、撫物一合・祈禱所一宇・神馬一匹ヲ寄附シ、別ニ御紋附幕四張・高張提燈弓張提燈各二張ヲ遣ス、

文政元年八月
松浦靱負
孝靖（判）
田中舎人
良正（判）
（○以下七名略）
大宮司
山田攝津守殿
右日限者来月候得共、此節右御寄附状申望相渡ス、尤領主毛利甲斐守江右大宮司呼登之義京都留守居迄申遣ス、則明後廿一日申遣ス、其後上京迄右之一件申渡之躰也、
〔欄外〕
右大宮司則依之来ル八月上京、則八月八日参上御目見被仰付、右許状ハ其節表向相渡し、

一右大宮司江御寄附ニ付被渡置候條如左御用人ゟ許状、
御紋附御幕　四張
御紋附高張御挑燈　弐張
御紋附弓張御挑燈　弐張
右今度住吉神社御祈願所被仰下候ニ付被渡置候、尤御用之外猥ニ被用間敷候、依而此段申達候也、
文政九年八月　松浦勤負　孝精判
田中舎人　良正判
大宮司　山田摂津守殿

〔欄外〕「右も同断来ル八月八日相渡」
八月八日、甲戌、晴、
一参上　長州一宮大宮司　住吉　狩衣着　山田摂津守
右伺公間江通シ、御用人面會ニ而此度御心願之義被為在此度被召登今日御目見被仰付候、
已刻過於御書院御目見、名披露松浦勤負、御口祝被下之、其後於伺公甲斐守・太宰少監・大和介・少監物出會及挨拶、右引續圖書頭ゟ依御心願
御撫物一合　御祈禱所一字　神馬一匹

右御寄附被為在候旨則御寄附相渡ス、右御寄附状之扣去ル六月十九日日記ニ連名ニ万端記シ有之、
并御用人ゟ許状壹通ヲ以
御紋附御幕　四張
同高張御挑燈　弐張
同弓張御挑燈　弐張
右住吉社御祈禱所被仰下候ニ付相渡置之旨、
右も去六月十九日日記ニしるす、
右等内々右六月ニ御禮式等相勤相渡置今

度更ニ被召登今日参上ニ付表向今日被仰付相渡候事、依之許状八月と記ス、
今日赤間石獅子香爐一箱獻上、
肴代金三百疋役方へ　當役所七人　御用人両人江
右於同間御祝酒被下候、
吸物三種之鉢肴、右済而干菓子薄茶等被下候、挨拶御近習中異等、
但し右御祈禱所字建主用脚等之義ハ赤間関住人奈良屋新兵衛此迄御用達申付置候もの
ニ候得ハ、右新兵衛江申付へく候間、猶新兵衛

ゟ可申出旨申渡置、
廿二日、戊子、晴、
一毛利甲斐守用達財満孝四郎
如左手扣　　山名氏部参ル、
御領内一宮住吉神社者先年来御信仰ニ付
御内々御奉納物等被為在候、然ル処此度深
御祈願之義被為在、右社大宮司致上京候様
御差図之義御頼被仰入候処、早速御取斗有
之、右大宮司山田摂津守致上京、御殿江被召
出、思召之趣被仰含、以来御祈願所被仰付候、

依之御撫物一体、神馬一匹、御祈祷所一字、御
紋附御幕、同御挑灯等御寄附被為在候、就而
者右神馬秣料、御祈祷料等年々入用ニ候得
共、遠路之義御殿ニ而者迚茂御手沙汰ニ難
被及、幸御領内赤間関奈良屋新兵衛事、乍内々
従来御用等相達候者ニ付、此度右御祈祷所
一件取扱之義被仰付候、依之右新兵衛ゟ其
御役筋江委細可申出候間、可然御聞取之上
右於一宮住吉神社年々御祈祷無退転被執
行候様、猶又其御方ゟ茂御申付御座候様被

成度候、是等之趣宜御頼被仰入候事、
八月　　山名氏部
右孝四郎留守中故手代共申聞差置帰ル、
一領主毛利甲斐守　長州赤間関住人奈良屋新兵衛江
右江申付候ケ條則役方連名ヲ以吹挙人藤本
東馬江申渡書付如左
長州一宮住吉神社者当宮様先年来御信仰
ニ付、御内々御奉納物等被為在候、然処此度
深御祈願之儀ニ付右社大宮司山田摂津守
被召登、思召之趣被仰含、以来御祈願所ニ被

仰付候、依之御撫物一体、神馬一匹、御祈願所
一字、御紋御幕、同御挑灯等御寄附被為在候、
就而者右神馬秣料、御祈祷所御修復并御祈
祷料等年々入用有之事ニ候得共、遠路之義
御殿ゟ者迚も御手沙汰ニ難被及、幸赤間関
奈良屋新兵衛事、従来御用等相達候者ニ付、
此度右御祈祷所一件請入用向取扱之義被
仰付候間、此旨右新兵衛ゟ領主向江相伺程
能取斗候様可被達候、尤入用筋取扱之儀年
々之事万一不行届茂有之候而者御祈祷之

御差支ニ可相成候ニ付持寄五千人講被結
赤間関者勿論国中相除キ旅泊之商船随摸
寄任人氣大小ニ不拘為致加入講金之利子
ヲ以永代御祈禱之料ニ相備候様致度候間、
篤与致熟慮内外共領主向役筋江相伺示談
之上永御祈禱無退轉様致取計候者宮様御
心願御成就御満足可被為在候、右之趣其許
ゟ能々可被申渡旨被仰付候ニ付連署ヲ以
申達候事、

文政元年寅八月　　　松浦靱負

田中舎人

山本少監物

（〇以下六名略）

藤本東馬殿

但し右中奉書半切紙ニ認藤本東馬江去ル十
三日相渡し、則東馬ゟ如左書付相添右奈良屋
新兵衛代人檜皮屋新兵衛と申者へ相達ス、

依仰重役連署ヲ以被申達候通今般一宮住
吉社御祈禱所一件取扱之儀被仰付候間、御
領主向其御役筋江巨細相伺取計可被申候、
尤御殿ゟ之御手違ニ付任時宜其元勝手ニ
取扱年々御入用相備永御祈禱無間断被執
行候様可被相計候、依而達書如件、

文政元年寅八月　　　藤本東馬

奈良屋新兵衛殿

右之條々藤本東馬十六日江戸出立前申達置
則相達、

文政元年八月二十九日

伏見宮貞敬親王ノ勧進ニ依リ、邦頼親王ノ十七
回忌追悼ノ和歌ヲ詠進ス、

〔有栖川宮日記〕○高松宮家蔵

文政元年八月廿日、丙戌、晴、

一伏見宮御使　田中大炊頭

究竟覺院宮来月八日御十七回忌ニ付御勧進之秋懐旧之御詠哥被進候様、則御短尺為持被進、尚於御承知ハ當月中御詠出被成進候様、旁御願被仰進、則両宮様ニも御承知被成進御短尺御落手、

廿九日、乙未、晴、

一伏見宮へ御使　同人（三上外記）

去ル廿日御積被仰進候究竟院宮御十七回忌ニ付御勧進之御詠哥両宮様ゟ為持被進、則御落手、

文政元年十月二十二日

職仁親王ノ五十回忌ニ當ルヲ以テ、大徳寺龍光院ニ於テ法事ヲ修シ、参詣シテ之レヲ聴聞ス、

編修課

〔有栖川宮日記〕○高松宮家蔵

文政元年十月廿一日、丙戌、快晴、

一本明圓心院宮五十回御忌ニ付御逮夜御法事今日御執行之事、

廿二日、丁亥、曇、

一本明圓心院宮五十回御忌御正當、

一中務卿宮御出門卯半刻龍光院江御参詣、

一入道一品宮御出門卯半刻過龍光院江御参詣、

一御来詣　前川太宰少監

御用人　田中舎人

（以下略）

辰刻観音懺法始之、
御例席ニ而御聴聞、御供之輩御後ニ候ス、
一品宮、中務卿宮、御室宮、座主宮、知恩院宮、
圓臺院宮ニ者簾中ニ而御聴聞也、
例席ニ着座成崇、茂徵、
御法事畢而長老、座元焼香相濟候上御焼香之
儀言上、御次第ニ被為進御焼香、畢ヽ御聴聞所
江御還座之上、出頭之長老、座元江御對面ニ而
大儀之旨被仰下、
一御霊前之御簾ヲ垂ル、

圓臺院宮御焼香、（中略。）御一統様御焼香被為濟
候上、御霊前江一品宮被為進、尤御影之一軸昨
今両日とも被為掛、
於御影前御勧進之和歌御讀上、
（朱書）「通題
寄冬懐舊　　題者　左衛門督稚光卿
関白殿　左大臣殿　入道一品宮
中務卿宮　仁和寺宮　座主宮
知恩院宮　儀同殿
（中略。）

一品宮御詠歌五十首御讀上、着座茂達、
右被為濟候上小書院江御還座、
一於小書院
一品宮様　中務卿宮様　仁和寺宮御参詣、辰刻
梶井宮様御参詣、辰刻　知恩院宮様御参詣、辰刻過
圓臺院宮様辰刻御参詣、
御非時差上ル、老女御陪膳、中藹御ヤ長也、

文政二年二月十一日
攝州池田村穴織明神・呉服明神社務河村安藝守
参邸セルヲ以テ對面シ、其ノ請ニ依リ、同社ノ祈
願所並ニ館入ヲ許容シ、劔鉾一基並ニ吹散一流
ヲ寄附シ、別ニ御紋附高張提燈・箱提燈各二張ヲ
遣ス、

〔有栖川宮日記〕 ○高松宮家蔵

文政二年二月十一日、癸酉、晴、

一　摂州豊嶋郡池田村
　　穴織明神
　　呉服明神　社務　河村安藝守

右御寄〔祈カ〕願所并御寄附物之義願、右者中山殿家来本庄将監ヲ以御用人迄申込、則願書如左ニ通、

乍恐奉願上候口上書

一　當社之儀、兼而御殿様御祈願所ニ奉願上度、且私義御館入奉願上儀懇願ニ御座候得共不得其時宜候處、今度幸ニ中山様御内本庄将監殿御吹挙ヲ以御祈願所且私御館入之儀奉願上候、何卒願之通御許容被成下候ハヽ難有仕合奉存候、此段宜御執成被下御沙汰之儀偏ニ奉願候、以上、

文政二己卯年
　　二月
　　　　　　　摂州豊嶋郡池田村
　　　　　　　穴織大明神社務
　　　　　　　　　河村安藝守㊞

有栖川宮様
　御役人御中

奉願上候口上書

一　當社鎮座縫殿寮ニ座穴織大明神・呉服大明神之社ニ従来有之候御鈠鉾破損仕候、何卒今度右御鈠鉾壹基并為守護御紋附高挑灯弐張同箱挑灯弐張御寄附被為下候様奉願上候、願之通御寄附被成下候ハヽ重〻難有仕合奉存候、此段宜御執成被下願之通被仰付候様偏ニ奉願候、以上、

文政二己卯年二月
　　　　　　　穴織大明神社務
　　　　　　　　河村安藝守印

有栖川宮様
　御役人御衆中

右願書及披露被聞召、則其旨田中舎人へ申渡、今日右本庄将監同伴ニ而河村安藝守参殿、右二通共願之通御許容之旨田中舎人ゟ申渡ス、難有旨御禮申上ル、

一　参上午刻過
　　　　　　　河村安藝守
　　　　　同伴
　　　　　中山家　本庄将監

右御祈願所并御寄附物御許容之御禮申上ル、御廣殿北ニノ間ニおゐて御祝酒吸物三種鉢肴ニ而被下之、於御書院御成前安藝守江御目見被仰付、右披露田中舎人、御口祝被下之候、右御祈願所并御寄附物状如左相渡ス、大鷹紙天地少裁テ三枚

継如左

菊紋鉞鉾　　一基

菊紋吹散　　一流

右穴織呉服明神両社依御信〔僊〕仰今般御祈願被仰
下御寄附候、弥於神前殿内御長久之祈念可
被抽丹誠之条依令旨執達如件、

文政二年二月　　松浦靱負　孝靖判
　　　　　　　　田中舎人　良正判
　　　　　　　　山本少監物　容顕判

（以下略）

摂州豊嶋郡池田村
穴織明神社務
　　河村安芸守殿

右上包大鷹表書ニシ、右御用人ゟ右社務ヘ相
渡ス、

但し外ニ御紋付挑灯相渡し置書付如左、

右中奉書竪書ニ而御用人ゟ如左渡之、

御紋附高張御挑燈　　弐張

御紋附箱御挑燈　　弐張

右今度穴織呉服明神両社御祈願所被仰付候ニ
付、為寄護被渡置候、尤御用之外被猥用間敷

候、依而此段申達候也、

文政二年二月　　松浦靱負　孝靖判
　　　　　　　　田中舎人　良正判

社務
　　河村安芸守殿

右之通相達ス、

文政二年八月二十八日

織仁親王、来月二日寿川土手町ノ別殿御隠殿トモ云フニ移徙セントスルヲ以テ、是ノ日送別ノ宴ヲ催シ、梶井宮承真親王・仁和寺宮済仁親王之レニ参會ス、既ニシテ九月二日、織仁親王別殿ニ移徙アリ、仍リテ四日、別殿ニ親王ヲ訪ヒテ存問ス、

〔有栖川宮日記〕 ○高松宮家蔵

文政二年八月廿八日、丁巳、天晴、
一仁和寺宮辰半刻、梶井座主宮巳刻過御成、
右一品宮様来月二日御別殿江御移徙ニ付、今
日宮様方御饗應被進、依之宮様方右両御門主
共依御招請御成、御祝御膳御吸物御酒御菓子
等御饗應被進之、御供帰り御迎戌半刻、還御亥
刻過、
一一品宮様嘉寧宮様登美宮様来月二日夷川御
別殿江御移徙ニ付、従当宮様為御饗應今日御

祝被進之、
御昼御膳ニ汁五菜御中酒、右済而御菓子白あ
ん小饅頭 八重山吹、御後段御吸物弐ツ御肴五種、外ニ
御吸物一ツ御肴三種、尤宮様も御相伴、并仁
和寺宮様・梶井宮様も御精進之御料理御取
扱を以御一所ニ於北御殿御相伴被進之、且
御夜食一汁三菜、右同上被進之候、
一此度御移徙ニ付被進物并被下物如左、
一品宮様江 御茶碗十一箱、辻焼御紋染付御蓋付
右宮様より

宮様より
一 嘉寧宮様 登美宮様江御茶碗五ツツ、二箱右同断、
一一品宮様江御中皿十一箱、染付
右八穂宮様 精宮様 菊宮様 他宮様より
一嘉寧宮様 登美宮様江奉書弐束ツヽ、
右八穂宮様御初御四方より
九月二日、辛酉、晴陰、
一一品宮御方夷川土手町御隠殿江御移徙、正卯
刻入御、車寄より被為成、（○御供略）御次ニ登美宮御方御
包輿ニ而御輿之もの四人、御輿脇前川左京、多

賀帯力、衣躰麻上下、手明下部両人、笠籠弐荷、押
弐人、外ニ御挑灯七張、
於御隠殿御玄関江山本少監物、坂部左近御出
迎、御案内申上、
御座間江着御、直ニ長のし昆布御錫付之侭上
ル、
一登美宮御方御隠殿ニ而御輿寄江御輿を上ル、
夫より御方江被為入、
一於御隠殿一品宮様、登美宮様昼御祝御膳二汁
五菜御中酒御重肴三重、

四日、癸亥、晴、
一中務卿宮御出門巳剋御輿之侭御拝下御霊江(アキマヽ)御参詣、夫ゟ御隠殿江御成、(○奉伺略)御霊御備御移徙後初而御成ニ付被進物、
一品宮様江　小燭唐金一基
交肴　一折
嘉寧宮様登美宮様江　御茶碗　一箱ツヽ
一嘉寧宮御方申剋御出門ニ而御隠殿江御引移、但し此節御むさゝゝ故北之御方ニ而御輿ニ被召、夫ゟ局内通り御臺前御通行也、(○伺御略)
御道筋御無難ニ東川御殿江被為入、太宰少監以下宮様御供ニ而帰殿、松浦靫負者嘉寧宮様御入後帰殿、御機嫌之由申述ル、

文政二年十月十二日
祈願所ナル羽前庄内大山善寶寺ニ綱代輿一挺ヲ寄附ス、

編修課

〔有栖川宮日記〕　○高松宮家蔵
文政二年十月十二日、辛丑、晴、
一御祈願所羽州庄内大山龍澤山善寶寺太今
綱代輿　壹挺
右者就殿内御安全之祈念修行之為被下之候條、依令旨執達如件、

文政三年正月一日

織仁親王移徙以後、夷川土手町ノ別殿ヲ御隠殿ト通稱セシガ、爾後之レヲ止メ、川原御殿或ハ夷川御殿ト稱スベキ旨、家中一統ニ申渡ス、

【有栖川宮日記】○高松宮家蔵

文政三年正月元日、戊午、快晴、

一一品宮様夷川御別殿昨秋御移徙以後御隠殿と通称相唱来候処、此後右御隠殿と称候義相止、矢張川原御殿とか又夷川御殿とか可称旨一統江無急度心得迄ニ申渡し置、

文政三年正月二十五日

是ヨリ先、閑院宮美仁親王王女宣子女王（初メ嘉宮、後、賓枝宮ト稱ス、）トノ婚約成リシガ、是ノ日、内々女王ノ入輿ヲ迎ヘテ婚儀ヲ擧グ、畢リテ色直ノ儀ヲ行ヒ、妃及ビ八穂宮（織仁親王）等ト祝膳ヲ倶ニス、

【有栖川宮日記】○高松宮家蔵

文政三年正月十日、丁卯、

一閑院宮ゟ　御使木村隼人正

嘉宮御方御内〻御引越之義、来ル廿五日ニ被成度旨此間以御使被仰進被置候処、右日限御承知之旨御答被仰進、尤河原御殿江向御使来

一来ル廿五日閑院嘉宮御内〻御引取之義被仰出、御用人御近習等江申達ス、青士并仲番等江者御用人ゟ申達各勝手ニ御前江出恐悦申上ル、

廿三日、庚辰、
一閑院宮　御使伊藤一学
嘉宮御方江仙洞御所ゟ實枝（ミエ）ゟ御名被進候ニ
付御吹聴被仰進、
廿四日、辛巳、晴、
一嘉宮御方御名実枝（ミエ）ゟ院御所ゟ被改進候旨昨
夜閑院宮ゟ被迎進候ニ付川原御殿江為御知
被仰上、　御使甲斐守
廿五日、壬午、
一閑院実枝宮御方今日御内〻御入輿并即日御

婚禮、
一實枝宮御方未剋御内〻御入輿、御裏御殿御輿寄江、
但シ表御門内迄青士中谷隼太罷出御輿寄
迄御案内、
一御休息之上常盤木并表方女房向江実枝宮御
方於御對面所御目見被仰付、
一実枝宮御方江未剋過御繕ひ御膳差上ル如左
一汁三菜
（○献立略）

一実枝宮御方御入輿已前閑院宮侍山本丹波介
為御先詰參上、御裏御殿御輿寄次之間江通置、
今日御入輿ニ付被進之御品并一統江被下物
等持參、太宰少監・右京進等出會右被進物請取
輿向江廻し置、但し御使は実枝宮附老女左衛
門相勤ル、且被下物は請取夫〻江相違ス如左
一御小なをし　二れう
一こん布　一はこ
一するめ　一はこ
一御たる　一荷

以上
右宮御方江
一羽ふたへ　三ひき
一するめ　一はこ
御たる　一荷
右一品宮御方江
（○以下被進物被下物略）
一申剋過御婚礼御式御催、其已前御獻方北御廊
下東ノ方御新座敷迄御獻之具持出し置、右御間
ニ御盤立居設置、御獻之節北御廊下中程迄御

獻方操出し役送之女中江相渡ス、
御獻方
多賀帯刀
山本大炊
右無地腰無尉(ﾏﾏ)斗目嘉珎長上下着用
御献之節御間設如左
一御裏御殿南一之間四方簾、尤北御床之上江茂
簾懸之木横ニ渡シ置、但シ御床ニ御懸物掛置
垂簾ニ致ス、同二之間四方簾、但シ東南之方ニ
而一間巻簾、又南之方西ニ而一間巻簾、北ノ方

ニ而一間巻簾、西之方不残巻簾、尤南之方西巻
簾之處御椽座敷ニ屏風設仕切置、又北之方西
巻簾之処御寝所南之方ニ屏風片シ設仕切置、
右御廊下半御獻操出し之御場所ニ役所ゟ両
人着座
粟津図書頭　前川太宰少監
右無腰尉(ﾏﾏ)斗目嘉珎長上下着用、
御裏御殿御獻之間繪圖左ニ記ス、
（略。図）
宮御方着御

御小直衣　御單　御指貫
實枝宮御方
御褂衣　濃紅梅　濃袴
御髮スベラカシ
右圖面之通南北ゟ被為出着御座給、
陪膳　上﨟今小路方　鷹司殿ゟ御語合、
但し壹人ニ而姫宮陪膳茂被兼
着用織緞
宮御方手長　老女　宮内卿　着用織織筋
実枝宮手長　御裏附老女　左衛門

役送　御側いつ　着用　カイトリ地白間赤
御裏附　菅浦　下ヶ髪かもし懸ル
右陪膳座一之間敷居際手長座、二間中程役送
座、三間右御獻之具役送ゟ手長江渡、手長ゟ上
﨟江渡、尤
宮御方江上候はいつゟ宮内卿江渡宮内卿ゟ
今小路殿江渡ス、
姫宮御方江上候は菅浦ゟ左衛門江渡同人ゟ
今小路殿江渡、
一御獻如左　熨斗雜三献也、

初献

先烹雑 小串 板鯛 蛤いりこ 蓮 花餅 根大こん 小芋高盛

次御盃 土器弐枚

次御銚子 片口銀器 加へなし

撤而二献

先鰭 海老 華大根 鰭立豆腐高盛

次御盃 同上

次御銚子 同上

撤而三献

先鯉 鯉

次御盃 同上

御銚子 同上

以上

御献次第如左

剋限聟宮姫宮自簾中着御座給、南宮聟宮、北姫宮設御茵、

次供初献 烹雑 聟宮御前、

陪膳上﨟 手長老女 役送中﨟

次姫宮御前同之、

陪膳 手長 役送等同上、

次陪膳進御酒盞於聟宮、

次陪膳持参御銚子

聟宮令受御酒給 弃澆濁居御臺給、

次陪膳持参姫宮御前進御盞於姫宮

次陪膳持参御銚子

姫宮令受御酒給不弃澆濁賜陪膳〻〻居

御臺撤之、

次供二献 鰭 聟宮御前

次姫宮御前同之

次陪膳進御酒盞於姫宮

次陪膳持参御銚子

姫宮令受御酒給 弃澆濁居御臺給、

次陪膳持参聟宮御膳進御盞於聟宮

次陪膳持参御銚子

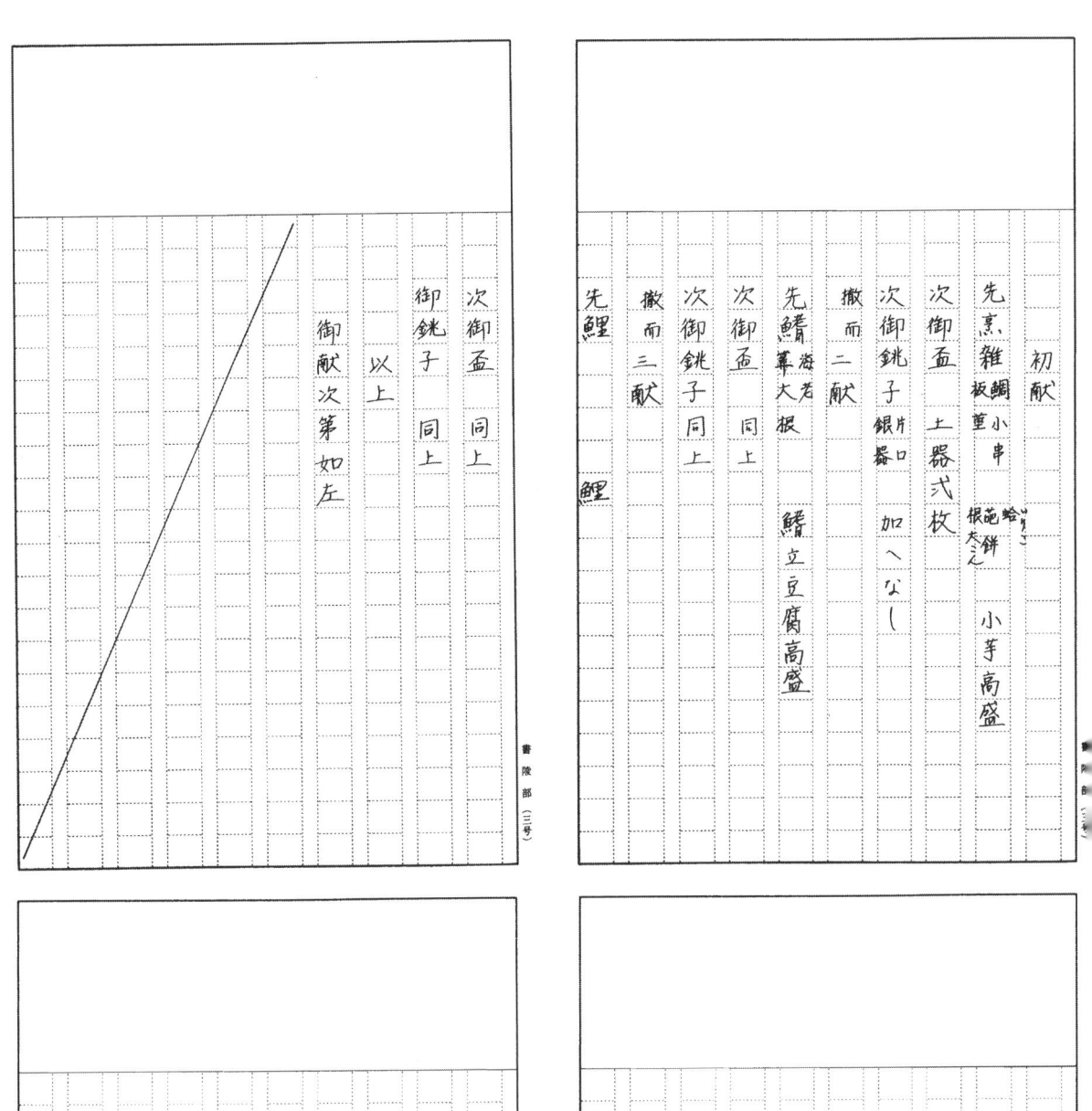

聟宮令受御酒給不弃澆濁賜陪膳〻〻居

御臺撤之、
次供三献 鯉 聟宮御前
次姫宮御前同之
次陪膳進御酒盞於聟宮
次陪膳持参御銚子
聟宮令受御酒給弁澆濁居御臺給、
次陪膳持参姫宮御前姫宮令受御酒給弁澆
濁賜陪膳〻〻戴御盞於御銚子着本座陪
膳渡御銚子於手長上臈受御盞賜御酒量
進撤御臺、

右次第ニ撤之、畢而両宮南北ニ分レ為入給、扨
御休息之間ニ御間設替ル一之間北ノ方御床
之所簾撤之、同間艮之方御袋戸棚之所も簾一
間撤之、且一之間西北方并二間南方東等も巻
簾ニ相成、
一右御式被為濟候後御色直し
宮御方　御小直衣　御指袴
実枝宮御方　地赤御カイトリ 濃袴
此時御引袴被召八穂宮御方・精宮御方・菊宮御
方等御對面、引續両宮御方并八穂宮御方初御

三方御着座ニ而御祝御祝酒御吸物紙數御肴
等差上ル如左、
（御祝御膳略。）
宮御方ゟ
一實枝宮御方江
縮緬 御呉服 一重
するめ 一はこ
御樽 一荷
右被進御使老女官内卿相勤ル
御引金百疋被下

文政三年正月二十七日
内々里開ニ依リ、妃宣子女王ト倶ニ閑院宮邸ニ
赴ク、

〔有栖川宮日記〕○高松宮家蔵
文政三年正月廿七日、甲申、
一実枝宮御方御出門午刻前御里御殿江御成、（○御供略）
還御戌半刻、
附記、御内々御里開也、
一宮御方御出門未刻前御同所江御成、（○御供略）還御懸中宮御所江御参、夫ゟ河原御殿江御成、還御亥刻過、尤還御之節は御包輿也、

〔閑院宮日記抜抄〕○閑院家蔵
文政三年正月廿七日
一中務卿宮御方・實枝宮御方御成、於御小書院御対面、先御雑煮・御吸物蛤・紙敷御肴御酒相済、御居間江御案内之上御吸物弐・御肴五種・したし物御膳弐汁五菜被進之、御供女中吸物蛤・三種重肴・一汁五菜被下也、
一御供諧（諸大夫）（近習）始近迄於御小書院御目見御口祝被下也、
一今日御成ニ付被進物御使島岡右京進相務、御

引金百疋被下、且御祝酒被下処供奉ゟ兼勤ニ付別段無其儀、
常陸宮様江　御太刀一腰、御馬代銀十両一疋、
（私君）松江　するめ一はこ、こんふ一はこ、
（○中略）
以上、中務卿宮より、
常陸宮江　こんふ一はこ、するめ一はこ、御樽代金二百ひき
松江　こんふ一はこ、するめ一はこ
（○中略）

右實枝宮ゟ、

文政三年二月十日　是ヨリ先、上皇、光格　和歌天仁遠波ヲ伝授セラルベキ旨仰出サル、乃チ是ノ日、参院、上皇ヨリ和歌天仁遠波ノ御伝授ヲ受ケ、誓状ヲ捧呈シ、御盃ヲ賜ハル、尋イデ十三日、御礼トシテ上御霊・北野・新住吉・新玉津島・下御霊各社ニ参詣、夫ヨリ仙洞ニ参入シ、御前ニ於テ末広等ヲ拝領ス、

〔有栖川宮日記〕○高松宮家蔵

文政三年正月廿六日、癸未、晴、

一院使鷲尾中納言殿御参、先広御殿南二間江被通、諸大夫罷出候処、為御使被参候旨被申述、則申上、無程於御小書院御対面被為在候処、来月上中旬之内和歌天仁遠波御伝授之義被仰出候旨被申述、先以忝思召候由、尚一品宮御方江被仰入候上にて御請可被仰上旨御直答ニ而二間敷居際迄御送、退出之節諸大夫壹人御近習両人等御玄関下座莚迄送り出ル、

一右同上ニ付河原御殿江御成、夫ゟ御参院、閑院宮等江御成、（○供略）還御酉刻過、

一入夜御参内、御供同前、仍而略之、右同上御礼被仰上候也、

廿八日、乙酉、晴、

一院使高倉左兵衛督殿御参、来月十日巳刻和哥天仁遠波御伝授之儀被仰出、於御小書院御対面、勘文持参被入御覧、右畏思召候旨御答、猶御参候而御請御礼可被仰上候旨被仰含退散、

一御出門未刻過、御院参御請御礼被仰上、夫ゟ河原御殿へ御成、夫ゟ中宮御所、夫ゟ御参内等也、（○供略）還御酉刻過、

二月三日、晴、

一来十日天仁遠波御伝授無障碍為可被為済、来七日ゟ三ヶ日之間御祈祷執行可仕旨被仰出、則御用人ゟ申渡済、所

上下御霊　北野天満宮

新住吉　新玉津嶋

以上五社

右執行候而満日十日ニ御礼献上何仕旨為御初

穗料金百疋ツヽ被下之

九日、晴曇、

一 為御代参今朝卯刻前出立　前川大和介

御備

住吉大明神
玉津嶋明神江　金百疋ツヽ、

一 今酉刻ゟ御神事ニ付御行水被遊、御門注連被為張之、御座御清、齋御清火掛ケ、

十日、晴、丙申、

一 仙洞御所江　御使 布直垂 太宰少監 辰刻頃

御太刀　一腰　大鷹紙横目録

御馬代銀三十両　一匹

以上

昆布　一箱　同紙竪目録

干鯛　一箱

御樽　一荷

以上奏者所江相勤ル、取次荒木大炊助

右今日和歌天仁遠波御傳授ニ付従中務卿宮被献之候、猶後刻御参之節宜御披露頼思召候、

此段両向江被仰入、但し取次江入魂ニ而申置、

一 禁裏御所奏者所江　御使 麻上下 斗目 太宰少監 巳刻過

生鯛一折二尾　大鷹紙竪目録

右、従仙洞御所天仁遠波御傳授ニ付被献之、

取次竹内由右衛門

一 中宮御所奏者所江　同

右同人　巳刻過

生たい　一折二尾

右同上ニ付被為進之候、

一 女御御方江　御使 麻上下 のしめ 安藤玄蕃

干たい　一はこ

右同上ニ付被進之候、

一 辰刻御庭鎮守社、柿本社、天満宮社、住吉、玉津嶋

天満宮、上御霊、下御霊、木嶋

御備　御酒　洗米　干魚　被備之、

右今日天仁遠波御傳授ニ付

御代拝　布直垂 茂徹

御備役送御近習両人勤之、

一 御出門前御懸り湯被遊、

一 天仁遠波御傳授ニ付御誓状御道具、右箱更ニ被仰付目通り桐ニ而野呂蓋真鍮御錠前付、

但シ寸法者外山殿江御問合候処、烏丸家ゟ傳来之寸法を被相用候由、依之則

長　　巾　　高サ
右外紐子二巾滑キ御服紗ニ被包御腰輿ニ被
為入、
右者於洞中御扶持之堂上江直ニ可上事之由、
一御出門前御口祝上之甲斐守、
一巳刻天仁遠波御傳授ニ付御出門辰刻仙洞御
所江御参、
着御雲鶴御袍御単紅御差貫御菊地紋輪違御襪子
御冠御掛緒紙捻り、御檜扇蘇枋、御畳帖
備中檀紙御太刀平鞘金作り

於洞中車寄御扶持御出迎之堂上久世三位殿
（○御供等略）
外山三位殿、
洞中殿上ニ而御扶持飛鳥井左衛門督殿雅光
卿、
御退出之節御切紙之御箱等左衛門督殿持
参ニ而直ニ御腰輿江被入御退出御見送り
如前久世殿、外山殿、
午上刻還御、直ニ清殿江被為成、夫ゟ御庭鎮守
杜、柿本社、天満宮社、梅本明神、顧恩明神社等御

拝、再清殿江被為成候、
御拝、但し御書院先ゟ御庭へ相廻り、御庭之御供右京進、雅楽左膳等直ニ
一於孔雀ノ間御衣冠之侭御息所実枝宮并八穂
宮御方、精宮御方、蘭宮御方等御一緒ニ御傳授
無滞被為済候旨之御祝詞被仰上被為請、右済
直ニ御小書院江出御、御家来之恐悦被為請
（中略。）
夫ゟ御昼御膳御設之御神事火ニ而被召上、其
後午半刻御神事被為解、向々江も申達、御門之
御神事札并注連縄等為取候事、

一川原御殿江午半刻御使木工頭
今日於洞中天仁遠波御傳授無御滞速ニ被為
済、畏思召候、上皇ニ茂御機嫌、御うるわ敷被為
成、恭思召候、右之由早速御吹聴、御禮被仰上候、
昆布　一箱
干鯛　一箱　翌日録添
御樽　一荷代金弐百疋
右一品宮様江今日無御滞被為済候御禮為御
祝儀被為上之候、
外ニ赤飯　一蓋

御肴　一折 生鯛二尾
右今日之為御祝被為進之候、
一河原御殿ゟ　御使 麻のしめ上下 少監物
一品宮様ゟ昆布　一箱
　二鯛　一箱
　御樽　一荷

右今日着従仙洞御所天仁遠波御傳授無滞被
為済目出度思召候、且只今者以御使早速御吹
聴御禮并被仰上御満足思召候右御祝義御参
禮方御目録之通被進之候、

一禁裏御所ゟ　御使鳥飼伊地知木工
　生鯛一折 弐尾
　女房奉書添来ル
くはうさまより申されく候、いよ〳〵御機嫌
よくならせられ候、中務卿宮にも弥御ふし
におはしまして度思しめし候、左やうに
候へハけふは仙洞さまより天仁遠波御て
んしゆおはしまして度思召し候、祝まい
らせられ候て此御まな一折めで度まいら
せられ候、猶く御機嫌よく幾久しく萬く年

まても御哥道御はん栄の御事と祝入まい
らせられ候まゝよく心へ候て申され候、こ
のよし御申入候へく候、めで度かしく
ゟ
〆　たかにてもの
御つほねへまいらせ候、
一仙洞御所ゟ　御使鳥飼西池大炊
　真綿　五把
　長熨斗一折 五把
　女房奉書御封中ニ而添来ル

（○奉書歟）
一中宮御所ゟ　御使鳥飼戸田右衛門尉
　生鯛一折
右今日天仁遠波御傳授ニ付為御祝儀被進之
候、
一未刻御出門ニ而御傳授被為済候ニ付御所々
御禮并御傳授之御方々江為御吹聴御成
先一條関白殿御通りニ而被仰置夫ゟ御参内、
暫御閒取被仰置中宮御所、仙洞御所江御参、暫
御閒取ニ而夫ゟ閑院宮江御成、御通ニ而被仰

置、夫より川原御殿江御成、御禮被仰上御吸物
御祝酒被進之、〔○御供略〕還御酉刻前、
一宮御方、御息所、八穂宮御方、精宮御方、菊宮御方
今日之御祝先赤飯御向附、千魚香物御吸物、蛤御紙
敷肴からすみさしみ糸わかめ、〔○以下略〕
十三日、乙亥、
一御出門辰刻、先上御霊、夫ゟ北野、新住吉、新玉津
島、下御霊等江御社参、御備金百疋ツヽ、夫ゟ御
悦参、河原御殿等江御成、右御社参者御傳授済
御礼、〔○御供略〕

一仙洞御所江御傳授被為済候為御礼御内ゝ御
進献
一御釜　一箱
一御文有一折五種、堅脚臺乗、
右二品女中向ゟ但馬江之文相添遣し置、御参
之上御披露之義頼遣ス、右御釜仙洞御所ニ而
取寄思召ニ叶候を御治定、但馬より此御方江
遣し置、則今日御肴添ニ而御進献
一於仙洞御所今日御参之節、御對面段ゝ之御懇之
御命、御末廣等於御前御拝領之旨、

右天仁遠波御傳授相済候後、初而今日内ゝ
之御礼被仰上候事、

〔歴世諸道伝授関係文書〕○東山御文庫
〔包紙〕「誓状案　檀紙二枚重、上包以同紙二枚ニ而包
ム
寸法此通リ也、
和歌天仁遠波御傳受之儀、謹深畏入存候、右説曽
以不可有聊尓儀候、此旨私曲候者、可背和歌両神
并天神冥助者也、仍誓状如件、
文政三年二月十日　詔仁上

〔大宮御所女房日記〕

文政三年二月九日、未、

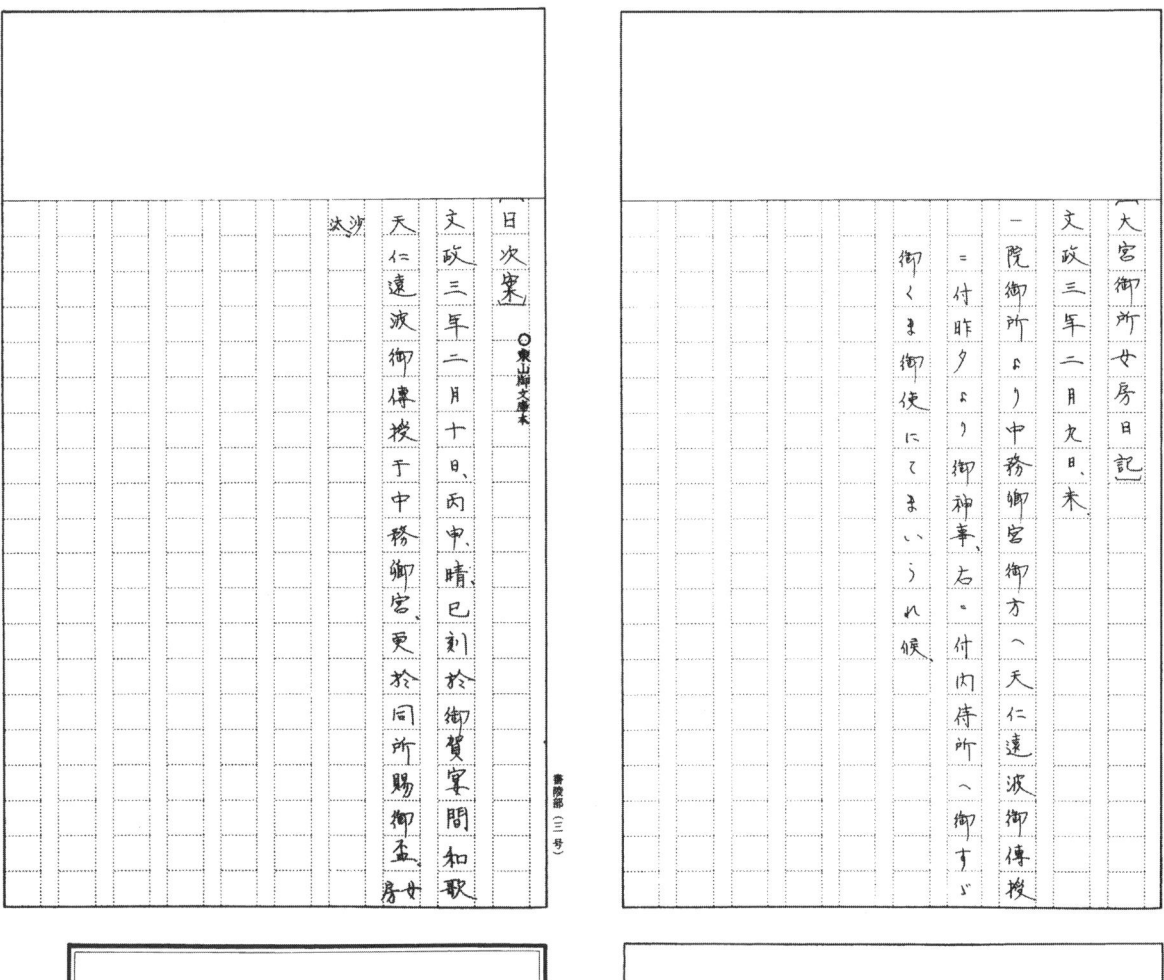

一院御所より中務卿宮御方へ天仁遠波御傳授

＝付昨夕より御神事、右＝付内侍所へ御すゞ

御くま御使にてまいられ候、

〔日次案〕○東山御文庫本

文政三年二月十日、丙申、晴、巳刻於御賀宴間和歌

天仁遠波御傳授于中務御宮、更於同所賜御盃、女房

沙汰

〔橋本實久日記〕

文政三年二月十日、丙申、晴、今日自上皇中務卿宮

江和歌天仁遠波御傳授也、仍参院申上慶賀、次参

中務卿宮、同申入了、

文政三年二月十二日

織仁親王ノ病篤キヲ以テ、壽川御殿川原御殿トモ云ス、＝

赴キ、其ノ病床＝侍ス、尋イデ十四日、再ビ同御殿

＝赴キ、以後薨去＝至ル迄連日逗留ス、又仁和寺

宮濟仁親王・梶井宮承眞親王・知恩院宮尊超親王

ノ内、交互＝參殿侍座スルコトト爲ス、

〔有栖川宮日記〕○高松宮家蔵

文政三年二月十二日、戊戌、

一河原御殿江未刻過御成、御包輿ニ而、還御丑刻頃、

一一品宮様申刻過頃俄ニ御塞キ之御様子、則福井近江介・岡一安・後藤左一郎等参り合居、尚又丹波守早々参上候様太田勘ケ由御使ニ参ル、尚又鎌田硯庵・林立見等も召ニ遣ス、折節太宰少監も参り合居候故暮過頃迄見合相詰ル、右ニ付右京進御本殿江参り甲斐守と交代可仕旨被仰付、仍而帰殿之上甲斐守河原御殿江出ル、尚右京進帰殿之上御裏様江も右御様子申上、今晩還御遅々可被為在旨、且過刻大宮様ゟ被進之御鮓宮様還御不被為待早々御取廣メ被為在候様被仰進、

十四日、庚子、

一一品宮様御勝レ不被遊候ニ付、今日ゟ宮様・仁和寺宮・梶井宮・知恩院宮河原御殿江被為成、御容躰御伺之上御相談被遊、被仰合、今日ゟ右御連枝宮々方之内日々御成、御詰被遊候事、

一宮様申ノ刻御出門ニ而河原御殿へ御成、御包輿、（○御供略）御迎亥ノ刻被仰出、然ル処兎角一品宮様御勝レ不被遊御容躰ニ而還御難成、於河原御殿御一宿、

十五日、辛丑、雨、

一宮様河原御殿江御迎辰刻、（○中略）午刻前還御、

一御出門未半刻御参内、御院参夫より河原御殿江御成、（○御供略）御迎先四ツ時、然ル処太宰少監河原御殿江尚又今日も一品宮様御勝レ不被遊御容躰ニ付宮様河原御殿ニ御宿被遊候、尚還御被為在候ハヽ御迎御供之義者可被仰出旨、

一宮様今晩も河原御殿御止宿被為在、其旨御用所御次江も申渡ス、右ニ付酉刻頃ゟ老女・女中等河原御殿へ為交代参ル、宮内卿・八重嶋、

十六日、壬寅、雨曇、

一東川御殿今晩も御宿ニ付老女・若年寄等交代ニ参ル、

文政三年二月十六日

上皇（光格）ヨリ自今諸家ノ和歌添削ヲ免許セラルベキ旨仰出サル、織仁親王ノ病篤キヲ以テ、特ニ此ノ御沙汰アルナリ、仍リテ此ノ旨ヲ直チニ病床ノ親王ニ申シ傳ヘ、又御禮ノ爲、仙洞御所ニ參入シ、更ニ中宮御所（欣子内親王）及ビ禁裏（仁孝）ニ參ル、

編修課

〔有栖川宮日記〕○高松宮家蔵

文政三年二月十六日、壬寅、雨曇、

一中務卿宮御方自今諸家和哥御添削被免旨従
仙洞御所被仰出、

右者一条関白殿ゟ御書を以被傳如左、

昨今餘寒殊更ニ候、御安清ニ候哉承度存
候、抑貴君自今諸家和哥御添削被免旨従
忠良可申入旨仙洞御沙汰ニ候、尤御相傳
後雖早速此節入道宮御不例中旁厚御沙
汰之旨被仰下候、仍右早々申入度如此候

也、恐々謹言、

二月十六日　忠良

中務卿宮御方
玉机下

追而右爲御請御札早速御参之儀と存候、
爲念内々申入候也

右御返書畏思召候旨ニ而被進、

一右諸家御添削被免候旨一品宮御方御違例中
ながら御直ニ被仰上候処、恭思召御安心之御
事ニ被相伺、尚早速御礼御参等之仰も被為在、
誠ニ一品宮御方御精神御貫正之御事ニ被為

在候、

一河原御殿ゟ直ニ御出門ニ而先御参洞、夫ゟ中
宮御所へ御参、夫ゟ御参内（○御佚略）還御戌刻過、直
クニ夷川御殿へ還御、

右諸家御添削被免候御礼之御参夫ゟ直ク
ニ関白殿江被為成、御通ニ而御吹聴御礼被
仰置、

一右諸家之添削被免候ニ付、點者之堂上并一品
宮様和哥御門弟之堂上方へ御吹聴御使乍恐
分被仰入如左、（○堂上人名略）

一御庭鎮守社人麿社、天満宮社、願照明神梅本明
神并其清殿等へ御代拝右京進、
右御添削被仰出候御礼之御代拝也、
但し御黒戸尊牌へも御代拝相勤候事、

文政三年二月十七日

仁和寺宮済仁親王・梶井宮承真親王・知恩院宮尊超親王ト倶ニ、織仁親王ノ枕頭ニ召サレテ遺命ヲ受ク、

〔有栖川宮日記〕○高松宮家蔵

文政三年二月十七日、癸卯晴、

一一品宮様御不例先々御静ニ被為在候得共誠ニ追々御疲労ニ被為在一統奉恐入候、今朝者宮様奉始、仁和寺宮、梶井宮、知恩院宮等江も御側近ク被為召御遺命等之御沙汰ニ而宮々方も誠被為入恐候、

文政三年二月二十一日

一昨十九日、織仁親王薨去セルモ、秘シテ喪ヲ發セズ、是ノ日、前夜亥刻薨去ノ旨披露ス、乃チ昨日ヨリ四月十日ニ至ル五十箇日ノ假ヲ請ヒ、十三箇月ノ喪ニ服ス、

〔有栖川宮日記〕○高松宮家蔵

文政三年二月十九日、乙巳、雨、
一戌半刻頃河原御殿ゟ参ル　坂部左近
一一品宮様到而不被遊御勝候ニ付、右之趣實枝
宮御方并八穂宮御方初等江被仰進、右之義御
用人・御近習并奥向等江申入置、
御裏様ゟ　老女　左衛門
八穂宮様初ゟ　若年寄　八重嶋
河原御殿江御伺之御使ニ参ル、
内実者戌刻過薨去也、

二十日、丙午、
一宮御方午刻過河原御殿ゟ還御、尤御包奥、御供
青士両人、安藤玄蕃、柳松主馬、其餘如例、
一御出門未半刻河原御殿江御成、御供青士両人、
前川左京、山本大炊、其餘如例、

〔有栖川宮日記〕○高松宮家蔵

文政三年二月廿一日、丁未、
一一品宮様御養生不被為叶薨去之旨今日御届、
并諸方江も為御知表向昨夜亥刻薨去之御振
合也、
一甘露寺（傳奏代）前大納言殿江御使、
入道一品宮薨去ニ付中務卿宮従昨日到四
月十日五旬御假、十三ヶ月御着服候、尤穢
被混候間穢之限者追而可被仰入候、仍御届
如斯御座候、以上、

二月廿一日　粟津圖書頭
甘露寺前大納言様
德大寺大納言様
雜掌御中

文政三年二月二十二日

織仁親王ノ入棺ノ儀アリ、夷川御殿ニ赴キ、入棺ノ諷経ヲ聴聞セル後焼香ス、

編修課

〔有栖川宮日記〕○高松宮家蔵

文政三年二月廿一日、丁未、
一幸徳井陰陽助河原御殿拝寄勘文被仰付越前
守申達ス、則勘進、
御入棺日時
二月廿二日戊申　時亥刻
二月廿一日　陰陽助保救
廿二日、戊申、晴、
一今夜亥刻御入棺ニ付為御暇乞河原御殿江御
成、御出門午半刻、實枝宮・八穗宮・精宮・菊宮等御

書陵部（三号）

包輿式挑、（○御供略）還御未半刻、
一一品宮様御尊骸今夜御入棺被為有候ニ付御
内之堂御暇乞拝礼、諸大夫初侍御用人・御近習
中奥迄、尤未勤之御家来医師等迄不残拝礼被
仰付
但し尊前へハ御着座
宮御方　仁和寺宮　知恩院宮　円照寺宮
中宮寺宮　専修寺御門主
藤宰相　常盤木　清瀧　御次ノ間ニ伺、
一御棺御寸法仕法檜白削上ケ壹寸五分　金釘なし壹寸八分成ル

書陵部（三号）

四方分銅指聖メ内四角肴板ハキメチヤン流
し御蓋留メ、樫木ノ千切留内座ニ下貫板壹枚
檜八分板桟三本高サ壹寸五分、但し此間江石灰を
敷其上ニ下貫板を置、下貫板ヘ穴五ツ六ツ明
置外物忩レキセイ懸ケ厚サ五分四方座蓋とも
座八分板之船右レキセイノ上ニ船を敷、一稜高一寸
五分斗、凡御棺目形御寸法内ノリ竪六尺横三尺
壹寸五分深サ弐尺三寸、
右大工源七江申付今夜戌刻過調進川原御殿
御庭御車寄ゟ上ル、早夫大工手傳等八人ニ而

書陵部（三号）

来、
一御入棺、御足ノ方横ニ前ニ書、孤蓬庵大鼎、
御尊骸御下（綴）厚畳を表ハ引ヘキニ致シ、御下白羽
二重御敷蒲團弐帖、其上御病床ノ侭其間ニ熊
之皮、大御敷皮、其上御敷ふとん三帖、御枕之侭
御敷ふとん五帖、白御かい巻一ツ、御顔白御呉
服を以覆、
右御畳表之侭静ニ御棺奉納、
守護御并昇之方々
宮御方、着御小直衣御入、仁和寺宮、知恩院宮、圓照寺宮

中宮寺宮、尊修寺御門主、瑩美宮御方、
女房ニハ上臈藤峯、相上臈梅常盤木、老女清瀧、
表ニ而藤本木工頭、粟津甲斐守、豊嶋越前守、豊嶋大
和介、山本少監物各奉昇之、御入棺交割、
御尊骸江仁和寺宮加持土砂ヲ掛給、
納物宮々方光明真言書写并六字名号上臈始
女中各書写納之、男子何も可為同上事、
仁和寺宮、知恩院宮、圓照寺宮御染法之経文被納
之、
呉服御棺、白匂裏色御袈裟一領、白雲立涌御指貫

一腰、御鞘扇子一柄、五條緋紋白之御袈裟一
掛ケ、御帯一筋、御下帯一筋、御襪子一足、御足袋
一足、御杖一本、御爪、
（此〇中）
右奉納候後御蓋をし、樫木ニて打込、是より
御用人御近習并呼寄、右御棺を表ノ御座敷一
ノ御間江御北頭ニ奉移、此時宮様御始宮々様
并ニ上臈始清瀧迄、木工頭始少監物迄、次第ニ
御棺を三反左廻、右済大工手傳等ヲ入、右御棺
之御蓋メ候木口チャン流し、右松浦靱負、安藤

玄蕃役之、得と相済寅剋、大ゟ御棺ノ御後手ニ
御屏風一双裏向ニ引廻し、御棺前ニ御机ニ御
白木上ノ方ニ御位牌奉安置、孤蓬庵大鼎座元
書之、
文聚院入道一品中務卿龍淵親王
生絹ノ覆懸ル、御香爐、御花しきみ一本、御水等
御机ノ上ニ備之、白木御燈臺御燈を上ル、
右済而龍光院江案内申、則大鼎座元伴僧も御
焼香、御入棺之勤行諷経、右之後宮御方、仁和寺
宮、知恩院宮、円照寺宮、中宮寺宮、瑩美宮御方御

拝御焼香寛勅、

文政三年三月五日

織仁親王ノ葬送アリ、乃チ夷川御殿ニ赴キ、棺前ニ焼香ス、尋イデ出棺ヲ見送レル後、大徳寺龍光院ニ赴キ、葬儀ニ列シ、埋葬畢リテ廟所ニ焼香シ、水ヲ手向ク、翌六日、龍光院ニ金剛經三巻・香奠銀一枚ヲ供フ、

〔有栖川宮日記〕○高松宮家蔵

文政三年二月廿一日、丁未、

一幸徳井陰陽助河原御殿招寄勘文被仰付、越前守申達ス、則勘進、

御葬送之事　御葬送日時

三月五日辛酉　時酉

二月十一日　陰陽助保救

廿二日、戊申、晴、

一龍光院役者招寄、来月五日酉刻御葬送御出棺之由申渡、且又御葬送并御中陰御法事料銀五十枚可相納旨申渡ス、

三月二日、戊午、晴、

一御出門申半刻御同所（河原御殿）江御成、

五日、辛酉、天晴、

一朝より仁和寺宮・知恩院宮ニ而夷川御殿へ被成、

一御棺前宮御方・仁和寺宮・知恩院宮・円照寺宮・登美宮・中宮寺宮等今日御暇乞御拝御焼香被遊、

次ニ藤池院・常信院・清心院始拝禮御焼香ゝ上、

御側女中一統准之、

一午刻過御棺ヲ御輿寄江出シ奉リ、右御近習勤
之、尤宮ゝ御方并諸大夫侍等守護之、
右御輿寄外ニ貫屋根仮屋ヲ設置、
御車代御轅置右御轅ニ奉移、右ハ大工并力者
手傳之者懸リ御轅奉移、
御棺御頭之方ヲ御轅之御後ニ御足ノ方ヲ御
轅ノ御前ニ奉移、
　御轅前ニ御香炉ヲ置御香ヲ焚キ
守護車副之御近習烏帽子白上下着用ニ而両
人ツヽ相詰ル、

右之御場所宮ゝ方女中等時ゝ拝禮御焼香念仏
之尼其外女中等如前御位牌前ニ讀經勤行之、
一一番申刻拍子木惣而御供相揃候所、
一二番申半刻御供并御名代御見送リ各扣場所
　江列立、御内御供之者も下ゝ迄扣場所へ出ル、
尤直ニ挑灯ニ火ヲ入ル、
一三番酉刻拍子木前此時終焉之御枕火ヲ紙燭ニ移シ
粟津圖書頭御輿寄ゟ持出炬火之松明ニ移ス、
則炬火之諸大夫圖書頭越前守右松明之火ヲ
御前火二十之松明ニ移ス、直御出棺、此時輿丁

七拾人力者二十人御轅之元ニ召集置、
于時宮御方、仁和寺宮、知恩院宮御庭切戸口ゟ
御藁沓被召、御先江御供頭之諸大夫坊官共松
明ヲ持御見送リ御近習両人ツヽ等御跡ニ従
イ御轅御出門迄御跡ニ被従御門内迄御供被
遊、夫ゟ右宮御三方共御引取直ニ御板輿ニ被
召、間道ヲ大徳寺御休息所松源院迄被為成、右
御列如左、
（○行列略）
仁和寺宮、知恩院宮引續御跡被従、

右龍光院門内迄御供、夫ゟ龍光院南圖子墓地
江被為入、夫ゟ右御葬送足場掛リ道ヲ右客殿
西手へ被為下、客殿西階ゟ被為上、小書院江御
通リ暫御休息、猶直ニ客殿南間へ被為出、右御
轅ゟ八方龕ニ奉移候ヲ拝覧、直ニ御三宮共南
〔朱書〕「但シ此度依御遺言如斯」
面ニ御着座、
一吴川御殿ニ而御出棺御見送リ之姫宮方御玄
関ニ而簾中ゟ御拝、圓照寺宮、中宮寺宮、登美宮
御跡御本所御位牌前圓通寺住持尼以下念仏
修行、但し龍光院ゝ籠リ僧今日限リ引取、

一　夷川御殿御出棺酉刻御列立如左、
（○列立図面及ヒ行列略）
右夷川御殿正酉刻御出棺、戌刻頃室町通今出
川上ル町ニ而御轅御搨ニ奉休、右暫時而直ニ
御列ヲ進メ御道筋通リ大徳寺四ツ脚門江被
為入亥刻、夫ゟ松源院門前ゟ宮御方、仁和寺宮
知恩院宮御歩行ニ而御供被遊、右列前ニ記有
之、夫ゟ龍光院ゟ役者右四ツ脚門迄御出迎ニ出、
則御案内として六門之跡ニ立龍光院江御案内、
右龍光院兜門内ニ僧侶十二三口出迎道経ヲ

誦ス、暫而御轅ヲ進ム、中門江奉入、夫ゟ客殿敷
瓦白砂搨之上ニ奉置、此時右輿丁之者門外江
出シ、力者二十人門内江入八方龕ヲ奉居、則御
轅ゟ御棺ヲ八方龕江奉移力者也、夫ゟ力者二
十人ニ而右御龕ヲ客殿正面之庭御雨障子之
下仮家ヘ奉置直ニ宮御方、仁和寺宮、知恩院宮
南面ニ御着座、西椽座敷南之方東面ニ御名代
御代香之輩着座、
（○中略）
右座定而

客殿ニ而御葬式
孤蓬庵　大鼎座元
御引導法語
同　諷経　楞厳神咒
御葬式出頭誦経
松月軒　宙寶和尚　大源菴　剛堂和尚
滑泉寺　笑雲和尚　泰勝菴　真峰和尚
黄梅院　大綱座元　清源菴　諦道座元
玉林院　月舟座元　芳春院　仙巌座元
平衣貳拾貳人
龍光院出頭

看松菴　透海座元
孤蓬菴　大鼎座元
寸松菴　天景座元
平衣十九人
右御葬式済而僧侶退キ、直ニ宮御方、仁和寺宮
知恩院宮御焼香御拝礼、（○中略）直ニ右宮々御方
西之客殿階ゟ御藁沓御杖ニ而被為下、御供之
輩敷瓦ニ相廻り居、夫ゟ客殿前御龕ヲ力者奉
舁之、（○中略）宮御方、仁和寺宮、知恩院宮御供、尤御一
方宛御近習両人ツヽ、松明、次ニ諸大夫或坊官等

両人ツヽ御前火松明ヲ取、此松明ハ内へ向ケ
候事、但し右焼香者之前江寺門ゟ二行ニ立、

尊経　　弥陀神呪

夫ゟ客殿西足場懸リ西ニ向ひ、又南ニ向ヒ、下
ル、夫ゟ御廟所江足場ニ懸リ御葬リ所迄御列
立ニ而八方龕ヲ御廟所前ニ奉居、夫ゟ大工力
者之者右八方龕ヲ被除、此時御廟所御後ヲ南
面ニ三宮共机床ニ被為懸御着座、尤御供之諸
大夫坊官御近習等御側伺ス、但し御前ニ而松
明ヲ焼、尤御廟所三ケ所斗ニ大篝リヲ焚御龕

ゟ御棺ヲ奉出シ直ニ力者共万力式樅ニ懸ケ
静ニ奉下シ、右御廟所圖書頭越前守近江守松
浦靫負安藝玄蕃等奉守護之、晬〇三宮御方御廟
御正面江被為成、鋤を以土ヲ三遍葬掩、右済而
寅刻宮方客殿ゟ小書院江如元還御御休息、
一御廟所御葬相済卯半刻頃、夫ゟ宮御方、仁和寺
宮、知恩院宮御拝御焼香御水被為向、
一宮御方、仁和寺宮、知恩院宮於小書院御夜食丑刻
頃上ル、一汁五菜、配膳女中向、
一右御三方今夜御葬儀是御大形ニ而御間取有

之及雞鳴候ニ付直ニ龍光院小書院ニ被為成
翌朝御膳等も龍光院ニ而差上、昼御膳者御非
時ヲ差上ル、

明六日還御

一宮御方大徳寺ゟ未半刻還御、（ノ御供脱）
但し仁和寺宮、知恩院宮明日未半刻頃御本
坊江還御、

六日、壬戌、晴、

一龍光院江御備物如左
宮御方ゟ
金剛経　三巻　柳宮職
御香奠銀壹枚

実枝宮御方ゟ　葩　三十片
御香奠金弐百匹
登美宮御方ゟ　御香奠金弐百匹
八穂宮御方ゟ　同上
精宮御方大覚寺殿ゟ
菊宮御方ゟ　御香奠金百匹
他宮御方ゟ　同上
一寺門江御代香御備物等如左
知恩院宮　御使武田宮内卿
三部経　三巻

白銀　貳枚
仁和寺宮　御使小情伊勢介
法華経　八巻
白銀　三枚
一梶井宮　御代香山本大蔵卿
納経　八巻
白銀　弐枚
一輪王寺宮　御代香正観院権僧正
法華経　一部
白銀　三枚

一圓照寺宮御成
葩　一臺
金　貳百疋　御備
一中宮寺宮御成
同上両種
一実枝宮御方登美宮御方并御成

文政三年三月八日
織仁親王ノ中陰初願忌ノ法事ヲ大徳寺龍光院ニ於テ修セシガ、風邪ノ為、使ヲ遣シテ代香セシム、此ノ後四月九日ノ盡七日忌ニ至ル迄、屢々龍光院ニ於テ法事ヲ修シ、參詣シテ之レヲ聽聞ス、

編修課

〔有栖川宮日記〕○高松宮家蔵
文政三年三月七日、癸亥、晴、
一龍光院江今日御代香御備并拝参之分
一輪王寺宮　御代香奥村大和守
御初七日御逮夜ニ付
（○中略）
一仁和寺宮　御代香吉田左馬允
一知恩院宮　同　武田宮内卿
八日、甲子、晴、
一文聚院宮御初願忌御法事辰刻、

施餓鬼
満散　楞厳神呪
半斎　大悲神呪
出頭僧侶
松月軒宙寶和尚　大源庵剛堂和尚
（略中）
御焼香導師　大鼎座元
右御聴聞所川席巻簾ニ而
宮御方今日御風邪ニ而御不参、
仁和寺宮　知恩院宮御聴聞、

次ニ西ノ間垂簾中ニ
円照寺宮　中宮寺宮
實枝宮　登美宮　御聴聞
八穂宮
西椽座敷垂簾上﨟始拝参之女中聴聞、
西ノ間東面ニ差座代ゝゝゝ
甲斐守　越前守　右京少進　少監物
右御法事施餓鬼満散楞厳神呪相済候而御位
牌ヲ御仏壇江奉安置、夫ゟ半斎大悲神呪諷経
御回向願文済和尚座元各御焼香済差坐、此時

仁和寺宮、知恩院宮御焼香進給、次ニ客御方御
不参ニ付御代香右京少進勤之、
右済御用人御近習之内椽側江出和尚江及会
釈御対面之旨造之直ニ案内ニ立広椽ニ伺公
紫衣之和尚四人進畳三帖目迄進
御対面宮御方御不参ニ付仁和寺宮知恩院宮
御対面、
仁和寺宮仰ニ而今日者法事無滞何レ茂苦労
之旨仰、次ニ座元六人一列ニ出畳弐帖目迄進
平伏右同断仁和寺宮仰ニ而何レも大義之旨

仰被下候、
右済御聴聞所両宮御方共入御、于時於客殿北
方之和尚四人座元四人平僧三十三人御非時
被下之、
右済而退散之節和尚四人座元四人広椽端ニ
而甲斐守及接待御近習壹人送出ル雅楽、
一於小書院御七方也
仁和寺宮　知恩院宮　円照寺宮
中宮寺宮　實枝宮　八穂宮江　登美宮
御非時御膳差上ル、御菓子御薄茶ニ而

（注）脖膳光女并女中向、
一御出門辰刻前實成宮御方・八穂宮御方・龍光院
御成、御合輿御網代也、龍光院江御成、
一円照寺宮・中宮寺宮・登美宮御方ニハ従御本所
辰刻前ニ龍光院江御参詣、
一比丘宮姫宮方八穂宮等御廟参之節ハ越前守
少監物御案内申上ル、但し客殿御位牌御拝禮、
御焼香之節内々被遊、御案内越前守申上ル、
未半刻頃追々還御被催、
十二日、戊申、晴、

書陵部（三号）

一今日御引上之御二七日ニ付卯半刻頃御法事
楞嚴神咒、
一今日御参詣并御代拝御備拝参等如左、
一知恩院宮巳刻前御成、
十三日、己巳、雨、
一宮御方御出門辰半刻過龍光院江御参詣、夫ゟ
実川（アキママ）御本所江御成、彼方ニ而御昼御膳御酒等
被召上、（○御供略）還御
十四日、庚午、雨、
一御出門午刻過御廟参御包輿ニ而、（○御供略）還御申

書陵部（三号）

刻前、
十七日、癸酉、曇、
一御出門巳刻龍光院江御廟参御包輿ニ而、（○御供略）
還御午刻、
一御寺詰帳如左（○御寺詰略）
一御中陰御三七日御引上御法事辰刻
一宮御方巳刻御参詣
一知恩院宮巳半刻御参詣
一仁和寺宮未半刻御参詣
十八日、甲戌、終日雨、

書陵部（三号）

一御出門巳刻過御廟参、右御包輿ニ而、（○御供略）還御
午刻前、
十九日、乙亥、雨、
一文聚院宮今日実御初月忌、
一御出門卯半刻過龍光院江御廟参（○供奉略）御輿網
代（○略）於寺門御非時差上ル、御参詣之御方々
様江も被進、
実成宮・登美宮ゟ被仰付候御法事御聴聞相済御焼香
仁和寺宮・知恩院宮引續御焼香、今日者客殿ニ而御對面無シ、
ニ而小書院ニ而御對面也、

書陵部（三号）

次ニ実枝宮、登美宮御代香甲斐守相勤、
次ニ八穂宮御代香右平少進相勤、
万端相済還御未半刻、
一御初月忌ニ付御法事
楞厳神咒　卯半刻
実枝宮登美宮ゟ御附法事
施餓鬼　巳刻
満散　楞厳神咒　半斎　大悲神咒
一御寺詣帳如左（〇御寺詣、輩略）
中務卿宮巳刻御参詣、

仁和寺宮同刻御参詣
知恩院宮同刻御参詣
圓照寺宮同刻御参詣
廿一日、丁丑、晴、
一御出門巳刻前御廟参、（〇御供略）還御午刻前、
廿二日、戊寅、雨、
一御出門巳刻前御廟参、（〇御供略）還御巳半刻、
一御寺詣帳如左
御寺詣　甲斐守　田中舎人
一御四七日　太田勘ヶ由　安藤玄蕃

高橋周右
一宮御方御参詣巳刻過、
一仁和寺宮御参詣同刻、
一今日御四七日也、
御法事辰刻前　普門品　大悲神咒
着座　甲斐守
尤院内之僧衆斗相勤、
廿六日、壬午、晴、
一御出門巳刻前御廟参、（〇御供略）還御巳半刻、
廿七日、癸未、晴、

一文聚院宮御中陰御引上之、今日御五七日於龍光院御法
事卯刻楞厳神咒龍光一派出勤、
僧侶一統朝斎被下候、御寺詣之輩も被下候、
一御出門辰半刻龍光院江御廟参、（〇御供略）御輿細洗
其餘如例還御巳半刻過、
一御寺詣帳（〇御寺詣、輩略）
一宮御方巳刻前御参詣、
一知恩院宮巳刻御参詣、
一登美宮御方巳刻前御参詣、
一登美宮御方今日美川御本所ゟ辰刻過御出門

ニ而龍光院江御参詣被遊候、（○中略）尤御包輿ニ
而還御掛此御本殿江御成、御輿寄ゟ午刻前被
為成昼御膳等被召上未半刻頃還御、
一宮様未刻御出門御三十五日ニ付御本所江御
牌前為御拝香御成、御包輿ニ而、（○中略）還御戌刻、
廿九日、乙酉、晴、
一御出門巳刻前竜光院江御参詣、尤御包輿、（○御供略）
還御午刻前、
四月二日、丁亥、朝雨後晴、
一御寺詣帳（○御寺詣輩略）

一知恩院宮巳刻前御廟参、
一宮御方未刻御廟参、
一御出門未刻前龍光院江御廟参、（○御供輩略）還御未半
刻、
三日、戊子、雨、
一御出門辰半刻竜光院江御参詣、御包輿也、（○御供略）
還御午刻過、
一御寺詣（○御寺詣輩略）
六七日御法事卯半刻
中務卿宮御参詣巳半刻

仁和寺宮御参詣同刻、
六日、辛卯、曇、
一御出門辰半刻竜光院江御参詣、御包輿、（○供奉略）還
御午刻前、
八日、癸巳、晴、
一文聚院宮御盡七日御逮夜ニ付御法事等被為
有、御本所御牌前江四十九笠餅等被備之、右御
本殿餅座ゟ大目録臺ニ盛直ニ調進之、
一御出門辰上刻龍光院江御廟参、御包輿ニ而、（○御供略）
還御午刻、

一御寺詣帳（○御寺詣輩略）
一圓照寺宮卯刻御参詣御法事御聴聞、御非時
上ル、
一知恩院宮巳刻御参詣右同上、御非時上ル、
一御宿忌御法事巳之刻、但シ御法事料ハ明日儀法御執行白銀八拾枚之内
金剛般若経　大悲神咒
（○中略）
着座　右京少進
知恩院宮御焼香被為済直ニ
御代香　右同人勤之

一 夷川御殿於御本所文聚院宮薨去御中陰御尽
七日之間為御供養姫宮并女房向并比丘尼昼
夜念仏三昧知恩院宮被為置之御殊勝之事、
猶又仁和寺宮、円照寺宮、中宮寺宮被仰合、於御
本所之内於別間別行〉被修、右次第先達而仁
和寺宮御直筆ニ而被進之、如左、
文聚院入道故一品中務卿龍淵王
薨去之後累七之間聊為奉謝罔極恩徳連
枝同心之忠勤々々尼
仁和寺沙門済仁

圓照寺大機文成
中宮寺尊照栄輝
於平素便殿荘厳秘密壇上紅頗梨色阿弥
陀為本尊、
文政三年従二月廿四日起首至于同夏四月
朔日、
各合志致誠奉修光明真言法一百箇座、比
間日々二座或三座、都三十七箇日之間
百座行法、首尾無障志願円満、伏願以此白
業

光考尊儀　出離生死
往生極楽　頓證菩提
乃至法界　平等利益
文政庚辰夏四月朔日　謹記之、
右御側ゟ出可記之置旨ニ付留レ、
一 仁和寺宮知恩院宮
白銀五枚宛
右御本所御中陰御修法御勤行被進候ニ付為
御挨拶被進之、
九日、甲午、曇、

一 文聚院宮御盡七日中務卿宮卯半刻御出門ニ
而竜光院江御参詣、（○供奉略）還御申刻、
一 実枝宮辰刻前御出門ニ而竜光院江御参詣、（○供奉略）
還御申刻前、
一 御寺詰　（○御寺詰ノ輩略）
宮御方ゟ御備
御香奠金弐百疋
実枝宮御方ゟ御備
葩　三十片
登美宮御方ゟ御備

花　三十片
八穗宮御方ゟ御備
花　弐十片
精宮御方ゟ御備
（ヲキヤ、）
花
一辰刻観音懺法一山僧執行
出頭僧衆交名
松月軒 宙宝和尚　大源庵 剛堂和尚　碧玉庵 明堂和尚
清泉寺 笑雲和尚　泰勝庵 真峯和尚　黄梅院 大綱座元
松泉庵 栢堂座元　洞雲庵 石窓座元　大仙院 諦道座元

玉林院 月舟座元　正受院 雪堂座元　芳春院 仙巌座元
平僧六拾五員
当院
透海座元　大鼎座元　天景座元
平僧拾七員
右
庚辰四月九日　龍光院
右御法事例席重簾ニ而御聴聞
中務卿宮　仁和寺宮　知恩院宮
西ノ方重簾内
実枝宮　圓照寺宮　中宮寺宮　登美宮

（口中略）
御法事畢而宮御方御聴聞所和尚座元焼香相
済候上着座ゟ及言上、御霊前江御焼香宮御初
御次第ニ被為進御焼香畢而御聴聞所江御還
座之上出頭之和尚座元江御対面ニ而大儀之
由被仰下、
右次第者着座ゟ御喜色相伺、御近習江差図、
同人ゟ和尚座元江進ミ候様申入例席罷出
平伏御挨拶畢而退出、
於導場和尚初江非時出ル、

一御霊前江実枝宮御初御焼香之節御簾ヲ垂ル、
一御廟御参詣被為済候上於小書院
中務卿宮　御室宮　知恩院宮　圓照寺宮江
中宮寺宮　実枝宮　登美宮
御非時差上ル、老女御配膳中臈御手長、
一御法事料相渡候所請書差出ス、
覚
白銀　八拾枚者
文聚院尊儀御盡七日御法事料
右攸令院納如件

庚辰四月九日　竜光院役者　栽首座
享首座
田中舎人殿
松浦靱負殿

覺
白銀　拾枚者
文聚院尊儀御中陰御法事料
右從令院納如件
庚辰四月九日　龍光院役者　栽首座
享首座
田中舎人殿
松浦靱負殿

一御寺詰帳如左御晝七日
宮御方御參詣ニ付御花一筒被備之
仁和寺宮御参詣

書陵部（三号）

金　弐百疋
御備
葩　一臺
知恩院宮御参詣
漸寫阿弥陀経　十部
御香奠金　弐百疋　御備
葩　一臺
梶井宮〃　御代香山本大藏卿
御香奠金　弐百疋
御花　一つゝ
葩　一臺
圓照寺宮御参詣

白檀　一臺
御花　一筒
中宮寺宮御参詣
白檀　一包
御花　一筒
実枝宮御参詣
御花　一つゝ
輪王寺宮〃　御代香霊山院大僧都
白銀　弐枚
葩　五十片

書陵部（三号）

御花　一つ、

文政三年四月八日

大徳寺龍光院ニ織仁親王ノ遺物ノ袈裟裘袋差袴各一領及ビ屏風一雙硯箱一箱等ヲ納ム、

〔有栖川宮日記〕○高松宮家蔵

文政三年四月八日、癸巳、晴、

一大徳寺中龍光院江文聚院宮御遺物今日被納所如左、

覚

一御袈裟　一領

一御裘袋　一領　白色御地紋八ニ菊紋　御裏白、

一御差袴　一領　白綾地御地雲立涌　御裏白、

右箱入

一御屏風　一双　箱入　金箔地扇面形繪　光琳ト云、

一御硯箱　堆朱　一箱

硯石水入墨筆小刀錐并入

一御大鉢　唐金黄宣徳　五郎三郎作　一箱

一御薬遊　一臺

銀瓶一土瓶一御茶碗二蝿張一

右之通被納候事、

文政三辰年四月八日

右於龍光院役者享首座栽首座江御用人ゟ相渡、則院納之請書出入、

編修課

書陵部（三号）

書陵部（三号）

書陵部（三号）

文政三年四月二十五日

禁裏(仁孝)ヨリ中務卿復任並ニ除服出仕ヲ仰出サル、仍リテ御禮ノ爲、禁裏並ニ中宮(欣子内親王)・仙洞(光格)兩御所ニ參入ス、

〔有栖川宮日記〕

文政三年四月廿五日、庚戌、晴、

一禁裏御所取次より来状

御用之義御座候間、非藏人口江唯今御參候様清閑寺弁殿被命候、仍而申入候、以上、

四月廿五日

有栖川宮様 諸大夫御中　土山駿河守

右承知之旨近江守より返書、

一非藏人口江巳刻前罷出　近江守

清閑寺弁殿共橋面會ニ而被申上、

今日中務卿復任宣下、除服御出仕被仰出候旨被相達、可申上旨則帰殿之上及言上、直ニ再非藏人口江罷出、御承知被為在候旨御請被仰上候、趣則非藏人を以清閑寺弁殿へ申入、被承候由也、

一除服御出仕ニ付御出門午刻、女御御方江御成、夫より御參内、中宮御所江御參、夫より御參洞、(○御供略)

還御未刻過、

文政三年四月二十七日

諸大夫粟津義毅・同藤木成基・鷹司家上臈今小路ニ和歌入門ヲ許可ス、尋イデ五月二日、仁和寺宮濟仁親王・梶井宮承眞親王・知恩院宮尊超親王・中山忠頼・慈光寺實仲ニ、二十七日、圓照寺宮文乘(織仁親王女)・貞操院(織仁親王女幸子女王、毛利齊房室)・知恩院宮家來三好玄通・豐後介・同小山將監・町人安見吉左衛門・仁和寺宮家來土橋大藏卿・矢守平康・谷季尚・本多隼人・山崎文理ニ、二十七日壬生家尹ニ入門ヲ許可ス、

〔有栖川宮日記〕 ○高松宮家蔵

文政三年四月廿七日、壬午、晴、

一　　粟津図書頭（義類）

　　藤木近江守（成定）

此度和歌御門入越前守ヲ以相願候所御許容

御題寄道祝御染筆被成下、則御礼御前江罷出

申上ル、

附記、此度和歌御門弟被改候ニ付、更ニ可相願

旨先両人今日相願、餘者追々可相願旨御内命

有之、尚明廿八日詠草伺候様、其節御盃可被下

旨、尚誓状も差上候様被仰出、

一　尤房君殿上﨟也、故一品宮和歌御門人也、
　　鷹司殿上﨟今小路

和歌御門入相願御許容、尚明廿八日為御礼参

上之由御沙汰也、

五月二日、丁巳、晴、

一仁和寺宮済仁法親王巳刻御成、

今日和哥御入門ニ付為御禮

　御太刀　　一腰

　御馬代銀拾両　　一疋

右被進之候、

書陵部（三号）

一梶井座主宮承真法親王午半刻御成、

今日和歌御入門ニ付為御禮

　御太刀　　一腰

　御馬代銀拾両　　一疋

右被進之、

一知恩院宮尊超法親王同刻御成、

今日和歌御入門ニ付為御禮

　御太刀　　一腰

　御馬代銀拾両　　一疋

右被進之、

書陵部（三号）

一中山前大納言殿忠頼卿未刻御参、

今日和哥御入門ニ付為御禮

　御太刀　　一腰

　外ニ
　御有（生鯛 / 蛤）　　一折

右進上之、

一慈光寺左馬権頭殿實仲朝臣伺公、

右同上ニ付為御禮

　御太刀　　一腰

　御馬　　一疋

以上

書陵部（三号）

於御小書院御對面、
七日、壬戌、晴、
一圓照寺宮　御使山田掃部
今日知哥御入門ニ付為御礼義昆布料金弐百
疋被進之、
一眞操院宮　同　同　亘理
生鯛一折弐尾
右同断ニ付被進之、且御詠草被為入御覧直ニ
御返シ被進、
一参上　知恩院宮侍（玄通）三好豊後介

同　御近習　小山将監
右同断ニ付御扇子一箱御肴一折等両人ゟ献
上、於御小書院御目見御盃被下、
一参上　町人　安見吉左衛門
同伴　三品豊之進
右同断ニ付御禮金三百疋献上、
十七日、壬申、終日雨、
一参上　仁和寺宮御内　土橋大蔵卿
扇子一箱　大蔵卿　矢守大和介（章廉）
御肴一折　献上　大和介ゟ　隼人　谷　右兵衛（香西）

扇子一箱献上　右兵衛　左衛門ゟ　本多隼人（文理）
右両人ハ是迄故一品宮様御門弟也　山崎左衛門
右知哥御門入相願則被聞召御題被下之、則今
日堅詠草を以各伺御点被下候、各誓状一紙宛
上ル、右於御小書院御目見御盃被下候
廿七日、壬午、曇天、
一壬生少将家尹朝臣和歌為御門入御参、成基出
會詠草誓状等被差上、御門入御礼として左之
通御進上、
御太刀　一腰

御馬　一疋　御目録斗也
於御小書院御對面、

文政三年五月二十九日

大徳寺龍光院ニ於テ織仁親王ノ百箇日忌法事並ニ石塔開眼供養ヲ修ス、仍リテ参詣シテ法事ヲ聴聞シ、焼香ス、

〔有栖川宮日記〕○高松宮家蔵

文政三年四月二日、丁亥、朝雨、後晴、

一龍光院ニ而文聚院宮御廟御塔積リ伺之上御治定石工へ今日申付ル、尤御百ヶ日来ル五月晦日迄御立塔可有旨ニ申付ル、

惣高サ七尺五寸八分

一御牌銘石上々和泉石 巾壹尺七寸 高サ四尺七寸

上々磨キ 厚サ壹尺

へ

一上段石上々白川石 但シ壹枚上四方面取 巾弐尺五寸 高サ六寸三分

上々磨キ 奥行壹尺九寸

一中段石上々白川石 但シ壹枚上四方面取 巾三尺五寸 高サ壹尺五寸

上々磨キ 奥行弐尺九寸

一下段石同上但シ弐枚石 巾四尺 高サ七寸五分

上々磨キ 奥行三尺四寸

一御玉垣白川石土臺 石垣 高サ壹尺三寸 巾奥行共九尺

一同 上かつら石笠石共 高サ弐尺四寸 石巾七寸五寸

柱石 角々洲濱形彫入

一御玉垣内四方惣敷石白川石

一御前扉両開キ上鈹菱下菊御紋彫

一玉垣外御前石段二段付ケ

一御花立和泉上々石 巾 高サ壹尺三寸六寸 壹對

高サ五寸五分

一御水船和泉上々石 巾九寸五分

右上々細工 奥行六寸弐分

一御燈籠白川上々石二本 惣高サ五尺

一御手桶臺石　貳ツ
一御拝石白川石　貳尺 三尺
一御塔下土中江捨石　長サ六尺 巾五尺
五月七日、壬戌、晴、
一知恩院宮ゟ　同（御使）　岡本主鈴
委細御封中ニ被仰進則御返書出ル、
右者先日御頼被仰入置候文聚院宮御石碑
之御文字御出来ニ付為持被進候也、
八日、癸亥、晴後雨、
一文聚院宮御塔御牌名知恩院宮御染筆、則今日

一白川石工松屋平兵衛江相渡、
廿八日、癸未、晴、
一御廟所御立塔出来上り今日及子刻右白川村
石工松屋平兵衛等十人斗右取懸り、并手傳四人
鍬之ものも暮後迄懸り、
右　安藤玄蕃役之、
但し御塔之御牌銘
文聚院入道一品中務卿龍淵親王
御ウラ　文政三庚辰年二月二十日
右御子　知恩院尊照法親王御筆

廿九日、甲申、晴、
一文聚院宮御百ヶ日ニ付御内惣詰麻上下、
一右同上ニ付龍光院江御寺詣如左、
山本肥後守　狩衣　嶋岡右京進　同、
（○以下略）
一文聚院宮御百ヶ日ニ付御出門辰半刻龍光院
江御成、
右御引續登美宮御方御包輿ニ而御成、
御法事御聴聞御非時上ル、
一御法事巳刻施餓鬼　出頭　透海座元

大鼎座元
天景座元
平衣二十口
右宮御方、仁和寺宮・梶井宮・知恩院宮御聴聞、済
而直ニ次第ニ御焼香、右済而後出席之座元三
人江御目見御挨拶仰、
一右御上方江於小書院御非時二汁五菜御菓子
等差上、并僧衆一統御寺詣一統、并女中参詣之
分御供方一統中通り迄御非時被下之、
一御寺詣帳如左

一御香奠金弐百疋
御廟へ
御花　一筒
右従宮御方
一御香奠金百疋
御廟へ
御花　一筒
右従実枝宮御方
一御香奠金百疋
御廟へ
御花　一筒
右登美宮御方ゟ
一葩三十片

右八穂宮御方・剛宮御方・他宮御方ゟ
一龍光院ゟ御法事料等請取左之通
覚
一白銀五枚者
文聚院宮尊儀御百ヶ日御法事料
（〇印略）
右慥令院納如件
辰五月廿九日
龍光院役者
載首座　印
悦首座　印
田中舎人殿

松浦数負殿
覚
一白銀三枚者
文聚院宮尊儀御法事御文庫料
右慥令院納如件
辰五月廿九日
龍光院役者
悦首座　印
一同上
覚
一白銀弐枚者
文聚院宮尊儀御主塔御供養料

右慥令院納如件
辰五月廿九日
龍光院役者
載首座　印
悦首座　印
宛名同上

文政三年六月七日

八穂宮（幟仁親王）・登美宮（吉子女王）・西大路隆明・梶井宮家来養仙（法印）ニ和歌入門ヲ、梶井宮家来鳥居川憲教（治部卿）・同山本長重（大蔵卿）ニ書道入門ヲ許可ス、

編修課

〔有栖川宮日記〕○高松宮家蔵

文政三年六月七日、辛卯、曇晴、

一八穂宮御方和歌御門入未剋、

御詠草御誓状被差上、

御太刀　一腰

御馬　一疋

右者御門入為御祝儀被上之、成基及言上、

一登美宮御方吉子、和歌御門入同剋、

御詠草御誓状被上之、

こんふ　一はこ

ひたい　一はこ

御たる　一か

右御門入御礼として被上之、老女及言上、

一西大路三位隆明卿和歌御門入として未剋御参、

御太刀　一腰　為御礼御進上

御馬　一疋　御目録斗也、

詠草被差上、誓状者翌日被上、

一参上（養仙）　寺家法印

和歌御門入為御礼参上也、則詠草差上ル、御点之上成基を以返し被下、

一鳥居川治部卿（憲教）

山本大蔵卿（長重）

此度書道御門入願去ル朔日御手本被下両人とも此間伺清書候処今日御点之上寺家法印迄被下尚両人江傳へ候様ニと被仰出（鳥居川・山本）

両人者今日不参也、

書陵部

文政三年六月十四日

故織仁親王ノ詠草類ノ書写ヲ開始ス、

〔韶仁親王日記〕○高松宮家蔵

文政三年六月十四日、

一故一品宮詠草類写従今日初ム、

文政三年六月二十二日

桂蔵子京都ノ医師、・船曳彌七・武藤雅楽ニ和歌入門ヲ許可ス、尋イデ二十八日九條尚忠ニ書道ノ、三十日小倉豊季ニ和歌ノ入門ヲ許ス、

〔有栖川宮日記〕○高松宮家蔵

文政三年六月廿二日、丙午、晴、

一参上　桂蔵子

船曳弥七

右歌道御入門之義相願候処御許容ニ而於御

小書院御目見、

一　武藤雅楽

右同断相願候処御許容、詠草御點被下、且御同

所ニ而御目見御盃被下之、

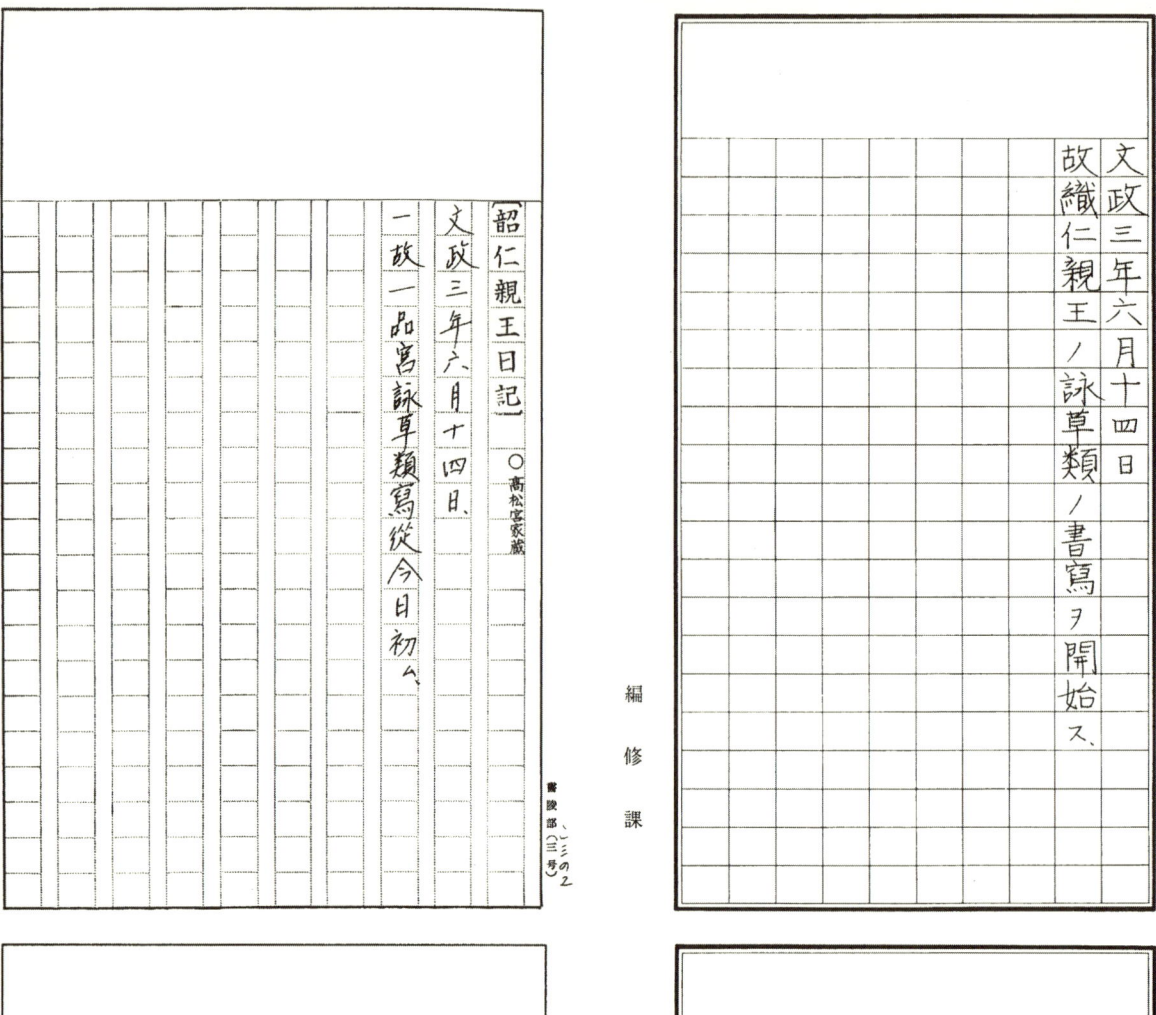

廿八日、壬子、晴、

一九条殿（尚忠）　　御使信濃小路土佐守
御太刀一腰　　御馬代銀壹枚
右今般書道御入門為御礼被進之、且御清書被
為入御覧、尤大和介罷出御口上承、其上於使者
間御使江吸物蛤紙敷肴ニ而御祝酒被下、濟而
御清書御返し、御返答同人麻上下着ニ而申出
ル、
卅日、甲寅、晴、
一小倉中納言殿（豊季）　使中村勇
今日和歌御入門ニ付為御祝義

御太刀一腰　　御馬一匹
右進上、但シ馬代銀入魂、太刀目録斗持参、尚後
刻参上可被致由也、

文政三年七月二日
禁裏女房伊豫局（官務小槻以寧姉、）ニ書道入門ヲ許可ス、
尋イデ三日禁裏大乳人鴨脚増子ニ書道ノ、八日
熊本藩主細川綱利ノ妹就君ニ書道竝ニ和歌ノ、
十日妃宣子女王ニ書道ノ、十一日大坂萬福寺淨
曉ニ和歌ノ入門ヲ許可ス、

〔有栖川宮日記〕　○高松宮家蔵
文政三年七月二日、丙辰、晴、
一参上（禁裏女房）　　壬生官務（小槻以寧）
伊豫願之通書道御門入被仰付候、御礼申上ル、
三日、丁巳、晴、
一参上（鴨脚増子）　出會右京進　　鴨脚豊前守
大御乳人書道御入門之義昨日相願今日伺ニ
上り候様申入置候ニ付罷出ル、則願之通御許
容之旨申渡、
八日、壬戌、晴、

一就君殿ゟ　御使　鶉殿新吾
右今日歌道書道御門入ニ付為御祝義
御さかな生鯛一をり
御たる代金三百ひき
被進之、出會近江守、右御使御祝酒吸物蛤紙數
肴ニ而被下、
十日、甲子、晴曇、
一実枝宮御方今日書道御門入、於御小書院御對
座、四種物ニ而御盃事被為在、女房何御配膳也、
実枝宮御方ゟ

書陵部（三号）

こんふ　一はこ
ひたい　一はこ
御樽代金　弐百疋
右為御祝儀被進之、都而女房向ニ而御往来也、
十一日、乙丑、天曇、
一参上　大坂（浄曉）万福寺
和歌御入門ニ付小書院ニ而御對面御盃被下、
伺公間ニ而御祝酒吸物紙數肴ニ而被下、

書陵部（三号）

文政三年七月十四日

是ヨリ先、故織仁親王ノ御影大小二幅ヲ慈光寺實仲ニ畫カシメシガ、是ノ日、盂蘭盆ニ當ルヲ以テ、大徳寺龍光院ニ參詣シ、其ノ一幅大ニ織仁親王辭世ノ和歌及ビ讃語ヲ記シテ同院ニ納ム、尋イデ同御影ノ開眼アリ、乃チ十九日、龍光院ニ詣リ、妃宣子女王竝ニ梶井宮承眞親王等ト倶ニ客殿佛間ノ御影ヲ拜シ、燒香ス、尚、他ノ一幅小ハ、内佛トシテ殿中黒戸ニ安置ス、

編修課

有栖川宮日記　○高松宮家藏

文政三年四月廿日、乙巳、晴、
一慈光寺左馬権頭殿へ（實仲）　越前守参ル、
則出會被致右御趣意、文聚院宮御影画認之義
御頼被仰入度、尤大徳寺御菩提所龍光院江被
納候
絹地長三尺弐寸　幅壹尺七寸　江立上り
今一幅者御内佛御黒戸ニ被懸候御影
同　長貳尺　幅壹尺
右御光代御代〻御影者御直衣御單御烏帽子

書陵部（三号）

着御之御影候得ハ此度故一品宮御影着御落餝
入道宮御事ニ付
無色御裘袋御地紋
御指貫白綾地竪紋之雲立涌
緋紋白五條之御袈裟但し御紋表菊かた紋
御染襷扇子が恵紅御末廣ニて
御左リ之御手御数珠被為持候方可然ニて
御厚畳大紋ノ縁　御板襷雲澗ノ縁
右之通彩色ニ而有之、
右之由申述候処甚未熟之画則而人物等ハ不

得手候得とも和哥御門弟之御由縁を以被仰
下候義何卒精々力を尽し被相勤度候、併右未
熟之画意御高免義被相願候則御請被申上、猶
又跡ゟ右何か御衣服何為持可出旨申、帰殿其
旨及言上、
六月廿日、甲寅、晴、
一慈光寺左馬権頭殿御参　出會越前守
先達而被蒙仰候御寺門江被納候并御殿御黒戸ニ被為祭候、文聚院
宮御画像大小弐幅共漸出来則謁進被致候、尤
右御想躰ハ慈光寺殿被相認候得共鄙而御厚

畳并御板茵御縁等彩色之義ハ兼而内々被申
上置候通り繪所土佐土佐守之門人合河結城
佐久間蔵人右両人之者相語合被申候由、則内
拝見之上其旨申上入御覧候処至極宜出来御
對面も可被遊処少々御暑邪ニ付御當分御引籠、
依之近々御對面ニ可被仰入候、右御画像之義
被是と永々心配之由御大義之事と思召候旨
越前守申出し、
七月二日、丙辰、晴、
一慈光寺左馬権頭殿江　御使岡村筆記

白銀五枚
晒一疋
右者先達ゟ御願被仰入候文聚院宮御画像認
被上候為御挨拶被遣之、
金五百疋　合川結城
金壹両　蔵人
右者彩色手傳致し候由慈光寺殿ゟ被聞召候
ニ付御内々為御會釈被下之、
十四日、戊辰、雨、
一御出門卯刻龍光院江盆中御参詣、（〇供奉略）還御

辰刻、
文聚院宮御影一幅龍光院江今日被納（〇中略）
絹地極彩色着御香色菊輪違御地紋御表袴、
御ツマ白生絹、御指貫白雲立涌、御左リ御念
珠被為持、妻紅ノ御末廣、繪梅ニ白鹿、御前ニ
被為置、御厚疊大紋縁、御板畳雲繝縁、中唐織
縫、御影ノ上ニ青黄ノ小ノ長色紙被為張、
御辞世ノ和歌
右當宮御方御筆并御紀事
御表粧

上下香色菊輪違堅織地、冬御表袴地被用、
中ハ錦織物御机掛ヲ被用、
一文字風袋赤綾地菊金御紋ちらし
右御輪袈紗（マヽ）ヲ被用、
右服紗白羽二重
御箱桐野節蓋鈕付組真田
御箱蓋表書
文聚院宮御影
裏書
御辞世和歌并御紀事　韶仁親王御筆

下ニ　画者左馬権頭源實仲朝臣
右今日御拝参ニ而龍光院於小書院輪住透海
被召於御前被渡候、則越前守ゟ申達ス、猶御影
御開眼申上候上、来ル十九日・廿日両日客殿御
佛間ニも掛之、其節御参詣御拝被為有旨、尤外
宮御門跡方も御参詣可被為在旨被仰渡、奉畏
候、猶一派ヘ披露可申渡旨申上ル、
十九日、癸酉、今暁ゟ雨、
一御出門正卯刻、大徳寺中龍光院江御参詣、（〇御供略）
御引續御包輿、実枝宮御方・登美宮御方并、（〇御供略）

還御辰半刻前、
一於龍光院客殿佛間文聚院宮御影被掛御拝、各御焼香、
拝参之輩拝禮、但し梶井宮・知恩院宮も今日御
参詣被遊、

文政三年七月二十三日

是レ迄織仁親王ノ門人タリシ熊本藩主細川綱利ノ室紀姫ニ書道入門ヲ許可ス、尋イデ二十六日、備中住人中藤又三郎ニ和歌入門ヲ許ス、

編修課

書陵部（三号）

［有栖川宮日記］○高松宮家蔵

文政三年七月廿三日、丁丑、晴、

一細川紀姫殿ゟ　使者　堤権内
是迄故宮御門人也、
鮮鯛　弐尾　一折
御樽代金　五百ひき
今度書道御門入被相願候ニ付為御礼目録之通被成御進上候事、

廿六日、庚辰、晴、

一参上　陽明家御内　牧丈右衛門
此度備中国住中藤又三郎和歌御門入願之通被仰付候御礼として
御扇子　一箱
金　弐百疋　中藤又三郎ゟ献上、

文政三年八月五日

東本願寺門主光朗ニ和歌入門ヲ許可ス、尋イデ十一日摂州富田好田権右衛門ニ、十三日医師後藤左一郎ニ、十五日實相院門主義海ニ、十六日藤本東馬ニ和歌入門ヲ許可ス、

編修課

〔有栖川宮日記〕　○高松宮家藏

文政三年八月五日、戊子、晴、
一　東本願寺御門主ゟ　使下間宮内卿
　御太刀　一腰
　御馬代銀三枚　一疋
此度和歌御門入ニ付目録之通御進上、且御詠
草被相伺、
十一日、癸巳、晴、
一　参上　親類冨田　好田權右衛門
右此間和歌御門入相願御許容、則御題被下之

今日詠草伺且御礼獻上如左、
　御有料金弐百疋、
十三日、乙未、晴、
一　後藤左一郎
和哥御門入ニ付詠草上之、直ニ御点被下候難
有旨御禮申上ル、
十五日、戊戌、晴、
一　實相院御門主ゟ　御使　芝坊法眼
　御太刀　一腰
　御馬　銀壹枚　一疋

右者歌道御門入ニ付御目録之通被進、
十六日、己亥、晴、
一　藤本東馬
和哥御門入相願詠草伺御点被下、

文政三年八月十九日
織仁親王生母藤原後藤温子ノ七回忌ニ當ルヲ以テ、其ノ位牌ヲ安置セル圓通寺ニ供養料白銀一枚ヲ遣シ、又、大德寺龍光院ノ廟所ニ參詣シ、且ツ靈前ニ於テ追福ノ和歌ヲ詠誦ス、尚、龍光院ニ於ケル法事ハ九月二十四日ニ延期シテ執行セントス、

〔有栖川宮日記〕○高松宮家蔵

文政三年八月十九日、壬寅、晴、

一實御祖母月照院殿今日七回忌正當ニ有之候得共、於龍光院御法事ハ來ル九月廿四日御延在ニ而御執行被為在候旨先日伺濟被仰出、其旨諸方江相知置、但し御黒戸御靈供等今日被備之、

右ニ付御追福御勸進御内御門弟之輩江詠出被仰出、御題寄出懐舊一昨日迄被取集、今日龍光院江御參詣之上、於御位牌殿御讀上被為遊候、

一白銀壹枚、爲御供養料被遣、三本木圓通寺江、

右月照院殿御位牌御安置有之故、右七回忌ニ付、爲御供養料其向ゟ達之、

一御出門辰刻、龍光院江御成、

登美宮御方も御參詣、御乞輿ニ而（○御供略）還御巳半刻、

文聚院宮、月照院殿御廟前江御花一筒被備〉之御体御燒香（○中略）并月照院殿御牌前江七回忌正當之御追福之和哥被爲讀、

文政三年九月四日

攝州教蓮寺了湍ニ和歌入門ヲ許可ス、尋イデ五日鷹司政凞女修子明君ニ書道ノ、十三日大坂四天王寺秋野坊ニ和歌ノ、三十日佛光寺門主眞乘ニ和歌ノ入門ヲ許可ス、

編修課

〔有栖川宮日記〕○高松宮家蔵

文政三年九月四日、丁巳、雨、

一　　　攝州名塩村教蓮寺了湍

和歌御門入ニ付、御祝酒吸物紙數被下、

九月五日、戊午、晴、

一鷹司殿ゟ（政凞）御使種田因幡守

兼而御頼被仰進候准后殿御息女明君（修子）御方御書道御入門ニ付

千たい一はこ　御樽代金弐百疋

右明君御方ゟ爲御禮被進之候、

十三日、丙寅、昨夜ゟ雨、
一參上　大坂四天王寺　秋野坊
和歌御門入ニ付御小書院ニ而御對面、御祝酒
一里塚御肴吸もの被下之、
三十日、癸未、晴曇、
一佛光寺御門主御參、午半刻（○中略）和歌御門入、

文政三年九月二十三日
大德寺龍光院ニ於テ嫡母藤原（鷹司）福子ノ十七回忌逮夜ノ法事ヲ修シ、併セテ織仁親王王女苞子女王ノ一周忌（正當十月六日）竝ニ同親王生母藤原（後藤）温子ノ七回忌（正當八月十九日）ノ法事ヲ執行ス、仍リテ同寺ニ參詣シテ之レヲ聽聞ス、翌二十四日、福子ノ正忌ニ當ルヲ以テ、又參詣シテ法事ヲ聽聞シ、畢リテ靈前ニ於テ諸家勸進ノ追悼和歌ヲ詠誦ス、

〔有栖川宮日記〕○高松宮家蔵
文政三年九月九日、壬戌、晴、
一来ル廿四日明臺院殿十七回御忌ニ付御勸進之被催御題深夜懷旧各給之、来ル十七、八日頃迄ニ詠出詠艸可相伺旨、
廿二日、乙亥、晴、
一梶井宮へ御使　柳松主馬
被伺置候御詠草御返し被進、後刻御短尺御清書為遊被進　御使　入谷大学
一仁門様ゟ　御使　谷右兵衛

御觀（勸）進之御短尺御清書為持被進、
廿三日、丙子、晴、
一明臺院殿十七回御忌御相當今日御逮夜、
真相院宮御一周忌十月六日之処今日御引上、
月照院殿七回御忌八月十九日之処御延在今日御法事、
右ニ付御弁詣寅半刻ゟ罷越ス、
（狩衣）右京少進
（御用人）松浦數負（布衣）
（以下略）
一御出門辰刻竜光院江御成（○供略）御還御申刻過、
御法事中別席ニ而御聴聞、

真相院宮
月照院殿御法事于而御焼香、且御逮夜御法事
于而御焼香。
尤大鼎座元・天慶座元等江御法事序ニ而御
対面有無之、後刻於小書院御対面被為在。
一例之通於小書院御非時・御菓子・御茶等差上ル。

〈
一真相院宮一周御忌
月照院殿七回忌御法事巳刻（楞厳神咒・大悲神咒）
施餓鬼　以下同上。
右御法事于宮御焼香、且衆僧江御対面御挨拶
被仰下。
着座　右京少進
但し御法事料白銀五枚御用人ゟ相渡ス。請
書奥に記ス
一明臺院殿御逮夜御法事未刻
普門品　大悲神咒

着座　右京少進
（中略）
但し御法事料御逮夜御当日等ニ而白銀五枚
御用人ゟ相渡ス。
一明臺院殿十七回御忌ニ付御寺詰帳如左
宮御方ゟ御備
金　弐百疋
御花　壹筒
実枝宮御方ゟ御備
葩　十片

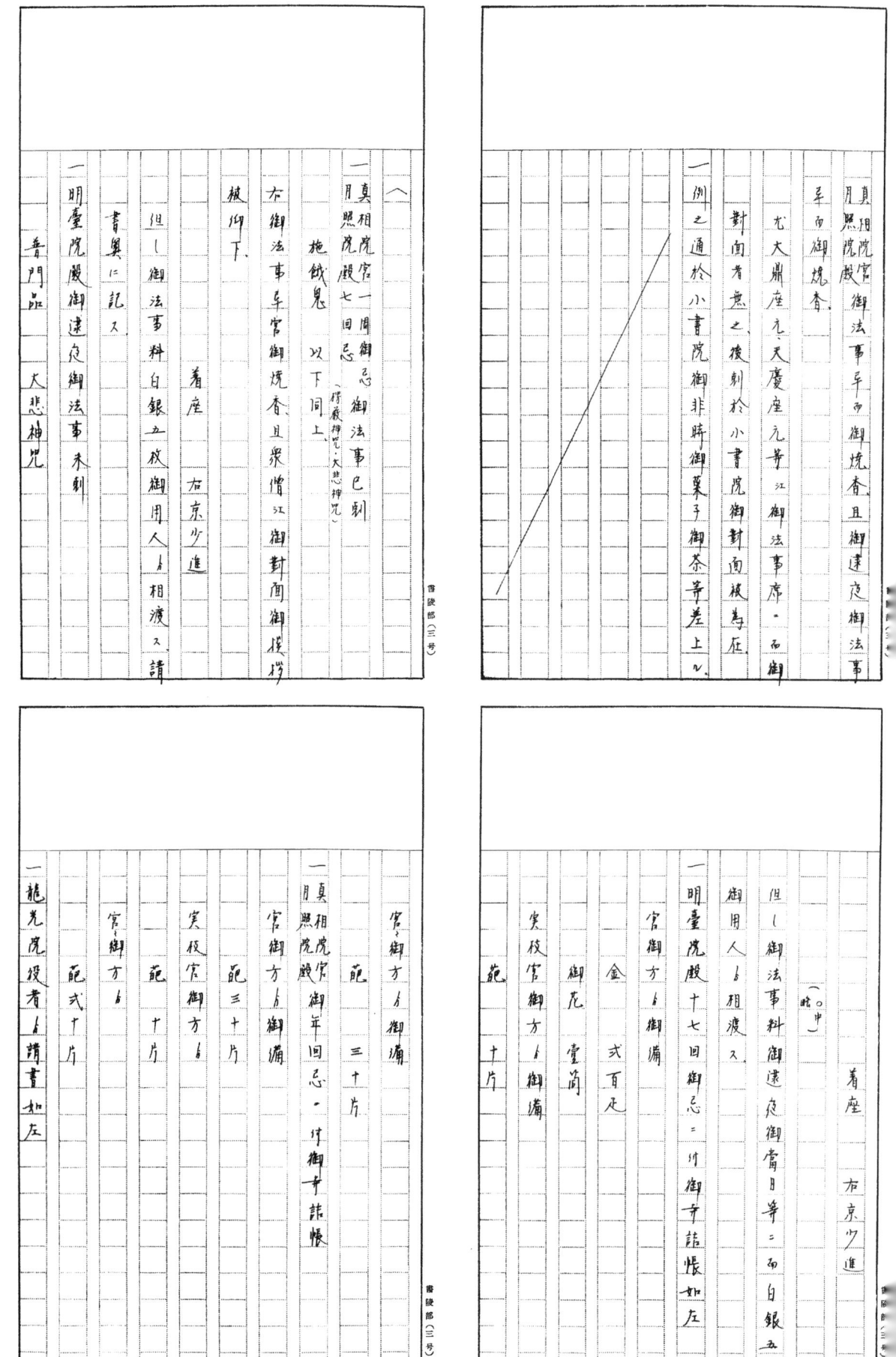

宮御方ゟ御備
葩　三十片
一真相院宮
月照院殿御年回忌ニ付御寺詰帳
宮御方ゟ御備
葩　三十片
実枝宮御方ゟ
葩　十片
宮御方ゟ
葩　弐十片
一龍光院役者ゟ請書如左

覚

一白銀五枚者
　為明臺院殿御十七回忌御法事料
　右被令院納如件
　庚辰九月廿四日
　　　　　　　　龍光院役者
　　　　　　　　　享首座印
　田中舎人殿
　松浦勘負殿

覚

一白銀五枚者
為真相院宮御一周忌月照院殿御七回忌御法事料
　右被令院納如件
　月日　宛名等同上、

廿四日、丁丑、曇天、
一明臺院殿十七回御忌御相当御法事ニ付龍光
　院江御寺詣、
　　寅半刻着　越前守狩衣
　　　　　　　田中舎人布衣
　　（○以下略）
一右御法事ニ付、（○中略）宮御方御出門卯刻過龍光

院江御参詣、（○中略）御還御酉刻前
一明臺院殿十七回御忌御法事已刻
　施餓鬼
　満散楞厳神咒
　　　　　　輪住
　　　　　　導師御焼香大鼎
　半斎大悲神咒

　出頭芳春院宙寶和尚　孤蓬庵大鼎座元
　　芳春院仙巌座元　寸松庵天景座元
　　平僧十八員着座　　越前守
　　　　　　　　　　　大和介
　御聴聞宮御方・仁和寺宮・梶井座主宮・知恩院宮
　御焼香御拝被為済候後御引席之後宙寶和尚
　弁座元三人へ御対面被仰付、
　右被為入候後於客殿如例大衆御非時被下
　候、
一御寺帳如左
　宮御方

知恩院宮卯半剋御成

仁和寺宮辰剋前御成

梶井宮同　　　　御成

鷹司准后殿午剋過御成

右於小書院御一所ニ御非時被進之、ニ汁五

菜御菓子等、

准后殿ニハ還御未半剋過、其外様申剋過追

〻還御、

右御膳［陪］膳女房ニ而、

一仁和寺宮〻

葩　壹臺

金　弐百疋

御花一筒

一知恩院宮〻

葩　壹臺

金　百疋

御花一筒

一梶井宮〻

葩　三十片

金　弐百疋

御花一筒

一明臺院殿十七回御忌ニ付御勧進和哥

御題深夜懐旧、右被取集候短冊御牌前江被供、

候、於簾中御讀上ヶ申剋前、近江守伺公、

文政三年十月三日

安禪寺隆賢ニ和歌入門ヲ許可ス、尋イデ十三日

仁和寺宮濟仁親王・梶井宮承眞親王・知恩院宮尊

超親王ニ書道ハ、二十八日圓臺院（職仁親王女董子女王、近衛經熙室）ニ和歌ハ、三十日堀河親實ニ和歌ノ入門ヲ許

可ス、

〔有栖川宮日記〕　○高松宮家蔵

文政三年十月三日、丙戌、晴、

一参上　安禅寺隆賢

今般和歌御門入為御礼昆布三十本上ル、於御

小書院御対面御盃被下之、

十三日、丙申、晴、

一仁和寺宮午剋前書道御入門ニ付御成、御清書

御持参御小書院ニ而御式四種物、

一梶井宮知恩院宮　御成午剋後右同様、

御配膳　麻上下

且奥向ニ而御酒御膳被進候、

仁和寺宮還御未刻、

御二方還御亥刻、

廿八日、辛亥、晴、

一円臺院宮御使　加治采女

干鯛壹箱

御樽代金弐百疋

右和歌御門入ニ付御礼被仰進、

三十日、癸丑、曇天、

一堀川三位（親賓）殿御参、

和歌御門入ニ付御小書院ニ（而カ）付御対面、四種

物ニ而御盃被遣、則御返盃、

文政三年十一月三日

閑院宮孝仁親王ノ勧進ニ依リ、美仁親王ノ三回

忌追悼ノ和歌ヲ詠進ス、

〔有栖川宮日記〕○高松宮家蔵

文政三年十月廿四日、丁未、晴、

一閑院宮御使　平田出羽守

華光王院宮（美仁親王）三回御忌当月六日之処御延引来月六日御執行ニ付御追悼之和歌御勧進被成度候、依之御詠出之儀御頼被仰進候、於御領掌者来月三日中被取重度候旨、

御題　御短尺柳筥載　出題冷泉前大納言為章卿

右、宮様実枝宮様并へ御頼之処、両宮様ともも御承知被成進候事、

十一月三日、丙辰、晴、

一閑院宮江　御使安藤玄蕃

華光王院宮三回御忌ニ付御勧進之詠歌御詠進、実枝宮御方ゟも御詠進、

文政三年十二月一日

西本願寺門中善休寺住職及ビ絵師浮田一蕙ニ和歌入門ヲ許可ス、

〔有栖川宮日記〕○高松宮家蔵

十二月朔日、癸未、晴、

一参上　西本願寺門中　善休寺

和歌御入門御礼詠草伺金三百疋献上、　吹挙同伴塩見新之丞

参上　画師　浮田一蕙、

和歌御入門御礼詠草伺金百疋献上、　吹挙三品豊之進同伴桂蔵子

編修課

有栖川宮実録　六三

韶仁親王実録　四

有栖川宮實錄　六三

韶仁親王實錄　四

有栖川宮實錄　六三

韶仁親王實錄

韶仁親王　四

文政四年正月二十七日

大覺寺門主亮深ニ和歌入門ヲ許可ス、

〔有栖川宮日記〕○高松宮家藏

文政四年正月二十七日、己卯晴、

一大覺寺御門主未刻ゟ和哥御入門ニ付御成、於

御小書院御式四種物、

文政四年二月十六日

織仁親王ノ生前居住セル寿川御殿ニ赴キ、登美宮吉子織仁親王女及ビ諸大夫粟津義毅以下、家来・侍医・女中等ヲ召シテ親王ノ御影ヲ安置シ、百万遍ノ念仏供養ヲ執行ス、

〔有栖川宮日記〕○高松宮家蔵

文政四年二月十六日、丁酉、晴、

一御出門辰刻寿川御殿江御成、引続登美宮御方、

供奉衛士三人、（○供奉略）其餘如例、還御戌刻前、

右者今日被掛御影寿川御殿へ附候輩被召御

非時二汁七菜中酒なし、

粟津甲斐守　依病気不参 山本肥後守

依病気不参 武藤雅楽　太田勘ヶ由

山名民部　坂部左近

此外厭侍参り候輩江も御非時被下候、

嶋岡右京少進　嶋津蔵人

医師如左

渡辺如水　安達大圓

岡一安　不参 後藤左一郎

鉄田碩庵

女中如左

藤池院　常信院　清心院

宮内卿　花岡　千衛

正順　不参 さと　同 まち　同 いく

臨期被召候輩

観什　法袖院

右之輩御非時相済候上、於御影前百万遍御執行有之、何レも恭過ゟ退参也、

文政四年二月十九日

織仁親王ノ一周忌ニ依リ、大徳寺龍光院ニ於テ逮夜ノ法事ヲ修ス、仍リテ参詣シテ法事ヲ聴聞シ、書寫セル無量壽經一巻・光明眞言二千遍・造花一臺等ヲ供フ、二十日正忌ニ當リ、又参詣シテ法事ヲ聴聞ス、

編修課

〔有栖川宮日記〕〇高松宮家蔵

文政四年二月十九日、庚子、晴、

一文聚院宮様御一周忌御逮夜ニ付御法事、

金剛般若経

大悲神咒　巳ノ刻

右御執行之事、出頭之僧（アヤマニ）

一宮様御参詣御出門卯半刻、實枝宮様登美宮様

等御引續御凡與ニ而被為成御法事御廟聞（聴）被

為在御非時被召上候後還御午之刻前、

一宮様ゟ　御香奠金　三百疋

御書写阿弥陀経　壱巻

御花　壱筒

實枝宮様ゟ　御香奠金　弐百疋

御花　壱筒

登美宮様ゟ　同上

八穂宮様ゟ　御香奠金　百疋

宮々様方ゟ　能　三十片

一宮様ゟ御奉納

光明真言　弐千遍

御造り花　錫器壱臺

實枝宮様ゟ御奉納

御名号　十万遍

二十日、辛丑、晴陰、

一文聚院宮御一周忌御法事

観音懺法　辰之刻

大悲神咒

右御執行出頭之僧（〇僧名略〇参勤）

實枝宮御方登美宮御方ゟ御附法事

金剛経　未之刻

大悲神咒

右御執行出頭僧
大鼎座元　天景座元　平僧十二員
右之後雜發三人与之御附法事稜厳咒執行料
銀包枚渡ス、
一、御出門辰刻、竜光院江御参詣、御供青士三人、
原田主殿・松浦勘負・肥後守、各のしめ麻上下、
其餘如例、還御申下刻、
一、今日昨日之御法事料請取書如左
覺
一、目銀拾五枚者、奉文聚院宮尊儀御一周忌御法事料

右依今院納如件
龍光院役者
春首座　印
辛巳年二月　享首座　印
田中舍人殿
松浦勘負殿
一、目銀五枚者、御當日支度料、右……
右拾五枚ト支度料五枚、等ニ而都而銀廿枚之御法事之積、五枚者支度料トなし、廿枚ニ而御法事相勤候儀、兼而申付置候所、寺門ニ而者候張分ケ呉候儀、右之方勝手ニ相成候由也、

〔龍光院所蔵記録〕○龍光院所蔵
〔詔仁親王写経〕
佛説阿彌陀經
（○經文略ス）
文聚院一品大王小祥之辰、不堪怵惕之情、薫沐恭写無量壽經、以祈冥福、伏冀其爲一切諸佛共所護念者也、
文政四辛巳年二月二十日
中務卿詔仁親王謹書

文政四年三月四日

播州本徳寺住職ニ和歌入門ヲ許可ス、尋イデ十六日、藤井主悦・今藤多門ニ入門ヲ許ス、

〔有栖川宮日記〕○高松宮家蔵

文政四年三月四日、己卯、晴、

一今般播州本徳寺和歌御門入願之通御聞済被成下候爲御礼

使者　光養寺

十六日、丁卯、晴、

一参上　藤井主悦

今藤多門
同伴
桂咸子

右者和歌御門入御許容爲御礼参上、

文政四年三月二十五日

請願ニ依リ、五辻東町ノ今宮社龍鉾ニ御紋附吹散一流・高張提燈四張・箱提燈弓張提燈各二張宛ヲ寄附ス、

〔有栖川宮日記〕○高松宮家蔵

文政四年三月廿五日、丙子、雨降、

一去十八日願書之通御聞済被爲在候龍鉾之御

寄附状如左、

覺

五辻通千本東へ入五辻東町

今宮太神宮龍鉾　江依御信仰此度

一御紋附吹散　壱流

一同　高張挑燈　四張

一同　箱挑燈　弐張

一同　弓張挑燈　弐張
右之通御寄附ニ付相渡候事、
有栖川宮御内
松浦靫負　判
田中舎人　判
文政四辛巳年三月
五辻通千本東へ入五辻東町
年寄　仁兵衛
組頭　庄兵衛　江
町中惣代　武兵衛

右吹挙人亀甲屋新右衛門附添年寄組頭町中
惣代三人とも罷出、於中之口御用人田中舎人
ゟ相渡訖、右之旨御請申上ル、右ニ付御禮銀拾枚
上候也、

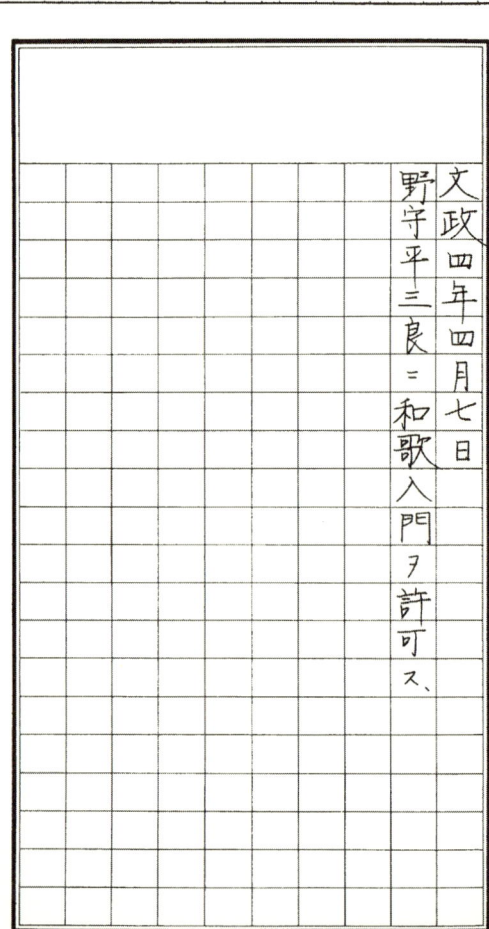

文政四年四月七日
野守平三良ニ和歌入門ヲ許可ス、

編修課

〔有栖川宮日記〕○高松宮家蔵
文政四年四月七日、丙戌、晴ニ而後小雨、
一　野守平三良
右和歌御門入ニ而於御小書院御對面、御盃被
下、

文政四年四月二十三日
宣子女王、表向入輿婚儀ヲ行フ、乃チ去ル十八日、
一旦閑院宮邸ニ歸リ、是ノ日、同邸ヨリ仙洞御所
ニ參入、上皇格光ノ御猶子トシテ有栖川宮邸ニ入
輿ス、仍リテ之レヲ迎ヘテ婚儀ヲ擧ゲ、尋イデ五
月十六日、其ノ披露ヲ行フ、尚女王ハ去年正月上
皇ノ御内諾ヲ得テ内々入輿セシガ、程ナク織仁
親王薨ゼシヲ以テ、其ノ忌明ヲ俟チ此ノ事アル
ナリ、

〔有栖川宮日記〕○高松宮家蔵
文政四年四月廿三日、癸卯、晴、
一御息所實枝宮今日從仙洞御入輿御婚禮、實枝
姫宮者閑院一品故彈正尹美仁親王御女、始嘉ヨシ
姫宮ト称、文化十三子年御縁約有之、十二月五
日御結納被進之、仙洞御所御猶子、仙洞御料之
内年々現米三百石宛被附之、文政三辰年正月
廿三日從仙洞實ミエ枝宮ト御名被進、同年正月六
日故一品宮御違例中之正月中ニ御内々實枝
宮御内々御引取可被為在旨被令（マヽ）、則仙洞御内

處、閑院宮ヨリ被伺、依之正月廿五日從閑院宮
内々御引取、即日御婚姻内々被催、追而表向御
入輿御婚禮儀可被催筈之處、則當春來御服解
之後可被催之御内慮也、弥四月廿三日御入輿
日時勘文從仙洞被進之、依之御内實去ル十八
日ヨ實枝宮閑院宮江被為成、今日巳刻前閑院
宮ヨリ實枝宮御參院、御内義向江被為入、即日
從仙洞御所表向此御所江御入輿、未刻、但シ實
枝宮御猫子最初ヨ御用御世話懸リ伴奏廣橋
一位胤定卿依之此度御入輿之一會者勿論都

而雜事ニ至迄万端胤定卿被経御内談候事、
一宮樣實枝宮樣御婚禮酉刻、御式後御祝御膳如
左、
（○御祝御膳略）
一御婚禮御式献御下行表向銀五枚之処銀四枚
被下候、
宮御方
御息所江調進
御厨子所預
高橋采女正
御前物御臺三本色目
（○中略）

右両宮御方江調進、二具共御小書院入口御廊
下ヘ餝之、御献捧節則糸女正ゟ役送之中﨟江
渡之、
一於御婚禮御式御小書院簾中西刻簾中ノ設前
ニ記ス、刻限聟宮姫宮自簾中着座御座給、
南聟宮　北姫宮　設御茵
（○婚礼式次第略）
次両宮御起座令入簾中給、
宮御方御座之間〔孔雀之間〕ニ被為成、刻限ニ至
リ御小書院東之御縁座鋪ゟ南御縁座敷江被

為成、南西ノ方御簾を女房カヽゲル〔讃岐花岡役之〕、
簾中ニ入御南御茵座給、實枝姫宮山水之間ニ
被為成、同刻同間北ノ御縁座敷江被為成、北西
ノ方御簾を女房も〔管浦〕と御簾をカヽゲル、簾中入
御北御茵座給、
右両宮入御御座ニ〔着座〕給候時如前記両宮江御
式如次第捧之、
一於山水ノ間初申刻頃先御世話卿廣橋一位殿
御對面、一會万端御世話之御挨拶被為在、
次ニ扈従之公卿并廣橋頭弁殿御對面、花山院

大納言殿、庭田中納言殿、三條西宰相中將殿、廣
橋頭弁殿、右一列一ノ間ゟ二ノ間迄被出相濟、
次ニ前駈殿上人極﨟迄、
橋本中將殿、葉室右中辨殿、日野西勘解由次官
殿、裏松左兵衛權佐殿、細川極﨟迄二ノ間ヘ一
列ニ被出、各中半刻頃退出、
次ニ御取持之公卿殿上人共一列ニ而小倉中
納言殿、平松三位殿、植松大藏權大輔殿、清閑寺
辨殿
右御對面相濟而後一ノ間正面御板茵設之、

次ニ供奉之北面六人一列ニ御縁座敷ニ出ル、
大義と仰有、
河端安藝守、堀川但馬守、岡本近江守、松波越前
守、三上大和守、世續相模介、
次供奉之取次両人御用懸リ取次一列ニ出、
渡邉内竪頭、渡邉陸奥守、〔御用懸リ〕平岡長門守
右之通御目見被仰付、
一院傳奏日野大納言殿、冷泉前中納言殿
右依遲参後ニ於御小間ニ而御對面被為有候、
一御婚儀御献被為濟候旨則御世話廣橋一位殿

へ申入、其後入夜ニ及、於山水ノ間再御對面、万
端御祝儀無御滞被爲整候、恐悦被申上、且御世
話之御挨拶仰も被爲在、且又仙洞御所（江）今日
實枝宮御方御入輿御婚儀万端無滞被爲濟候
旨被仰上候、猶亂定御占宜被申上之旨御頼則
畏被存、今晩院参上﨟ヲ以可被申上旨右相濟
戌半刻頃院傳奏（并）廣橋一位殿等退出、引續キ
御取持之堂上方退出、如例諸大夫壹人取次壹
人ツヽ送出ル、尤諸大夫（江）面會恐悦（并）御祝酒
御料理等給候、御禮被申上候事、

一閑院宮（江）戌刻頃　　御使山名民部
　今日御婚儀御式万端無滞被爲整候、右爲御
　吹聴被仰進候、御承知被成幾久敷御同意候
　目出度思召候旨御答也、

〔有栖川宮日記〕○高松宮家蔵

文政四年五月十六日、乙丑、曇晴、
一四月廿三日御息所實枝宮御方從仙洞御所（依）
　爲御猶子、表向御入輿、即日御婚儀被爲整候爲
　御祝義、御由緒御續合之御方々今日御招請之
　義被仰入、則御成之次第、
一准后殿　　巳半刻
　左府殿　　午刻前
　聖護院宮　　御遅参ニ而未刻
　仁和寺宮　　巳刻
　梶井宮　　巳刻前
　知恩院宮　　巳刻前
　近衛殿ゟ圓臺院宮　　巳刻過（御輿寄（江）御成／當役所ゟ人出ル、）
　右今日御招請ニ付御成、
　廣橋一位殿御参（遅参御断ニ而／未半刻御参、）
　右御方々御成之上直ニ御供帰りニ而申半刻
　ゟ戌刻迄之内向之御迎供可参旨被仰出、
　但し御迎参候節御供青士迄ハ御酒吸物被
　下候事、
　仁和寺宮、梶井宮、知恩院宮ニハ御成直ニ山水

之間江御通り御對面候、先御茶御煙草盆御近
習持成候上直ニ御祝白燕御吸物土器御肴も
出也、准后殿、左府殿、聖護院宮ニハ山水ノ間へ
御出迎之上御小書院江御通り、
但し御小書院一ニノ間、ノ間敷居除之一間
江設有之、
右御祝御祝酒等上ル、圓臺院宮ニハ御祝御膳
等迄も於御裏御殿被進之、
御献立
（○献立略）

右於御小書院御本膳御座
南　准后殿　左府殿
北　宮御方　仁和寺宮　梶井宮
知恩院宮
但し聖護院宮ニハ御遅参故御跡ニ而
右御配膳、
近江守、肥後守、大和介、右京進、太田勘ヶ由、山名民部、前川左京、柳松主馬、安藤玄蕃、原田主殿
於御裏御殿　御昼御本膳

圓臺院宮實枝宮御方御一所ニ差上ル、
右御配膳女房向
右済而後御配膳之男子向引取實枝宮御方、登
美宮御方、八穂宮御方等御小書院江被為成、准
后殿御始江御對面被為在候事、次ニ圓臺院宮
も御小書院へ被為成御一統御對面之事、
右済而後御一統様御書院一ノ間江被為成今日
〔饗〕御饗應之仕舞囃子狂言等自簾中御覧、御書院
ニ三ノ間板敷舞臺設有之、

文政四年五月七日
風早公元・油小路隆道ニ書道入門ヲ許可ス、

編修課

〔有栖川宮日記〕○高松宮家蔵

文政四年五月七日丙辰晴

一風早少将公元朝臣書道爲御門入未刻御參、成基麻上下ニ而出會口上承、清書請取及言上、於御小書院御對面、

一油小路中将隆道朝臣書道爲御門入未半刻御參、万端風早殿ニ同ㇾ略之、

文政四年五月二十一日

近衛忠凞ニ和歌入門ヲ許可ス、尋イデ二十六日、東園基貞・渡邊相模・林榮甫ニ同ジク入門ヲ許ス、

〔有栖川宮日記〕○高松宮家蔵

文政四年五月廿一日、庚午、晴、

一近衛殿ゟ御使　進藤筑後守

御太刀　一腰

御馬　一疋代銀二十両

右和歌御入門爲御礼被進之、

廿六日、乙亥、晴曇、

一東園侍従殿基貞朝臣、西大路三位殿御參同伴、今日和歌御入門御礼詠草被差上、於御小書院御對面、

一參上　渡邊相模

和歌御入門御礼詠草伺、誓状等差上、於御小書院御目見、

一參上　林榮甫

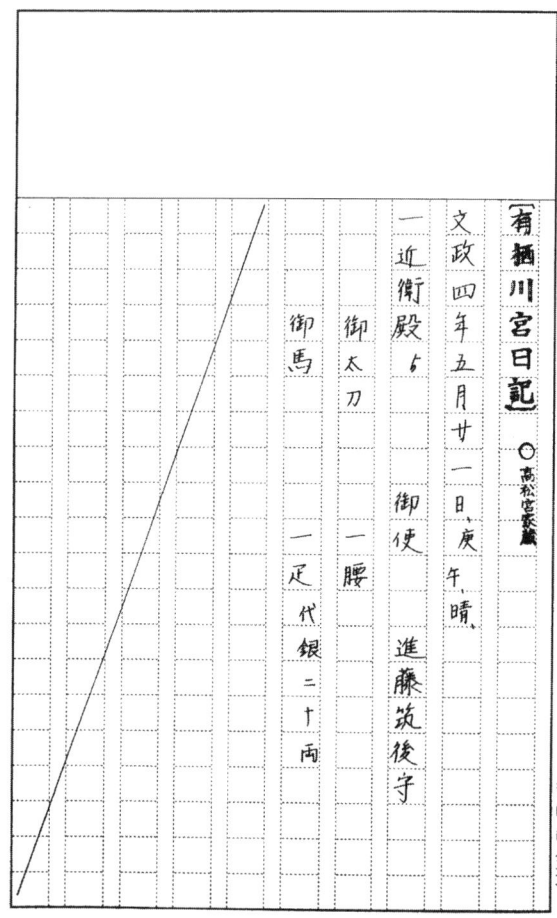

和歌御入門御礼詠草伺、於御小書院御目見、

文政四年八月八日
中院通繁ニ和歌入門ヲ許可ス、

〔有栖川宮日記〕○高松宮家蔵
文政四年八月八日、丙戌、曇、
一中院侍従（通繁）殿使　岡本河内守
御太刀一腰　御馬代銀壹枚
今日和歌御門入ニ付為御礼被差上之、

文政四年八月二十六日
桑原順長ニ書道入門ヲ許可ス、尋イデ二十八日、鷹司政煕女褶子君幸・同祺子君清・鷹司政通女鎮子君麗・同興子君共・同介子君秩ニ同ジク入門ヲ許可ス、

〔有栖川宮日記〕○高松宮家蔵
文政四年八月廿六日、甲寅、晴曇、
一桑原前中納言殿
同伴孫
同大膳大夫順長 十九歳
伺公、
右此間被相願此度大膳大夫殿書道御入門御許容、御手本被遣之畏存候、就而今日御禮ニ参上、
廿八日、丙午、晴、
一鷹司殿御使　種田因幡守
麗君殿　共君殿　秩君殿　幸君殿　清君

殿ゟ

右御五方ゟ　干鯛　壹箱

御樽代金　貳百疋ツヽ

右今度御書道御門入ニ付為御礼被進之、

文政四年九月六日

美作津山徳守社神主小原加賀守ノ請ニ依リ、徳守太神宮ノ額字ヲ染筆シテ遣ス、

〔有栖川宮日記〕○高松宮家蔵

文政四年九月六日、癸丑、晴、未刻雷鳴、夕立雨、

一作州津山領主松平越後守領内ニ徳守社有之、尤是迄徳守大明神と称則鳥居ニ額者照光院御光（高）代導（道）光（晃）法親王之御筆ニ有之、然ル処元祭太白霊貴此度吉田家江相願徳守太神宮与奉称候、依之右鳥居之額徳守太神宮与御額御染筆之儀先日ノ右津山京留守居寛十平毎々参殿ニ而相願、則嶋津蔵人迄申込、則右神主小原加賀守も上京罷在候よし則及言上被聞召、則昨五日午時頃迄御神主被為構右絹地へ御染筆被遊

絹地　榟張ニ枚　額中寸法　竪四尺壹寸　巾貳尺壹寸五分

御打附御染筆被遊

徳守太神宮

御裏書　文政四年九月五日

中務卿韶仁親王書之

添書備中檀紙貳枚継上包中鷹如左連名

美作国津山

徳守社

御額字
御裏書
右
中務卿韶仁親王
御染筆被成下者也
松浦靭負
文政四年九月五日
孝靖判
田中舎人
良正判
嶋岡右京少進

俊章判
豊嶋右近将監
茂達判
山本肥後守
容顕判
豊嶋越前守
茂徽判
藤木近江守
成基判
粟津図書頭

義毅判
小原加賀守殿

右御額字御染筆被下之候間、今日午刻後神主
小原加賀守并留守居筧十平同伴而可罷出旨
嶋津蔵人ゟ昨日申達、則今日参上、於伺公ノ間
蔵人出會ニ而御染筆并諸大夫御用人之連名
之添翰も達之、兩人共難有旨御請申上、

文政四年九月八日
町尻量輔ニ書道入門ヲ許可ス、尋イデ二十三日、
近衛忠凞室郁君ニ書道竝ニ和歌入門ヲ、二十六
日、准后藤原鷹司繫子ニ書道入門ヲ許可ス、

〔有栖川宮日記〕○高松宮家蔵

文政四年九月八日、乙卯、晴、

一町尻出羽権介殿ゟ　　使早苗久蔵

御太刀　一腰　品入魂

御馬代金百疋　一疋

今日書道御門入ニ付、為御礼被差上、是近故一品宮御門人也、

一町尻出羽権介殿量輔御参上、未刻、出會近江守麻

書道為御門入御礼被申上、清書被相伺、直ニ及言上、

廿二日、庚午、晴、

一近衛殿御使　　中川中務大丞

郁君殿今日書歌御両道御門入ニ付、被進物如左、季細去廿一日之所ニ記之、

（略中）

御書道ニ付

御まな代金　　弐百疋

御樽代金　　三百疋

廿六日、癸酉、晴、

一進右御方ゟ　　御使取次役富嶋左近将監

及甲斐守出會

真わた　五ゆい

干たい　一はこ

こんふ　一はこ

御たる　一荷

御目録紙なし

右今度御書道御入門ニ付、為御祝儀被進之候、

（略中）

但し右進右御方諱繁子（鷹司ヵ）、是近故一品宮御方之書道御門弟候得共、更ニ御門之義御頼御領掌

也。

文政四年十月十八日

禁裏新典侍藤原正親町雅子ニ書道入門ヲ許可ス、

〔有栖川宮日記〕　○高松宮家蔵

文政四年十月十八日、乙未、晴、

一小倉中納言殿御参出会　　前川左京

詠草被相伺候、且正親町家里元ニ而新典侍局

此日書道御門入之義被相願候処、早速御領掌

之上、御手本筆早速給之、正親町家江被相達候

処、深畏被存候、右御禮被申上候、

廿一日、戊戌、曇晴、

一新典侍局ゟ　　使　山岡主斗

御さかな　一折　鯛弐尾

右書道御入門被相願候処、御領掌御手本被下

之、畏被存候、右御禮として目録之通被差上之

候、

文政五年正月十二日

梶井宮坊官鳥居川憲敎同富小路任亮ニ和歌入

門ヲ許可ス、尋イデ二十五日、醫師河村四明ニ同

ジク入門ヲ許可ス、

（有栖川宮日記）○高松宮家蔵

文政五年正月十二日、戊午、晴、

一参上　鳥居川治部卿（寛敦）
　　　　富小路民部卿（政晃）

今度和歌御門入ニ付参殿、於御小書院御対面、

御盃被下、

廿五日、辛未、晴、

一参上　医師　河村四明
　　　　同伴　三品豊之進

右四明和歌御門入ニ付、於御小書院素礼御目見、

文政五年閏正月二十一日

鷹司政通室鄰君ニ書道入門ヲ許可ス、

（有栖川宮日記）○高松宮家蔵

文政五年閏正月廿一日、丁酉、朝雪曇天、

鷹司左府政通公御裏

一鄰君殿ゟ　御使横山忠兵衛

こんふ　一はこ

ひたい　一はこ

御樽代金　三百足

此度書道御門入御礼として御目録之通被進之、

文政五年閏正月二十八日
将軍徳川家斉ノ五十ノ賀ニ当リ、年賀和歌ヲ勧進ス、

〔有栖川宮日記〕○高松宮家蔵
文政五年閏正月廿八日、甲辰、曇、暮頃ゟ小雨、
一将軍家五十賀ニ付御詠出御頼如左、
式部卿宮 巻頭　　近衛大納言殿
円台院宮　　御室宮
梶井宮　　知恩院宮
円照寺宮　　飛鳥井左衛門督殿
御題柳営ニ来セ持参包紙者鷹紙表書者宮御筆包紙内ゝ小札
出題 左衛門督雅光卿

手扣持参如左
将軍家五十賀ニ付和歌御勧進被成候、依之御詠出之儀御頼被仰進候、於御領掌者来月十日迄ニ被取重度候事、
有栖川宮御使
閏正月　　山本肥後守
右御同様御頼
政所殿　　堀川三位殿
右御使　坂部左近
貞操院宮　　小倉中納言殿

壬生少将殿　　中院侍従殿
右御使　宮崎縫殿
手扣等同上略之、何レも御承知也、
壬生殿者留主中之由、

文政五年二月十六日

先考織仁親王ノ三回忌ニ當ルヲ以テ、是ヨリ先、追悼ノ和歌ヲ諸家ニ勸進ス、是ノ日、夷川御殿ニ赴キ、先考ノ御影ヲ掛ケ、同御殿附ノ家來等ヲ召シテ供養ヲ行フ、尋イデ十九日、大徳寺龍光院ニ於テ逮夜ノ法事アリ、乃チ參詣シテ之レヲ聽聞シ、廟所ニ燒香ス、二十日又參詣シテ法事ヲ聽聞ス、

〔有栖川宮日記〕○高松宮家蔵

文政五年閏正月廿六日、壬寅、晴、

一飛鳥井左衛門督殿江　御使　近江守 麻上下

来ル二月二十日文聚院宮三回御忌御相當ニ付和歌御勸進被催度候、依之御出題之義御頼被仰入候、

廿八日、甲辰、曇、暮頃ゟ小雨、

一飛鳥井左衛門督殿ゟ　使岡本掃部

文聚院宮様御三回忌ニ付被仰入候出題書付被上御落手、

寄花懐舊　雅光卿染筆也、

二月五日、庚戌、晴、

一来ル廿日文聚院宮三回御忌ニ付御歌御勸進被催候ニ付御詠出御頼如左、

一條関白殿 御留主　二條左大臣殿

閑院式部卿宮　仁和寺宮 御里坊

九條内大臣殿　大覺寺御門主 御里坊

実相院御門主 御里坊　廣橋儀同殿

圓照寺宮 御里坊　近衛大納言殿

圓臺院宮　郁君殿 近衛大納言殿御娘

伏見兵部卿宮　右御使　肥後守 麻上下

伏見上野宮

聖護院宮　梶井宮

右御使　近江守 麻上下

通御題 寄花懐舊

（中略）

手扣

文聚院宮来ル廿日三回御忌ニ付御歌御勸進被催候、依之御詠出之儀御頼被仰進候、於御領掌者来ル十七日被取置度候事、

有栖川宮御使

二月

一同様御頼如左

中院中納言殿　同侍従殿

小倉中納言殿　清閑寺弁殿

右御使　柳松主馬

貞操院宮　政所御方

堀川三位殿　就君殿

東園侍従殿　庭田中納言殿（院参 留主中）

八條少将殿（閑院宮江被相伺候上御請可被申上旨也、）

日野西勘ヶ由次官殿　壬生少将殿

慈光寺左馬権頭殿　外山修理権大夫殿

東久世少将殿（留主中）　西大路三位殿（留主中）

六條中將殿

右御使　宮崎縫殿

〔有栖川宮日記〕　○高松宮家蔵

文政五年二月十六日、辛酉、晴、

一御出門巳刻

悳川御殿江御成、（御供略）還御戌刻、

一登美宮御方巳半刻御同所江御成、（御供略）還御同前、

今月廿日文聡院宮様三回御忌ニ付於悳川御殿被掛御影御吊儀被為在、且河原御殿附之者其外共被召御非時被下之如左、

二汁五菜　御菓子　御中酒　御吸物

御肴三種

御上御二方様江差上ル、

〔有栖川宮日記〕○高松宮家蔵
文政五年二月十八日、癸亥、晴、
一寺門江御備如左
御香典金　三百疋
御花　一筒
御書写　一壹
造り花
右宮御方〻
御香典金　弐百疋
御花
造り花　一ッゝ

右実枝宮御方〻
御香典金　弐百疋
御花　一ッゝ
右登美宮御方〻
御香典金　百疋
右八穂宮御方〻
葩　三十片
右蘭宮御方也宮御方游亀宮御方〻、
十九日、甲子、晴、
一文聡院宮三回御忌御法事御逮夜、

龍光院江卯刻御寺詣
豊嶋越前守 特衣
嶋岡右京少進 〃
（下略。）
一宮様御出門卯正半刻龍光院江御参詣、（供略。）御引續き登美宮様御参詣御包輿、（供略。）還御申刻過、
但し御法事相濟後還御、
一御廟所江宮様御参詣、御焼香御拝、次ニ専御門主同上、次ニ登美宮様同上、諸太夫壹人ッゝ御

案内申上ル、
一宮様登美宮様専御門主江於小書院御非時ニ計□(ママ)菓御茶御菓子等上之、
一御逮夜御法事未刻
金剛般若經　大悲神呪
出頭透海座元導師　大鼎座元
単衣衆僧十五口
著座初右京少進後越前守
但し垂簾中ニ而御聴聞、
一龍光院江御法事料今日御用人〻侍者江相渡

置、
一銀拾五枚　者　御法事御逮夜御當日御法事料
一銀五枚　者　兩日支度料
一銀拾五枚　者　御簾中樣ゟ　御附御法事料
一銀三枚　者　實枝宮樣登美宮樣ゟ　御附法事料
右一口〻〻別紙目錄添
都合白銀三拾八枚院納　龍光院侍者院納（書廿日來、）
廿日、乙丑、晴、
一文聚院宮樣三回御忌御當日ニ付御寺詰　正卯
剋參、

肥後守　狩衣
攝津介　同
（略。）下
一宮樣御參詣卯剋過御出門、（供御略。）於龍光院御非
時御中酒等指上還御申剋過、
一實枝宮御方御參詣辰剋過御出門、（供御略。）還御同
斷、
一御法事辰剋
觀音懺法
半齋大悲神咒

出頭僧　三十五人
御聽聞垂簾中、

文政五年二月二十八日
高松季實（近江權介）ニ書道入門ヲ許可ス、

〔有栖川宮日記〕○高松宮家蔵

文政五年二月廿八日、癸酉、朝雨、後晴、

一高松近江權介殿ゟ　使　竹石志摩

御太刀　一腰

御馬　一匹

代金百匹

右書道御入門被致候ニ付被致進獻之候、

一高松近江權介季實十七　未元服　伺公

先伺公間江被通、今日書道御門入ニ付爲御禮參上被致候旨被申述、則廣御殿二ノ間江通肥後守出會其旨及言上、於御小書院御對面、

文政五年三月二十七日

二品宣下ヲ蒙リ、隨身兵仗ヲ賜ハル、仍リテ御禮ノ爲、禁裏仁孝竝ニ大宮欣子内親王・仙洞光格兩御所ニ參入ス、尋イデ四月二十七日、後宴内祝ヲ催シ、仁和寺宮濟仁親王・梶井宮承眞親王・大覺寺精宮性慈親王之レニ參會ス、

編修課

〔有栖川宮日記〕○高松宮家蔵

文政五年二月廿四日、己巳、晴、

一勅使議奏園池前宰相殿未刻御參、

御内使として被致參上候旨取次之青侍江被申聞、諸大夫江面會之義被申込、依之近江守麻上下ニ而（アキマヽ）出會候處、中務卿宮來月中下旬之内二品宣下可被爲在旨御内意被仰下候、此段宜申上旨也、則申上直ニ於御小書院御對面、御内意之趣畏思召候旨御直答ニ被仰上、

一二品宣下来月中下旬之内と御内意被仰出候
為御禮即刻未半刻御出門ニ而先准后殿江御
成、夫ゟ御参内、仙洞御所、大宮御所江御参、略ゟ
還御申半刻過、

廿八日、癸酉、朝雨、後晴、

一参上
勘文清書持参上ル、鷹紙上巻紙アリ其上包同紙、
幸徳井陰陽助

陰陽寮
擇申二品宣下日時
三月廿七日壬寅　時巳

文政五年二月廿八日
助兼暦博士賀茂朝臣保救
權助兼能登守賀茂朝臣保眞
右近江守及面會落手之、

三月七日、壬午、雨、

一二品宣下廿七日被仰出候恐悦御内一統惣代
近江守ゟ申上ル、
宮様江も同上、

廿七日、壬寅、昨夜ゟ今辰刻頃迄雨降、其後天晴、

一中務卿韶仁親王

今日二品宣下　時巳
賜随身兵仗　宣旨

一内侍所江　御使
御鈴料金百匹被備之、
右今日二品宣下ニ付御先例也、
但し御供米二向進上之、

一二品宣下并賜随身兵仗候ニ付御内御役如左
并役附

一上卿　廣幡大納言殿

一奉行　廣橋頭辨殿

一　東坊城少納言殿

一　兼　大内記

一　高丘中務權大輔殿
右廣御殿北ノ一ノ間ニ而御饗應

一勅使　小倉侍従殿

一院使　橋本中将殿

一大宮使　大宮中将殿
右饗應山水ノ間、
但し右三御所ゟ御進物添使番者伺公ノ
間江通御祝肴、飯、御祝酒等被下候、

一右三御所御使於御小書院御対面被為請候
事、
但し准后御方ゟ取次御使者御対面無之
伺公ノ間ニ而御祝吸物御祝酒被下
候、御引貮百疋被下候、
一御世話卿議奏鷲尾大納言殿
右御書院、
一御出迎堂上但し御取持共
庭田中納言殿　小倉中納言殿
平松三位殿　堀川三位殿

油小路中将殿　鷲尾少将殿
慈光寺左馬權頭殿　桑原大膳大夫殿
西大路大夫殿
一取持計堂上
桑原前中納言殿　飛鳥井左衛門督殿
大原三位殿　飛鳥井少将殿
但し御断不参之方
平松前大納言殿　中院中納言殿
久世三位殿　石山三位殿
橋本中将殿 但し院使ニ付御断　平松安藝權介殿 但し閑院宮江大宮使ニ付御断
東園侍従殿

右御出迎御取持参上之方々於御書院一二
ノ間御祝酒御料理共被出、
一扈従　大原左馬頭殿
同并家司　植松大藏權大輔殿
右御書院同所ニ而
一前駈　粟津伊勢守
在家諸大夫御語合　生嶋近江守
伏見宮諸大夫御語合　津田刑部權少輔
右御語合之分御廣殿北ノ二間之内屏　藤木内匠權助
風仕切西ノ方ニ而御祝酒等被下候　山本肥後守

一左右番長　藤木左近衛番長源元衛
右御進物所休息所西池左近衛番長秦常吉
一左近衛　渡部如水　森田主一郎
木下隼人
一右近衛　石田東詑　後藤左太郎
小岸外記
一如木雑色　岡金吾　鎌田廉吉
堀文稔　大石左膳
原田主殿　矢部物集女
鎌田掃部　山田掃部

一車副　塩見新之丞　高橋周吾
井上喜間太　西澤左卿
一烈奉行　太田勘解由　藤本右内
一禁裏御所奏者所江　御使越前守狩衣
御太刀　一腰　大鷹横目録
御馬代銀拾両　一疋
昆布　一箱　大鷹竪目録
干鯛　一箱
御樽　一荷　女房奉書與ニ記ス
仙洞御所奏者所江　御使同人

同上
一大宮御所江　御使越前守狩衣
こんぶ　一はこ
ひたい　一はこ
御たる　一か
一准后御方江　御使同人
同上
右者御口上ニ而奉書者無之
一一條関白殿江　御使越前守狩衣
御太刀　一腰

御馬代銀十両　一疋
二品宣下随身兵仗被仰出ニ付為御祝儀被進、
一宸殿代装束　南廂御殿被用、
第一間　四方翠簾南方捲簾
北方西一ト間為宮御出所路
南西儲御座　雲繝厚畳二帖雲繝加茵建御後屏風花鳥
第二間
四方翠簾南方捲簾南北ニ儲畳一帖宛為
上達部座
廊下

西南翠簾西方為中門廊代設薄畳為大内
記座
西廊下　北西翠簾為侍所代設薄畳為大外記座
惣而尋常除畳為板間
庭上
南北行張幔幕中通路設之為中門代
使従四脚門参入　大内記者中門脇ヨリ進着廊代大外記者中門外着侍所
一陳相済午半剋過大内記殿先尋常之御玄関ゟ
御参、鷲尾大納言殿御面會ニ而宸殿代御内見、

其後四脚御門ヲ更ニ参入也、御招請有之事故位記御持参之節
者何も不差出煙草盆斗差出ス
一二品宣下次第家司大蔵権大輔諸〔マヽ〕雅朝臣作進実者鷲尾大納言殿作進也、
大内記持参位記入筥着中門廊座、
次家司出逢、
次内記授位記入筥、
家司執之参宮御在所、
此間　宮令出座給、　女房褰簾、
次家司請益参進膝行進位記退候、
次宮令覧給訖返給空筥

次家司賜空筥還出返授内記、
次賜禄白袿一領家司取之、
次宮令入簾中給、
一賜随身兵仗次第
大外記持参宣旨入筥候侍所、
家司出逢、
次大外記授宣旨入筥、
次家司持参宣旨於宮御在所、
此間宮令出座給女房褰簾、
次家司請益参進膝行進宣旨退候、

次宮令覧給訖返給空筥、
次家司執空筥賜大外記、
次賜禄今度賜之、於内々方
次宮令入簾中給、
宮着御　御衣冠御袍雲鶴御差貫雲立涌薄裳
御單紅美綾御衣蘇芳小葵
御檜扇蘇芳裏　御畳紙白
御掛緒紙捻　御参之節者下括被用紐薄裳鼡尾也、
家司　植松大蔵権大輔雅諸朝臣　束帯
藤木内匠権助兼近江守成基　束帯
宮御出座之節御簾ヲ褰女房　宮内卿　讃岐

一位記持参大内記殿参入之次第前ニ記ス、
召使三宅中務録臨期依所労不参、青木内蔵允兼勤也、
一宣旨使押小路大外記参上、先御内玄関奥之間ニ而休足
召使青木内蔵允　使部
位記御覧相済直ニ宣旨御覧、更ニ大外記四脚
門ヲ参入中門外侍所ニ着、御覧早而再尋常之
御玄関江参上也、御内玄関奥ノ間ニ而御祝赤
飯吸物蛤土器肴ニ而御祝酒被下之、済而録を
被下、
白銀　壹枚　　大外記江

金　百疋　召使 青木内蔵允江

但し三宅中務録臨期不参、青木兼勤ニ付録物役之

願ニ付後日中務録江金百疋被下之、

鳥目五百文　使部

是者青士方ゟ相達ス、御祝酒も御内玄関ニ而被下候也、

一位記如左

三品詔仁親王

右可二品

中務德行内備美譽外彰

笈推敦親

一上卿　廣幡大納言

少納言　東坊城大内記聰長朝臣臨期依所労御
大内記　断御不参也、

中務　高丘中務大輔益季朝臣

奉行　𬪭橋頭左中辨光成朝臣

右未刻過ゟ追々御参、廣御殿北一ノ間ニ而

御祝赤飯御祝酒吸物蛤盛こほし被出之、

右済而於御小書院廣幡殿御始江宮御對面御

挨拶被仰下、相濟表之間ニ而御料理五汁五菜

御菓子薄茶後段御酒被出、御吸物五ツ御肴十

種被下之、配膳御諸合也、

鷲尾殿御初御席江御参御挨拶被及御取持、右

済而御礼申上申刻過御退参也、

一敕使　小倉侍従

院使　𬪭橋本中将

大宮使　大宮中将

右御方々申刻比ゟ次第ニ御参

右御参之儀御儀式相濟候後隆純卿ゟ議
奏當番江御知らせ有之也、

諸大夫壹人御玄関詰両人下座莚江出迎山

水之間江御案内申、各御使として参上之由被申上

及言上、無程於御小書院宮御對面、着御位記

御覧之節ニ同し、仍略之、

先小倉侍従殿被進御對座ニ而御口演被為

聞御目録御納受、御脇ニ被置候ヲ近江守進ミ取退ク、

御直答被仰上二ノ間迄御送り御復座、御使

自分御歓被申上御挨拶有之退出、

次院使大宮使同上仍略之、

三御所御使江山水之間ニ而御祝赤飯御祝

酒吸物蛤盛こほし御料理弐汁五菜御菓子

薄茶後段御酒御吸物五ツ御肴十種被出之、

御取持之堂上方交々御出ニ而被及御挨拶、

万端相濟戌刻前御退出、御取持之堂上伺公

之間過迄御送り、諸大夫御近習下座敷迄送
リ出ル、
右（御饗応半ニ宮御参内也、御留主中万事御世話御江御頼被置候也、）
一禁裏御所ゟ御拝領物如左
御太刀　一腰
御馬黄金壱枚　一足
干鯛　一箱
昆布　一箱
御樽　一荷
仙洞御所ゟ御拝領物如左

干鯛　一箱
昆布　一箱
御樽　一荷
大宮御所ゟ御拝領物如左
ひたい　一はこ
こんふ　一はこ
御たる　一か
禁裏御所ゟ　副使水谷左馬允
仙洞御所ゟ　副使西池大炊
大宮御所ゟ　副使藤林右兵衛尉

右（三人御進物持参取次之者請取之、伺公ノ間ニ休足、御使御参之節出迎、後ニ従ヒ山）
水之間ニ而御使江御目録相渡し表江退、
伺公之間ニ而御祝赤飯御祝酒吸物給土
器肴ニ而被下之、相濟為御引金百疋被下之、
一准后御方ゟ　御使高木右衛門尉
ひたい　一はこ
こんふ　一はこ
御たる　一か
今日之為御祝儀被進之、於伺公ノ間御祝赤飯
御祝酒吸物給三種肴ニ而被下之、相濟御直答
諸大夫申出ル、

一中務卿宮御礼御参、御出門申半刻、
着御（位記被受時ニ同し仍略之、）
御出迎之公卿雲客先達被参
禁中院中大宮とも御出迎也、
御釼　平鞘　家司内匠権助成基束帯役之、
（宸殿代右之階ゟ昇下、擬簀子ヲ進ミ御座之右ヨリ簾下江参ル、其時女房捲簾、御釼ヲ出ス、取之本路ヲ退出蹲踞階下）
（宮御車之後進而御車左方江入同様、御所ゝニ而役之、）
宮宸殿代ヨリ出御、女房御簾ヲ捲、
正面階御降（御簾 御沓）　大蔵権大輔雅韶朝臣（束帯）

中門内ニ而御乗車也、右簾沓御所〻ニ而も
同様之儀也、
御沓者近衛之上首〻植松殿江御渡し申也、
御簾ヲ被捲候後肥後守相進押之、
一御車代　春慶塗縁大和錦簾蘇芳染
下簾上白下蘇芳スソマ
右是迄御代〻不地御用候得共、此度者閑院宮
江仰合廣橋儀同伊光公其外職者江御相談
之上右之通ニ被改候以後不地被止候儀ニ
而者無之旨也、
一御所〻御門内松明者
走雑色両人前駈之上首両人御車之左ニ
之番長両人右ニ取之近衛之上首両人御後取
ニ取之、此余者弐三對御跡ニ取之、闕政也、
雇從之人者弐對ツヽ被取之、
御里亭ニ而者前駈不残取之、歴中門被為出四
脚門御門前御通之事、
御順路先禁中参内殿、大宮尋常之車寄、
院中尋常之車寄、准后御方江者
明日御成也、
（一行略）
還御亥剋御里亭之処御出門之節ニ同し、
簾沓　雅諸朝臣
御釼　成基
如初殿上簾下江御進ミ
女房ニ渡ス
正面階御昇捲御簾女房奥江被為入

〔有栖川宮日記〕○高松宮家蔵
文政五年四月廿七日、辛未、晴、
一先月廿七日二品宣下并随身兵仗給候、
右御後宴御内祝今日被催、巳剋頃ゟ於御書
院仕舞囃子被催、申半剋迄、
但し御内計ニ而、
一辰半剋頃蓮華光院御門主御成、
右者今日御囃子大鞁鞁、
一仁和寺宮梶井宮大覚寺精宮御方依御招請巳
剋頃ゟ御成、
但し精宮御方ニハ御幼年且遠方入夜還御
も如何ニ付臨期之御積ニ而御一宿、依之御
供之輩青士迄御祝酒吸物蛤重肴三種ニ而
被下候、後御里坊迄御供帰り、御迎明廿八日
昼後可参旨、
右之外仁和寺宮梶井宮安井御門主御供帰り
御迎戌半剋、
昼御膳御料理二汁五菜御菓子やうかん白あん饅頭
御薄茶後段御吸物三ツ御肴魚精進とも
御夜喰一汁三菜

○上段左側史料及び下段史料（左右とも）の印影は朱の枠線で表示されている。

右御子郎　御五方様〻、
　御精進　御四方様〻、
　　常信院殿へ者御料理一汁五菜被下候、
廿八日、壬申、晴
一精宮御方昨日〻御滞留之所今日申剋前還御、

〔韶仁親王二品宣下位記〕○高松宮家蔵

〔包紙〕
「韶仁親王二品
　　宣下位記」

文政五年三月廿七日」

○紙面ニ天皇御璽ノ印影ヲ捺ス

三品韶仁親王

右可二品

中務徳行内備美譽、外彰爰推敦親下厥褒章、宜申

榮級式揚寵光、可依前件主者施行、

文政五年三月二十七日

三品行中務卿韶仁親王　宣

從四位下行中務大輔臣藤原朝臣益季　奉

從四位上行中務少輔臣藤原朝臣維長　行

正二位行權大納言兼右近衛大将臣　経久

正二位行權大納言臣　通明

○十七名略

正三位行權中納言臣俊明等言、

制書如右請奉、

制附外施行謹言、

文政五年三月二十七日

制可、

月日辰時正五位下行大外記兼掃部頭造酒正助教中原朝臣師徳

左中辨　光成

關白從一位朝臣

太政大臣闕

從一位行左大臣

右大臣正二位朝臣

内大臣正二位兼行左近衛大将朝臣

三品行式部卿孝仁親王

正二位行式部大輔為徳

参議從三位兼行左大辨経則

○上段右側史料の印影は朱の枠線で表示されている。

告二品韶仁親王奉、
制書如右、符到奉行、
従四位下行式部少輔兼越中守寛貞
大録常久
少録
少録
文政五年三月二十七日

〔韶仁親王随身兵仗宣下宣旨〕　○高松宮家蔵
（包紙）
「文政五壬午年三月廿七日二品宣下之節随身兵仗之宣旨上卿広幡
大納言経豊卿使押小路大外記中原師徳」
正二位行権大納言兼皇太后宮大夫源朝臣経豊
宣奉勅、以左右近衛番長各一人、近衛各三人、宜為
二品中務卿韶仁親王随身兵仗者、
文政五年三月廿七日　大外記兼掃部頭造酒正助教中原朝臣師徳奉

文政五年四月十五日
王子他宮後ニ西園寺公潔、ノ滞在スル太秦村大石兵庫
ノ宅ニ使ヲ遣シ、初メテ手本ヲ贈ル、

編修課

〔有栖川宮日記〕　○高松宮家蔵
文政五年四月十五日、己未曇、
一他宮様江初而之御手本為持被進分、
大石兵庫宅江罷越ス、　多賀算

文政五年四月十六日

雲州住人吉田亙芳章ニ和歌入門ヲ許可ス、尋イデ二十一日、熊本藩主細川綱利ノ妹篤ニ書道入門ヲ許シ、二十二日高岡市之助ニ、五月十三日野口勘介ニ、八月五日福田佐兵衛ニ、九月二十八日東園基貞ニ、十月四日江戸本郷御弓町八重川勾當ニ和歌入門ヲ許可ス、

編修課

有栖川宮日記　○高松宮家蔵

文政五年四月十六日、庚申、晴、

一　雲州切川住　吉田亘芳章

右安禪寺吹挙〔擧〕ニ而和歌御門入願済、今日面前於御小書院御目見ニ仰付、巻簾之儘素禮、

廿一日、乙丑、晴、

一　細川越中守〔綱利〕ゟ　使者落合次郎太郎

鮮魚、代金三百疋　一折

御樽代金　三百疋

此度越中守娘篤儀筆道御門入之儀御領掌被成下候、忝次第被奉存候、右御禮以使者被申上候、且篤ゟ為御禮目録之通進上被仕候、此段諸大夫中迄被申上、

廿二日、丙寅、雨、

一　於御小書院御目見、但垂簾也、　久坂　高岡市之助

右今度和歌御門入ニ付退下於御〔南〕廣殿一ノ間御流レ御盃被下、

五月十三日、丙戌、雨降、

一　献上金百疋　野口勘介

同伴　桂成子

今般和歌御門入願之旨御許容、依而参殿掛り役両人へ銀壹両ツヽ相送ル、

於御小書院御目見、尤垂簾中、

〔有栖川宮日記〕○高松宮家蔵

文政五年八月五日、丙午、晴、

一参上　　　　吹挙人桂蔵子同伴也　福田佐兵衛

右和歌御門入願御許容、今日御禮申上、於御書院垂簾ニテ御目見被仰付、

九月廿八日、乙亥、朝時雨、後晴天、

一東園侍従殿基貞御参、出會甲斐守、

昨夜和哥御門入之節服中ニ付誓状不差上則乍延引今日右誓状持参被差上候、

十月四日、乙巳、晴、

一参上　　　　江戸本郷御弓町　八重川勾當

右和歌御門入御許容、於御小書院御對面、巻簾、三ノ間ニ而素禮、盲人故ニ青侍方麻上下ニ而杉岡多門手引出ル、

文政五年十一月九日

近衛忠煕ノ勧進ニ依リ、其ノ祖母圓臺院職仁親王女董子女王、近衛経煕室、ノ六十ノ賀ノ和歌ヲ詠ジテ贈ル、尋イデ十三日、招請ニ依リ、忠煕ノ邸ニ於ル年賀ノ宴ニ臨ム、

〔有栖川宮日記〕○高松宮家蔵

文政五年十一月九日、己卯、晴、夜雨、

一近衛大納言殿（忠煕）江　　　　御使柳松主馬　服紗麻上下着用

圓臺院宮来ル十三日御六十御年賀被催候ニ付御頼之御勧進之和哥

宮御方實枝宮御方登美宮御方より御詠出被進候、且円照寺宮中宮寺宮貞操院宮分も御詠出被進之、則御傳ニ而被進之候、

〔有栖川宮日記〕○高松宮家蔵
文政五年十一月十三日、癸未、晴、
一御出門未刻前近衛殿へ被為成、圓臺院宮六十
御年賀御祝ニ付兼日御招請被為在之候叓、
（〇御中略）
御迎子刻前、還御丑刻過、
今日御年賀ニ付為御祝儀被進
圓臺院宮様へ宮様ゟ
御手あぶり　壱箱
御文この内　もみ御胴着壱

するめ　一折三連

文政六年正月三十日
正月二助ニ和歌入門ヲ許可ス、尋イデ二月二十
八日澤村壽邦ニ、三月九日小桐伊勢介伊藤主殿
ニ同ジク入門ヲ許可ス、

〔有栖川宮日記〕○高松宮家蔵
文政六年正月三十日、庚子、雨、
一参上　正月二助
同伴　三品豊之進
右者和歌御入門為御礼参上、於御小書院御
目見、
二月廿八日、戊辰、晴陰、
一参上午刻過　沢村伊豫守（壽邦）
和歌御入門御礼御肴三種一折献上詠草伺、
即刻被返下、御小書院ニ而御對面御盃被下

之、
三月九日、戊寅、晴、
一今日和歌御門入ニ付参上　小桐伊勢介
伊藤主殿
於御小書院御對面、
御盃被下如例、

文政六年三月二十八日
王子八穂宮、（幟仁親王）去年上皇（光格）ノ御猶子ト爲リ、近ク親王宣下並ニ元服ヲ豫定ス、仍リテ寢殿玄關其ノ他ノ普請ヲ行ハントシ、尾州徳川家（徳川齊朝）ニ費用ノ借入ヲ請ハシメシが、是ノ日、同家ヨリ木曽山林ノ椹檜材三千挺ヲ進呈スベキ旨ノ返答書ヲ受領ス、乃チ六月三日、使者ヲ尾州ニ遣シ謝意ヲ表セシム、

〔有栖川宮日記〕○高松宮家蔵
文政五年十二月朔日、辛丑、晴、
一御内用ニ付為御使尾州表江　松浦靭負（孝諧）
今朝出立、供侍三人 下部弐人
金百疋被下之、
一於尾州表手扣如左、
御口上
甚寒之節益御安泰被為入珎重思召候、於當御方弥無御障被為成御安慮可被進候、然は此度御頼御使被進候ニ付為時候御見舞御

目録之通被進候事、
有栖川宮御使
松浦靭負
十二月
右壱通
手扣
今般若宮八穂宮御方仙洞御所御猶子被仰出、來年親王宣下并御元服被催候、右ニ付御規式之間寢殿向被取建度、并是迄御玄關向仮建之処、及大破御修造等被成度候、然処御導録之義其上近年吉凶御入箇打続御勝手

向御不如意ニ而迚も難行届候ニ付、御助成之義御頼被成度、依之金七千両御借進御頼被仰進候、尤於其御方様ニ而も追ゝ御物入之御時節柄御察被成甚被仰入兼候得共、前段御借用之義何卒御領掌被成進候様、訳而御頼被仰進候、以上、

右壱通

被為進御目録

御扇子　一箱　但貴領扇拾本入

御詠歌　筆者目録添　一箱　但色紙五枚手鑑仕立

以上中鷹ニ枚重ネ堅目録

御詠歌之写

花　伏見兵部卿貞敬親王

白雪の消残りたるおもかけを木毎にみせて花そ咲ける

（以下詠歌略）

〔有栖川宮日記〕○高松宮家蔵

文政六年三月廿八日、丁酉、晴、

一　但七日休息被仰付之事、　松浦靱負

昨十二月朔日出立ニ而尾州表江下向候処、右掛合御用筋過ル廿四日返答有之ニ付、廿六日出立ニ而今申半刻着、則御前江被召、於尾張表返答書如左、若宮八穂宮御方近ゝ親王宣下御元服ニ付御借用金再三御頼被仰入、并御桟木御頼之趣共尾張殿被致承知、彼是御斟酌御頼被仰入候段深被相察、其役向江猶更勘弁之儀被申付候間、段ゝ折入申相候得共、追ゝ被及御断通領分水旱之難ニ而収納相減候上、臨時廉立候入價も差添ひ、勝手向此節操合方必至之手支ニ付、御助力之手段絶而無之、桟木之儀も角桟ニ可相成程之木品ハ積年伐出近来尽山ニもおよひ、殊城内ニ始所ゝ作事入用年ゝ数多之上、今度江戸表作事ニ付而も入用多、是以難指延次第ニ候所、右用桟迚も調へ通ニハ難行届程ニ有之、且又前以被及御断候旨趣之通、近年水旱之災ニ而國民手當筋暨普請之ヶ所

も大造ニ候処、一時ニ者難被申付、然とも其分
ニ被差置候而者収納相減候而已ならす郡村
愁訴不少ニ付、余事ハ省略爲取斗被申候、尤此
等者国政肝要之事ニ候得とも莫大之事ニ付
被存候通ニ者難被行届痛心被有之候事御座
候、然ル所再往御頼被仰入候、御主意も無余儀
次第ニ而深気之毒被存候得とも最前も評議
被盡候上被及御断之儀、枕木迚も前文之次第、
是以御頼通ニ者難取調、寔ニ不本意ニ被存候
得共無據御断被申、其内木品者不宜候得共椹

檜大小取交三千挺此節有合ニ付少分なから
相廻し候様ニと被申付候事ニ御座候、右檜木
名古屋ニ而御引渡可申候、且本書ニ申述候通
之次第ニ付、此上御往御頼被仰入候とも最早
取斗方無之候間、此段も御含置有之様致度候、

三月

右御挨拶事来ル五月廿九日委シ（ク脱カ）記ス、

五月廿九日、丁酉、晴、

一尾張殿江旧臘以来爲御使松浦靫負名護屋表
ニ逗留ニ而御頼被仰入候、

若宮御方近々御元服被催候ニ付御玄関廻
り其外御普請御修覆被催候ニ付、借用金之
義御頼被仰入候得（共脱カ）当時時節柄彼方も不如
意之義御断ニ而候得共、無據木曽山領之内
枕木類御所望被仰入候処、当時枕木等も払
底之由ニ而去ル三月廿八日帰京之節御答
書ニ椹檜木大小取交三千挺可被進旨、尤尾
州名護屋白鳥ノ於木可被渡旨、依之今度右
木請取、且右被進之御挨拶旁来ル三日出立
ニ而再松浦靫負尾州江下向、就而ハ御挨拶

被爲贈物并引合懸り之家老用人其以下江
爲御會釋被下物、

尾張殿江　硯一箱　作州高田石ノ硯
　　　　　蓋黒柿銘挙玉
　　　　　引歌添
　　　　　冨小路治部卿貞直卿詠歌
　　　　薬玉一懸、
　　　　御肴一折
　　　　　代金三百疋

六月十三日、庚戌、晴、

一松浦靱負ゟ書状差越、右者道中無別條去ル六日尾州名古屋江着之旨御届申上ル、且今般進上ニ相成候椹棒等木品間合之処別紙之通申來候趣、

覺

一千五百挺　並椹　六尺五寸　中棒

一五百挺　同　三尺六寸　中板棒

一千挺　同　三尺六寸　小板棒

以上

其外間合事且又用意金廿両斗早々相廻し呉候様申來、

文政六年五月二十日

去ル四月二十二日、大坂萬福寺ニ織仁親王ノ位牌ヲ納メシヲ以テ、是ノ日、同寺ニ御紋附紫幕釣提燈弓張提燈各二張宛ヲ寄附ス、

〔有栖川宮日記〕○高松宮家蔵

文政六年五月廿日、戊子、晴、

一參上　大坂 萬福寺

出會 甲斐守 嶋津藏人

御寄附狀壹通申出し則藏人ゟ相渡ス、如左、

中奉書竪紙上包小奉書

今般文聚院一品宮御尊牌被納之候、右ニ付御紋附紫御幕弐張御紋附釣挑灯弐張同弓張挑灯弐張御寄附候間、御用之外猥ニ相用間敷候、依執達如件、

文政六未年五月

嶋津藏人

名判
松浦靱負
名判
藤木近江守
名判
粟津甲斐守
名判

萬福寺
右過ル四月廿二日御尊牌御坊等相渡、今日書面
申出し、且為御礼獻物并配當送り物等如左

金三百疋　獻上

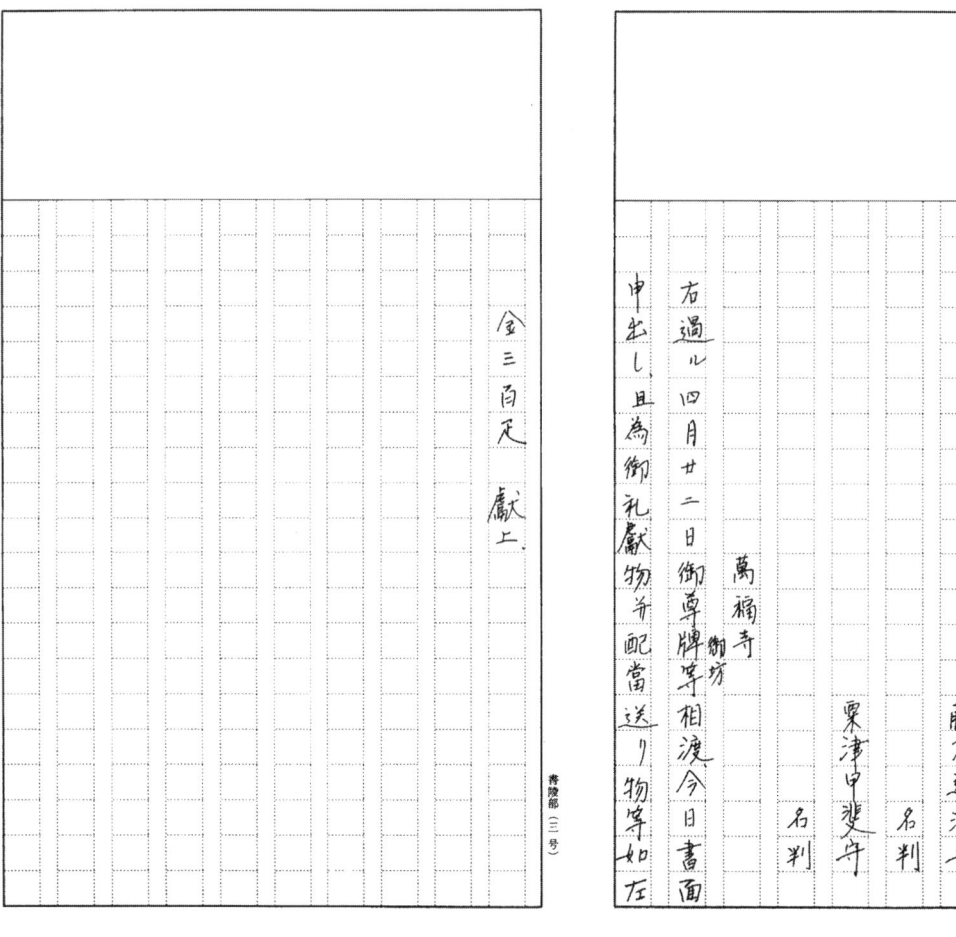

文政六年七月十五日
淺井平次ニ和歌入門ヲ許可ス、尋イデ八月十一
日、江州永岸村郷士藤村次一郎ニ同ジク入門ヲ
許ス、

〔有栖川宮日記〕○高松宮家蔵
文政六年七月十五日、辛巳、晴、
一　　　　浅井平次
　和哥御入門為御礼参上、於御小書院御目見
八月十一日、丁未、晴陰、
一和歌御門入被仰付候為御礼参上藤村次一郎（江州永岸村郷士）
　北於式間近江守面會、詠草誓状上ル、

編修課

文政六年八月十四日

職仁親王妃藤原二條淳子ノ五十回忌ニ當ルヲ以テ、大德寺龍光院ニ於テ法事ヲ修シ、參詣シテ之レヲ聽聞ス、

編修課

〔有栖川宮日記〕○高松宮家蔵

文政六年八月十三日、己酉、雨、

一光臺院殿五十回御忌御逮夜

御法事　未刻

金剛般若経

一宮御方ゟ

御香奠　金弐百匹

御花壱筒

一御息所御方ゟ

御香奠　金百匹

書陵部（三号）

一若宮御方ゟ

御香奠　金百匹

一登美宮御方

菊宮御方ゟ

他宮御方

葩　三十片

常信院方ゟ

同　廿片

十四日、庚戌、晴、

一御出門辰刻龍光院御成、（○御供略）還御申半刻、

書陵部（三号）

一御法事　巳刻着坐　越前守　筑後守

施餓鬼

満散　楞嚴神呪

半齋　大悲神呪

出頭僧

松月軒　宙寳和尚

大源庵　剛堂和尚

清泉寺　笑雲和尚

芳春院　仙巖座元

平僧

書陵部（三号）

当院
透海座元
大鼎座元
平僧
惣而平僧三十人
右座元以上江蒸籠ニ荷、平僧一統へ蒸籠ニ
荷被下候事、
（頭書）「座元以上御着座之御序ニ而御目見江被
仰付候事、
一知恩院宮 辰半刻御成、
一圓臺院宮御成、

一梶井宮御成、
一仁和寺宮御成、
御葩 三十片
御花 壱筒
光臺院殿江御備、
一圓照寺宮ゟ御使山田掃部、
御花 壱筒
光臺院殿江御備御代香、

文政六年八月二十四日
大徳寺龍光院ニ先考織仁親王ノ祠堂銀トシテ
白銀十五枚ヲ、別ニ廟所掃除料トシテ銀一貫目
ヲ納ム、

〔有栖川宮日記〕 ○高松宮家蔵
文政六年八月廿四日、庚申、晴、
一大徳寺竜光院江 御使 岡多仲
白銀拾五枚
右文聚院宮御祠堂銀ニ被納、尤此度者御少
分、猶追テ可被納旨申入置、
右寺納書付如左
覺
一白銀拾五枚 者為文聚院宮御方御祠堂銀
右寺納慥受納仕候、

編修課

龍光院役者

八月廿四日　恩首座　印

岡多仲殿

外ニ銀壱貫目、

右寺門ゟ兼而内願有之候御廟所御掃除

料ニ被納之、則寺納落手書付如左、

覺

一銀壹貫目者為御廟所年々御掃除料右御

寺納慥受納仕候、以上、

八月廿四日　龍光院

恩首座　印

岡多仲殿

文政六年十月二十五日

醫師岡一安ノ内願ニ依リ、攝州能勢妙見宮ノ額

字ヲ染筆シテ遣ス。

編修課

〔有栖川宮日記〕○高松宮家蔵

文政六年十月廿五日、庚申、晴、

一摂州能勢妙見宮額字并御裏書等岡一安依願

御染筆被遣候事、尤甲斐守右京進ゟ添一札相

渡候事、

右御礼献上

金　五百疋

交肴　一折

右者岡一安内々ゟ相願御染筆被為濟ニ付此

度者此方ニテ被下置候得共、以来者額字等相

願之義有御次第も有之候儀故内々不申上
様相達置、

文政六年十一月二十五日
幟仁親王ノ上皇御猶子・親王宣下・元服等ノ慶事
全テ無爲成就セルヲ以テ、北野社ニ報賽トシテ
菊御紋附石燈籠二基ヲ寄附シ、諸大夫豊島茂徽
越前守ヲシテ代參セシメ、又神前ノ金燈籠ヲ始メ
社頭ノ石燈籠全部ニ燈明ヲ獻ズ、尋イデ十二月
二日、幟仁親王ト倶ニ北野社ニ參詣シ、更ニ五日、
寄附セル燈籠ノ油料トシテ白銀十枚ヲ納ム、

〔有栖川宮日記〕　○高松宮家藏

文政六年十一月十三日、丁丑、晴、
一甘露寺前大納言殿江　　御使吉田亘
御届書壹通被差出

覺

一石燈籠　　二基

右北野天満宮神前廻廊内江依御信仰此度
御寄附被成候、此段其筋江御達有之様武邊
江宜御通達可被有候、以上、

有栖川宮御内

十一月十三日　　豊嶋越前守印

廣橋
甘露寺

廿五日、乙丑、雨曇、
一北野天満宮江神前廻廊内江
白川右
石燈籠二基　春日形燈籠也、菊御紋彫物
長ヶ八尺、
御寄附　棹石ニ記ス
裏ニ年号月
臺石下ニ小ク字ニ而御宿坊
歓樂坊と記ス

右御願為御成就御寄附、尤油料之義ハ追ゝ奥
向より御寄附可有之筈、并神前金燈籠不残其
外門外石燈籠不残今夜皆燈明を被上之、
右皆燈明料金弐両　御宿坊歓楽坊代松栄坊へ
安藤玄蕃渡之、尤御納戸方ゟ出、
但し松梅院江金百疋、松栄坊江同百疋被下候、
右御心願者若宮御方昨冬仙洞御所御猶子ニ以
後今年親王宣下、御元服万端無滞被為済候為
御禮御寄附、其上今日者若宮御方上総宮御方御
同伴ニ而北野天満宮江御

参詣被仰出候處、至今朝雨天、且宮御方少ゝ御
風気之御気味故御延引被仰 依之今日之處
越前守江御代参被仰付、
聖廟江御代参　茂徹
御百銅一十二銅一
則御宿坊松栄坊案内ニ而御代拝勤之、御札
洗米等上之、
十二月二日、丙申、晴、
一御出門正午剋聖廟御社参、還御懸松栄坊江御
立寄御休息、還御未剋過、御供青士三人太田右

兵衛前川左京、右京進、御箱押壹人、御先拂壹人
其餘如例、
天満宮江御備　南鐐壹片
一上総宮御方御出門同刻同社江御参詣、御供青
士両人嶋岡将監、太田勘解由、大舍人頭、御箱、御
茶弁當押壹人、其餘如例、還御同刻、尤惣而宮御
方ニ同御備等同上、松栄坊ニ而御干菓子御酒
一樽等差上ル、
五日、乙亥、晴曇、
一北野天満宮兼而御信仰、今度若宮御方御猶子

親王宣下并御元服叙品宣下等無滞被為済候、
為御心願満神前廻廊内ニ石燈籠二基御寄附、
則十一月廿四日被居、廿五日御代参、去ル二日
両宮御方御参詣、今日右燈籠之為御油料白銀
拾枚被納之、
御宿坊歓楽坊
右招寄参上　代松栄坊
（略。中）
請書如左
證請書

一白銀拾枚
右今般石御燈籠二基御寄附被為遊候付永代御燈明為油料御奉納被為遊奉神納候、然ル上者毎月朔日・廿四日・廿五日右白銀無懈怠御燈明奉挑、御家運長久・御子孫繁栄除災與楽之處御祈念可奉申上候、依而為後證御請書如此御座候、以上、
北野社御宿坊歓楽坊
後見松栄坊（印）
有栖川宮様御役人中

文政七年四月十日
庭田重能ニ和歌入門ヲ許可ス、尋イデ十八日、井上左衛門ニ同ジク入門ヲ許ス、

〔有栖川宮日記〕○高松宮家蔵
文政七年四月十日、癸卯、晴、
一庭田大納言殿分　小幡将監
御太刀　一腰
御馬 代金百疋　一疋
右今日和歌御入門ニ付為御礼進上之被致候、
十八日、辛亥、晴陰、
一参上　井上左衛門
和歌御門入御禮として参上、文肴一折献上、
詠草誓状等差上ル、
於御小書院御對面、御盃被下之、

文政七年七月一日

八條隆祐ニ和歌入門ヲ許可ス、尋イデ二日石井行弘・行遠父子、日野西延光・光暉父子ニ、四日甘露寺國長ニ同ジク入門ヲ許ス、

〔有栖川宮日記〕　○高松宮家蔵

文政七年七月朔日、壬戌、晴、

一、八條少将殿（隆祐）御参、申刻過詠草被差上、和歌御入門ニ付参上、於御小書院御對面、

二日、癸亥、晴、

一、石井弾正大弼殿（行弘）
同　右衛門佐殿（行遠）　御参、申刻、

此度歌道御門入之儀願之通り被御許容、且昨日御題被下候御礼并詠草被相伺候旨、於御書院御對面、

一、日野西前宰相殿（延光）
同　権右少弁殿（光暉）　御参、酉刻前、

今日歌道御門入ニ付参上之旨、

四日、乙丑、陰、夕立、

一、甘露寺前大納言殿御参（國長卿）、

和歌御入門御許容御礼被申上、且詠草被入御覧、

文政七年七月九日

北野妙藏院院主ニ書道入門ヲ許可ス、

〔有栖川宮日記〕○高松宮家蔵

文政七年七月九日、庚午、晴、未刻頃雷鳴、

一、参上 申刻前　北野妙蔵院

右者桑原前中納言殿吹挙ニ而書道御門入相願、御許容、今日為御礼参上、

文政七年七月二十一日

茶人千宗守ニ和歌入門ヲ許可ス、尋イデ二十五日外山光施ニ、八月八日西洞院信堅ニ同ジク入門ヲ許可ス、

〔有栖川宮日記〕○高松宮家蔵

文政七年七月廿一日、壬午、晴、

一、参上　千宗守

今般和歌御入門相願候ニ付、於御小書院御目見江御盃被下之、

廿五日、丙戌、曇、夜雨、

一、外山(光施)勘解由次官殿御参、

今日和歌御門入、於御小書院御対面、御盃被下、

八月八日、戊戌、晴、

一、西洞院侍従(信堅)和歌為御門入御参、

吹挙石井前中納言殿、今日者同伴無之、

成基面会候処、御門弟御聞済之御礼被申上、

文政七年閏八月一日

三福寺住持寛空ノ願出ニ依リ、館入ヲ許シ、又正仁親王ノ法用トシテ、同寺ニ御紋附紫幕一張ヲ寄附ス、

〔有栖川宮日記〕○高松宮家蔵

文政七年閏八月朔日、辛酉、晴、夜戌刻頃ゟ雨、

一参上　二條川東三福寺住持寛空

右去ル廿八日願之通御館入并御紋附御幕御寄附御許容被成下候御禮

御菓子料金五百疋献上之、（御用へ金百疋納戴、り諸大夫御用人へ）

御内玄関ゟ上り、次ノ間ニ而御祝酒吸物精進之紙敷肴ニ而被下候、挨拶太田勘解由出會、夫ゟ播磨介及出會、右御寄状如左、

八代中奉書竪書ニ

一御紋附紫御幕　壱張

右者是妙光院宮為御法用御寄附被成下候者也、

文政七年閏八月

豊嶋越前守　茂徽判

山本播磨介　清揚判

坂部左近　美章判

二條川東
三福寺

右近ゟ可相渡旨播磨介ゟ申渡し置、右済諸大夫御用人名前を渡し右宅ニ八御禮廻勤可有之旨申渡、

文政七年九月六日

東園基貞ニ和歌入門ヲ許可ス、尋イデ三十日、竹屋光棣ニ同ジク入門ヲ許ス、

編修課

〔有栖川宮日記〕○高松宮家蔵

文政七年九月六日、乙未、晴、

一持明院三位基延御代参東園少将（基貞）殿御同伴、

今日歌道御門入御礼被申上誓状并詠草被

相伺、

晦日（三十日）、己未、晴、

一竹屋前右兵衛佐（光棣）殿　使　木村縫殿

御太刀　一腰

御馬代金百疋　一匹

右者今日和哥御入門ニ付為御礼被致進献、

書陵部（三号）

文政七年九月十八日

青蓮院聰宮（伏見宮貞敬親王王子尊寳親王）ノ勸進ニ依リ、慈圓ノ六百年忌追悼ノ和歌ヲ詠進ス、

編修課

〔有栖川宮日記〕○高松宮家蔵

文政七年九月十八日、丁未、晴、

一青蓮院宮ゟ　御使　鎌田内匠

先達御頼被仰進候慈鎮和尚六百年忌ニ付

御勧進之和歌御詠進御落手、

書陵部（三号）

文政七年十一月二日
交野時雍ニ和歌入門ヲ許可ス、

編修課

〔有栖川宮日記〕○高松宮家蔵
文政七年十一月二日、庚寅、晴、
一交野新三位殿(時雍)ゟ　　使　塩小路式部
　御太刀　　一腰
　御馬　馬代入魂　一疋
　交肴　　一折
今日和歌御門入ニ付御進上、

書陵部（三号）

文政八年二月十一日
正親町實德ニ書道入門ヲ許可ス、

編修課

〔有栖川宮日記〕○高松宮家蔵
文政八年二月十一日、己巳、晴、
一正親町侍従殿　　使　斎藤左近
　御太刀　　一腰
　御馬　　一匹代金百疋
右書道御入門為御礼被致進上、
一正親町侍従實德年十二、巳刻過御参、小倉前中納言殿同伴、尤侍従殿依幼稚也、
先伺公間江被通、書道御入門為御礼今日同伴被致候旨被申述、直ニ廣御殿南二之間江通右

書陵部（三号）

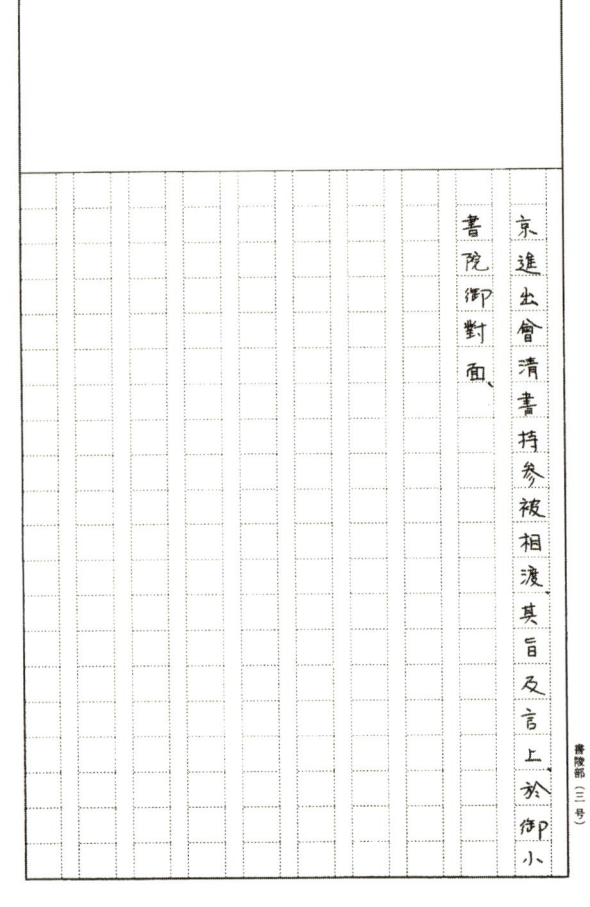

京進出會清書持参被相渡、其旨及言上於御小
書院御對面、

文政八年二月十四日
恵川御殿ニ鎮守トシテ稲荷社址ニ天満宮ヲ勧
請ス、仍リテ同御殿ニ赴キ、浄衣ヲ著シテ拝禮ス、

〔有栖川宮日記〕○高松宮家蔵
文政八年二月十三日、辛未、晴、
一恵川御殿御鎮守造立今度稲荷天満宮勧請、明
十四日夜被仰出、則長官山本肥後守次官山本
播磨介江被仰付、依之今晩ゟ到明夜御神事被
構、
但し御門注連繩を張、脇門ニ者不及事、尤御
神事札もなし、
右文化十一年三月十八日御鎮守社仮迂宮
同四月十八日　仮迂宮

同四月廿八日正遷宮
右之節之御例之通之旨此度之長官申定ル、
但し服者者今明日出殿可相憚事、
右御神事懸リ安藤玄蕃別火也、衣躰麻上下着
用之事、
十四日、壬申、晴、
一御出門未半剋恵川御殿江御成、御鎮守依御勧
請也、〈○供奉略〉御還御戌剋過、
着御　御浄衣　御折烏帽子　御掛緒紙縒
一恵川御殿御門等注連繩引之、直ニ御庭江被為

成、束御間江御上り、御膳御酒等上之、尤清火也、
掛り安藤玄蕃御先へ廻り用意致置候事、
一今酉剋御勧請ニ付昨夜ゟ御神事之事、
長官正四位下行美作守賀茂容顕縣主
次官従五位上賀茂清揚
次第如左
稲荷社
天満宮
勧請次第
当日早旦以清水洗清於新殿、（刻限以前戦廻白幕於新殿于）

（反殿之四方、）刻限以前稲荷大明神、天満宮両社神像安置于仮殿、（但以拂枝圍為仮殿、）奉、次修清祓、（根本加持、）次調置御内陣神宝神器等、（於便所、）次餝調神供等、（於便所、）次祓清於神供祭器等、
到刻限長官次官着于仮座、次仰庭燎、（刀祢役之、）次長官次官有身躰祓之儀、次長官次官着于仮殿之前座、次供由三寸、次官転送申由祝詞、（拍手二拝、）先稲荷社、次天満宮、（以下同断、）次撤三寸、次長官進于正殿之前一拝、開御戸、（両社具、）次餝整於内陣、（但依便宜以前整之、）次長官次官着于便宜之座、

（此間有清祓之儀略之、）次令敷筵道布単、（刀祢役之、）（此間次官起座奉迁御之旨言上、相待於御着座、）次之官自仮殿到正殿路頭祓清手而復座、

文政八年二月二十五日
西大路隆枝ニ和歌入門ヲ許可ス、

〔有栖川宮日記〕○高松宮家蔵

文政八年二月廿五日、癸未、雨曇天、
一西大路侍従隆枝今日和歌御入門ニ付、家父三位隆明卿同伴伺公、
御太刀　一腰
御馬　一疋　進上之目録写

書陵部（三号）

文政八年三月一日
深草眞宗律院ノ願出ニ依リ、館入ヲ許シ、織仁親王ノ位牌ヲ安置セシム、仍リテ御紋附紫幕提燈各二張宛ヲ寄附ス、

編修課

〔有栖川宮日記〕○高松宮家蔵

文政八年三月朔日、戊子、小雨、
一参上　深草　真宗律院
右御館入願之通被仰出候為御礼参上、
上総宮御方御成懸於御小書院御目見江御口祝被下、名披露御用人、相済而於表南二之間御菓子被下之、律僧故御祝酒無之、坂部左近出會及挨拶令旨執達書達之、其後筑後守罷出及面會相済退出、諸事鎌田内匠取扱、
一相渡御寄物（マヽ）状如左、備中檀紙包紙大鷹紙ニ枚ツキ

書陵部（三号）

今般文聚院宮尊牌御安置候條永世無台慢可有勤行候、依之御紋附紫御幕二張・同御桃灯二張等御寄附候、依令旨執達如件、
文政八年三月
後坂部左近
前嶋津蔵人
嶋岡右京少進
豊嶋越前守
藤木近江守
深草山
真宗律院

書陵部（三号）

十日丁酉晴
一龍光院江　　御使　多賀左門
　文聚院宮御尊牌深草真宗律院依願今般御
　安置ニ付、孤蓬庵大鼎江被仰付候所、此節留
　守中ニ付猶又宥松庵透海江被仰付候処、即
　剋認上候事、
十五日、壬寅、晴、
一参上　出會内匠　深草真宗、律院
　右者先日相願御許容被為在候文聚院宮尊
　牌今日相渡ス、尤唐櫃持参ニ而請取帰ル、

文政八年七月五日
北庭ニ文庫土藏ヲ造立セントシ、地鎮祭ヲ行フ、尋イデ十日、上棟ヲ行フ、

〔有栖川宮日記〕○高松宮家蔵
文政八年七月五日、庚寅、晴、
一参上　幸徳井陰陽助
　此度於北御庭御文庫一ヶ所御造立ニ付、今
　日地鎮祭執行、其節着座安藤玄蕃、右相済於
　内玄関東間吸物、蛤紙敷肴ニ而御祝酒被下、
　其後越前守面會挨拶有之、為御會釈銀弐枚
　被下之、
　　陰陽助ゟ差出ス次第書如左、
御土藏地鎮祭略次第

先祭場餝、次祭主着座拍手ニ度、次中臣祓、次両
段祝祠〔詞カ〕文、次再拝、次地鎮文、次散供、次散米、次立
座反閉、次復座納鎮物箱幣畢、
十日、乙未、晴陰、
一新造御土藏今日上棟、依之職方大工手傳等へ
　酒遣之、

文政八年七月二十八日

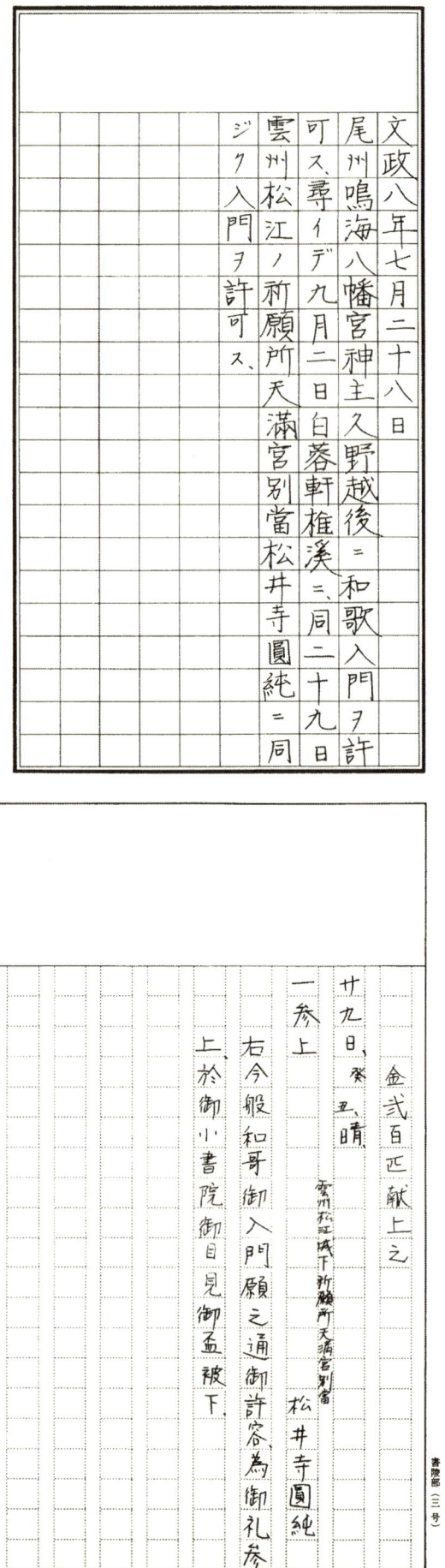

尾州鳴海八幡宮神主久野越後ニ和歌入門ヲ許可ス、尋イデ九月二日白蓉軒椎溪ニ、同二十九日雲州松江ノ祈願所天満宮別當松井寺圓純ニ同ジク入門ヲ許可ス、

〔有栖川宮日記〕○高松宮家蔵

文政八年七月廿八日、癸丑、晴、折々雨、

一参上　尾州鳴海八幡宮神主　久野越後

右者尾崎三位を以和哥御入門之義相願候処御許容ニ而昨日御題被下、尤同人ゟ相達ス、右為御禮参上御太刀一腰御馬一疋代銀壱枚献上、

九月二日、丙戌、晴、

一参上　白蓉軒　椎溪

和歌御入門有御禮、

金弐百疋献上之

廿九日、癸丑、晴、

一参上　雲州松江城下祈願所天満宮別當　松井寺圓純

右今般和哥御入門願之通御許容為御礼参上、於御小書院御目見御盃被下、

文政八年九月十五日

山科言成ニ書道入門ヲ許可ス、

〔有栖川宮日記〕○高松宮家蔵

文政八年九月十五日、己亥、陰雨、

一油小路中将殿御参

山科大夫言成、書道御入門之儀被相願度御

吹挙被申上候旨、右御承知、

〔頭書〕右来ル十九日御領掌并御手本被遣之

文政八年十一月十七日

従前、大坂ニ於ル雑務ヲ処理センガ為、大坂横堀七郎右衛門町ナル大西屋金蔵方ニ家臣鎌田左仲掃部ヲ旅宿セシメテ之レヲ取扱ハシメシガ、同処ハ甚ダ狭隘ナルヲ以テ、齋藤町ノ大西屋金蔵抱屋敷ヲ購入シテ蔵屋敷ト為サントス、仍リテ是ノ日、此ノ旨ヲ傳奏ニ届出デ、大坂町奉行所ヘノ通達ヲ依頼ス、

〔有栖川宮日記〕○高松宮家蔵

文政八年十一月十七日、庚子、曇雨、

一大坂御用出役所鎌田掃部出坂旅宿届、是迄横
堀七郎右衛門町壹町目大西屋金蔵方ニ罷在
候処、今度齋藤町ニ而家屋敷内實御殿より買
得ニ相成、則右町分等江御殿御抱御蔵屋敷ニ
武辺届ニ致度旨鎌田掃部より引合候処、則町
分　名代　大西屋金蔵
　同町内家守　堺屋源兵衛
右之通ニ而町分一統無子細承知之旨、依之右
齋藤町町年寄惣代より大坂町奉行所江伺届
書如左十七八日頃可差出治定、

乍恐口上

一他町持七郎右衛門町壹町目俵屋李兵衛借家
大西屋金蔵掛屋敷町内ニ二ヶ所御座候処、此
度有栖川宮様江御買上ヶ相成御蔵屋敷ニ被
成、右金蔵名代ニ相成家守町内堺屋源兵衛相
勤町法萬事諸家蔵屋敷同様町義相守可申ニ
付承知致シ呉ル様右金蔵より相頼相談仕候
処、町内一統承知御座候、尤御蔵屋敷ニ相成候

儀是旨不案内ニ御座候ニ付乍恐此段御窺奉
申上候、以上、
文政八酉年十一月　齋藤町
年寄

御奉行様

右ニ付猶又大坂町奉行所ヘ御届振之處、則天
満組與力御出入八田五郎左衛門・桑原八左衛
門・安藤三郎兵衛弓削喜代蔵等江相談申入る
由ニ依、則傳奏衆ヘ御届之案文差越し如左今
日廣橋殿江差出、

一廣橋一位殿江　御使　加藤

覚

當御殿大坂表御用向先年より七郎右衛門町
壹町目大西屋金蔵方ニ致旅宿候御家来鎌田
左仲座敷ニ而取斗来候得共、間狭ニ而御差支
之儀も有之候ニ付、此度齋藤町大西屋金蔵抱
屋敷示談之上御買上ヶ相成蔵屋敷ニ被成、右
大西屋金蔵ヲ名代ニ致シ、同町内堺屋源兵衛
ヲ家守ニ致シ、町法萬事諸家蔵屋敷同様為相
守候積ニ付、其段齋藤町町役人共江内々及引

合候處、承知仕候間、大坂表御役所ニおゐて御
差支も無之候ハヽ、右之趣被聞置候様御頼被
成度候、此段大坂町御奉行所江宜御通達可上（ママ）
候、以上、

十一月十七日　有栖川宮御内
粟津甲斐守

廣橋一位様御内
濱路雅楽権助殿
平野外記殿

甘露寺一位様御内

坂上左内殿
藤木玄蕃殿

右落手之旨、

但し右ハ一日も早く大坂表江通達有之候
様にと斗之義雑掌迄入魂申遣ス、尤附武家ヘ
直ニ達シ被成候也、

文政八年十二月二十五日
四十二ノ厄満ノ祝並ニ誕生日ノ餅搗等ノ祝儀
ヲ行ヒ、邸内神祠及ビ上御靈北野兩社ニ代參ヲ
遣ス、仁和寺宮濟仁親王・梶井宮承眞親王・知恩院
宮尊超親王等之レニ參會ス、

編修課

〔有栖川宮日記〕○高松宮家蔵
文政八年十二月廿五日、丁丑、晴陰、
一今日宮御方御四十二御厄満御祝并御誕生日
餅搗等御祝被為在、
於御庭御備如左　御代拝安藤玄蕃
鎮主社、人丸社、天満宮、梅本社、願照明神上下
御靈木嶋社、右八ヶ所 神酒、干魚 銅具餅十二 御備
於其清殿
天満宮、辨才天、金毘羅
右 神酒、巻昆布 銅具餅十二 御備

一上御靈社、北野天満宮　御代拝安藤玄蕃
御初穗ニ而十二銅御札受ル、
一今日御祝ニ付御成如左　午刻後、
仁和寺宮、梶井宮、知恩院宮、
右於水鳥間御對面、餅搗ニ付御祝善哉餅御
吸物紙敷肴等被進、濟而二汁五菜御祝御酒
御惣菓子後段御吸物御硯蓋御鉢肴御浸し
御吸物御重物御深鉢御吸物紙敷肴御重物
等被進之、相濟寅刻比還御、
一宮御方実枝宮御方上総宮御方、登美宮御方、蘭

宮御方、他宮御方、精宮御方江
先餅搗御祝善哉餅御祝酒御吸物紙敷肴等上
之、濟而今日御祝二汁五菜御酒惣菓子、後段
御吸物御硯蓋御鉢肴御浸し御吸物御重物御
深鉢御吸物紙敷肴御大鉢等上之、

四親王家実録 41

有栖川宮実録 第十五巻 韶仁親王実録（一）

二〇一九年九月十五日　印刷
二〇一九年九月二十五日　発行

監　修　吉岡眞之　藤井讓治　岩壁義光
発行者　鈴木一行
発行所　株式会社ゆまに書房
〒一〇一―〇〇四七　東京都千代田区内神田二―七―六
電話　〇三（五二九六）〇四九一（代表）
印　刷　株式会社平河工業社
製　本　東和製本株式会社
組　版　有限会社ぷりんてぃあ第二

韶仁親王実録（有栖川宮実録第十五巻～第十七巻）
全三巻揃定価　本体七五、〇〇〇円＋税（分売不可）
落丁・乱丁本はお取替致します。

ISBN978-4-8433-5323-3　C3321